해양경찰의 이해

고명석
박득진
이유원
임석원

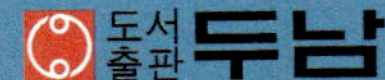

서문

해양경찰은 해양에서 국민의 생명과 재산을 지키는 중요한 임무를 수행한다. 외국과의 관계에서 해양주권을 수호하고 우리 바다를 지킨다. 해양경찰은 1953년 12월 23일 해양경찰대로 창설되었다. 70년이 넘는 역사 속에서 성장과 발전을 거듭해 왔다. 하지만, 해양경찰은 국민이 볼 수 없는 바다에서 임무를 수행하는 것이 일반적이다. 따라서 해양경찰이 어떤 기관인지, 어떤 임무를 수행하는지를 일반 국민은 알기 어렵다.

이 책은 해양경찰에 대한 기초적인 이해를 돕고자 집필되었다. 해양경찰에 관심이 있는 고등학생, 대학생, 일반인이 해양경찰이 무엇인지에 대하여 쉽게 접근할 수 있도록 하였다. 해양경찰 개요, 조직과 장비, 임무, 해양경찰과 항해, 해양경찰과 형사절차에 대해 기술하였다. 그리고 해양경찰로 진출하고자 하는 학생에게 도움이 될 수 있는 진출분야에 대해서도 기술하였다.

위와 같은 목적으로 쓰인 이 책은 다음과 같이 구성하였다.

제1편은 해양경찰을 이해하는 데 필요한 기본적인 사항을 기술하였다. 해양경찰의 개념, 특수성, 담당, 역사 등에 대하여 언급하였다.

제2편은 해양경찰을 구성하는 요소인 해양경찰 조직, 해양경찰 공무원, 보유하고 있는 장비에 관하여 기술하였다.

제3편은 해양경찰이 국민을 상대로 하는 일 또는 기능에 대하여 기술하였다. 해양경찰 기능은 종합적이고 다양한 특징이 있다.

제4편은 해양경찰이 해상에서 발생하는 모든 사건을 처리하고, 임무를 수행하면서 선박을 효과적으로 운용하기 위하여 항해, 항해계기, 선박운용, 해상교통 관련 법규에 대하여 기술하였다.

제5편은 해양경찰의 업무 가운데에서 매우 중요한 비중을 차지하고 있는 형사절차, 그 중에서도 수사과정에 중점을 두고 기술하였다.

제6편은 해양경찰 전공과목 및 진출분야에 대하여 기술하였다.

아무쪼록 본 저서로 공부하는 학생들이 해양경찰에 관한 관심을 가지고 꾸준히 공부해 나갈 수 있는 원동력이 되기를 바라는 마음 간절하다. 이 책을 출간하도록 기회를 주신 도서출판 두남 전두표 대표님, 이승구 상무님, 편집 실무자에게 감사드린다.

2024. 8.
부경대학교 대연캠퍼스
저자 일동

차례

PART 5 해양경찰과 형사절차 • 255

PART

1

해양경찰 개요

육상에서 경찰이 범죄를 예방하거나 수사하고 교통을 관리하며 서비스를 제공한다. 이처럼 해양경찰은 바다에서 국민의 생명과 재산을 지키고 해양 주권을 수호하기 위하여 다양한 업무를 수행한다. 해양경찰을 이해하기 위해서는 바다를 먼저 이해하여야 하며, 경찰에 대해서도 이해하여야 한다. 제1편에서는 해양경찰이 무엇인지에 대한 기본적인 이해도를 넓히려 한다. 이에 따라 해양경찰이 무엇이고 어떤 특성을 가지며, 관할권은 어떠하며, 역사적으로 어떻게 발전해왔는지 등을 알아보겠다.

해양경찰의 이해

Chapter 1 해양경찰의 의의

해양경찰 개념은 쉽게 말하면, 해양 + 경찰로 볼 수 있다. 이에 따라 역사적으로 '경찰' 개념이 형성되고 변천해 온 과정을 먼저 살펴보고, 해양경찰의 개념과 종류에 대해 알아보겠다. 해양경찰 임무 및 상징에 대해서도 살펴보겠다.

제1절 경찰의 개념

1. 경찰 개념의 변천

경찰(警察)의 사전적 의미는 '경계(警)하고 살핀다(察)'라는 뜻이다. 사람이 집단을 이루어 살아가는 사회에는 개인 또는 집단 간 물리적 충돌을 방지하고 질서를 유지하는 활동이 필수적이다. 이렇게 고대 부족국가부터 현대 거대한 민주국가에 이르기까지 어느 사회나 질서 유지를 본질로 하는 경찰 활동이 존재해 왔다.

고대에는 경찰이라는 용어인 politeia는 시민의 생존과 복지를 위한 총체적인

국가 활동을 의미하였다. 이 시대에 정치(politics), 정책(policy), 경찰(police)의 개념이 구분되지 않았다. 이후 중세의 경찰 개념은 국가 활동 전체를 의미하는 것에서 탈피하여 세속적인 사회질서를 유지하기 위한 공권력으로 구분되기 시작하였다.

17~18세기에 절대 군주가 국가 활동 전반에 경찰권을 자의적으로 사용하던 '경찰국가'였다. 이 시기 경찰 활동은 다양한 국가 활동 중에서 사회공공의 안녕과 복리를 다루는 내무행정을 의미하였다.

근대 법치국가가 탄생하면서 경찰권의 발동은 소극적 질서 유지에 국한하고 기본권을 침해할 수 있는 복리 분야에 대해서 엄격히 금지하였다. 오늘날 일반적으로 받아들여지고 있는 경찰 개념인 '국민의 생명과 재산을 보호하고 공공의 안녕과 질서를 유지하기 위한 활동'은 근대 이후에 확립되었다.

2. 우리나라 경찰 개념의 형성

공공의 안녕과 질서 유지를 본질로 하는 경찰 활동은 우리나라 역사에서 오랫동안 있었다. 경찰 활동은 고대로부터 고려, 조선을 거치면서 행정·군사·사법 활동에 통합된 형태로 수행되어왔다. 사회 안녕과 질서 유지를 위한 경찰 기능은 군사적 기능에 포함되어 종합적으로 수행되었다.

근대적 의미의 우리나라 경찰 개념은 일본 경찰의 직접적인 영향을 받았다. 1894년 갑오개혁 때 근대적 의미의 경찰제도가 확립되기 시작하였다[1]. 이때 조선의 6조 체제를 개편하였는데, 의정부 기구를 8아문으로 개편하였다. 내무아문 아래에 7국 1청을 두었다. 경찰 사무는 내무아문에 속하는 1청인 경무청에서 맡게 되었다.

국권 상실기(1910~1945) 이후는 일제 식민 경찰이 우리나라 경찰제도를 대체하였다. 이후 대한민국 정부가 수립되고, 경찰 기능은 내무부에서 주로 담당하였다.

1) 전국 9개 대학 해양경찰학과 교수, 해양경비안전교육원(2016), 「해양경찰학 개론」, 문두사: 11-14

3. 경찰 개념의 분류

가. 형식적 의미의 경찰

현대 국가에 있어 경찰 개념은 보통 형식적 의미와 실질적 의미로 구별하여 파악되고 있다. 형식적 의미의 경찰은 실정법상 보통 경찰행정기관이 소관하고 있는 모든 행정작용을 의미한다. 예컨대, 「해양경찰법」 제14조나 「해양경찰청과 그 소속기관의 직제」 등 법령에 해양경찰의 직무로 되어있는 모든 작용은 형식적 의미의 해양경찰이다. 즉, 수색구조·연안 안전관리, 선박교통관제, 경호·경비·대테러작전, 범죄의 예방·진압·수사, 치안 정보의 수집·작성·배포를 포함하여 해양오염 방제 및 예방 활동도 포함된다.

나. 실질적 의미의 경찰

실질적 의미의 경찰은 특정한 국가의 실정법 질서나 일정한 행정기관의 소관 사항보다는 학문적인 면에서 고찰된 경찰의 개념이다. 실질적 의미의 경찰은 '직접 사회 공공질서를 유지하기 위하여 국가의 일반통치권에 따라 개인에게 명령, 강제하는 작용'을 가리킨다. 이 경우 경찰 부처가 아니더라도 일반통치권에 따라 명령·강제하는 작용은 모두 여기에 해당한다. 철도 경찰, 식품위생 경찰, 산림 경찰, 건축 경찰, 도로 경찰, 교도 경찰 등 다양한 형태가 있다.

제2절 해양경찰의 개념과 종류

1. 해양경찰의 개념

육상에서 다양하게 전문화된 정부 기능과 달리, 해양경찰은 바다에서 경찰, 군, 소방, 사법, 환경, 산업 분야 등 다양한 정부 기능을 수행하고 있다. 그로 인하여 정밀하고 일관된 해양경찰 개념을 정립한다는 것은 어렵다.

세계 각국의 해양경찰 기관도 설립 당시 시대적 필요 때문에 임무나 기능이 부여되었으며, 시간이 지남에 따라 확대되고 발전되어 왔다. 미국 해양경찰 기관인 해안경비대(U.S. Coast Guard)는 최초 밀수 단속기관으로 출발하였다가, 1915년 인명구조 기관과 통합되면서 오늘날의 모습을 갖추었다. 일본 해양경찰 기관인 해상보안청(Japan Coast Guard)도 2차대전 이후 무질서한 밀항과 밀수 방지를 위해 설립되었다. 이런 이유로 각국의 역사와 문화에 따라 해양경찰 개념이 다르다.

해양경찰의 개념적 요소를 더 쉽게 이해하는 방법은 '해양에서 경찰업무를 수행하는 국가기관'으로 이해하는 것이다[2]. 다시 말해 해양경찰의 개념을 '해양'이라는 공간적 요소에서 '경찰'이라는 특정한 임무를 수행하는 기능 또는 기관으로 이해하는 것이다. 여기서 해양에 대한 이해와 경찰에 대한 이해가 필요하다.

이런 점을 고려할 때, 해양경찰의 개념을 정의하면, "국민의 생명과 재산을 보호하기 위하여 해양에서 공공의 안녕과 질서를 유지하고 서비스를 제공하는 국가 활동"이라 정의할 수 있다.

2. 해양경찰의 종류

가. 형식적 의미와 실질적 의미의 해양경찰

형식적 의미의 해양경찰이란 우리나라 실정법상 해양경찰 기관이 담당하는 업무이면 그 특성이나 성질 여하를 불문하고 모두 해양경찰로 보는 것이다. 이러한 의미의 해양경찰은 해양경찰 직무의 법적인 근거인 「정부조직법」 제43조 제2항과 「해양경찰법」 제14조, 「해양경찰청과 그 소속기관 직제」 등 법령에서 규정한 모든 해양경찰 활동을 포함한다. 즉, 해양 경비, 해양 안전, 수색·구조, 범죄 수사, 정보활동, 해양오염 방제, 대국민 서비스 활동 및 사인과의 계약 등 해양경찰청이 행하는 모든 활동을 말한다.

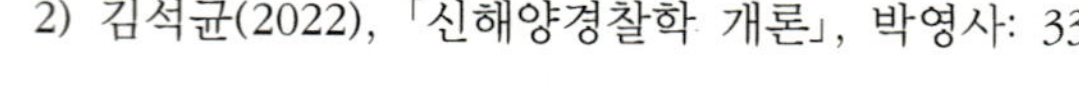

2) 김석균(2022), 「신해양경찰학 개론」, 박영사: 33

이에 반하여 실질적 의미의 해양경찰이란 국가의 일반통치권에 따라 해양에서 사회공공의 안전과 질서를 유지하기 위해 국민에게 명령, 강제하는 권력적 작용을 말한다. 다른 국가기관에서 행하는 작용이라도 해양에서 권력적 수단에 의해 위험을 방지하기 위한 작용이라면 이를 실질적 의미의 해양경찰에 속한다. 반면, 해양경찰청이 행하는 것이라도 일반통치권에 따라 국민에게 명령 혹은 강제하는 작용이 아니면 실질적 해양경찰의 개념에서 배제된다. 예컨대, 해양경찰 활동 중에서 서비스 제공, 대민봉사, 선박 교통관제, 계약행위 및 사법경찰 활동 등은 형식적 의미의 해양경찰 개념에 포함되지만, 실질적 의미의 해양경찰 개념에 포함되지 않는다.

나. 행정 해양경찰과 사법 해양경찰

이는 업무를 수행하는 목적에 따른 구분이다. 행정 해양경찰이란 공공의 안녕과 질서 유지라는 일반법 질서를 유지하기 위한 해양경찰 작용을 말한다. 이에 비하여 사법 해양경찰은 범죄를 수사하여 처벌하는 권력적 작용을 말한다. 행정경찰은 경찰청에서, 사법경찰은 국가 수사본부에서 분리하여 각각 담당하고 있으며, 해양경찰도 사법경찰 업무에 관하여 해양경찰청장의 직접적인 지휘를 받지 않는 수사국장이 독립적으로 업무를 처리하고 있다.

다. 예방 해양경찰과 진압 해양경찰

이는 경찰권 발동의 시점에 따른 구분이다. 예방 해양경찰은 위험을 사전에 방지하기 위하여 발동될 경우를 말하고, 진압 해양경찰은 이미 발생한 경찰상 위해를 제거하기 위하여 발동되는 경우를 말한다.

라. 평시 해양경찰과 비상 해양경찰

이는 발생하는 위해의 정도와 급박성을 기준으로 분류한 것이다. 평시 해양경찰은 일상적인 상태에서 일반법규에 따라 평시에 행하는 경찰작용을 말한다. 이에 반해 비상 해양경찰은 전시, 계엄 선포, 통합방위 사태 등 비상시에 군대가 병력으로 공공의 안녕과 질서를 유지하기 위하여 행하는 경찰작용을 말한다.

제3절 해양경찰 미션 및 상징

1. 해양경찰 미션과 비전

해양경찰 미션(Mission)이란 해양경찰이 궁극적으로 추구하는 가치나 근본적인 존재 이유를 말한다. 해양경찰 비전(Vision)은 해양경찰이 목표로 하는 구체적인 미래상, 지향하는 바를 말한다. 해양경찰의 임무와 비전은 조직 전체가 목표를 달성하는데 같은 방향으로 나아가는 원동력이자 힘이다.

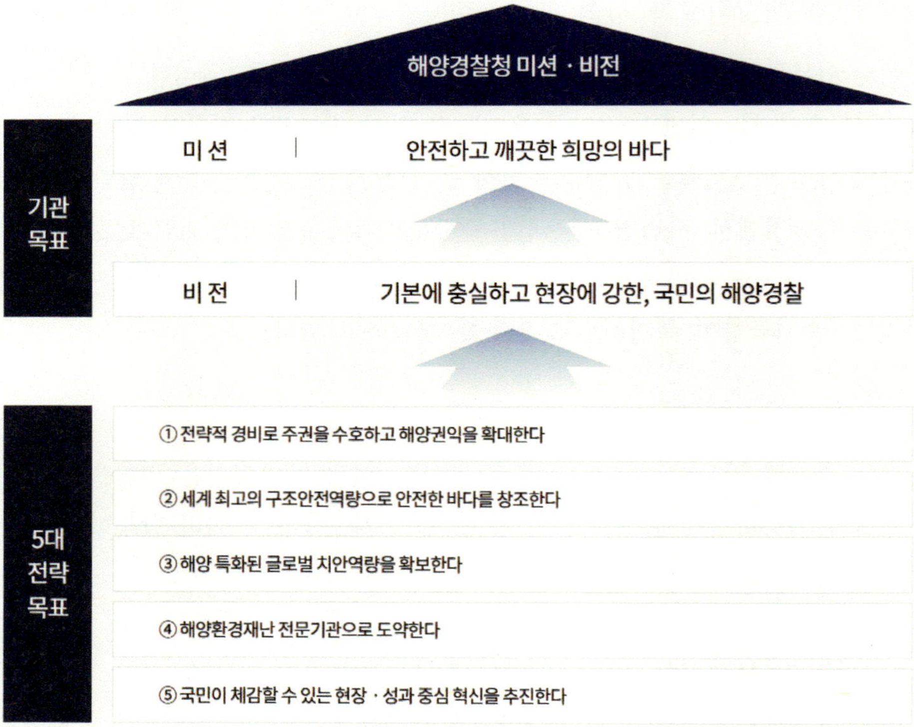

해양경찰청 미션 · 비전		
기관 목표	미 션	안전하고 깨끗한 희망의 바다
	비 전	기본에 충실하고 현장에 강한, 국민의 해양경찰
5대 전략 목표	① 전략적 경비로 주권을 수호하고 해양권익을 확대한다	
	② 세계 최고의 구조안전역량으로 안전한 바다를 창조한다	
	③ 해양 특화된 글로벌 치안역량을 확보한다	
	④ 해양환경재난 전문기관으로 도약한다	
	⑤ 국민이 체감할 수 있는 현장 · 성과 중심 혁신을 추진한다	

출처: 해양경찰청 홈페이지

[그림 1-1] 해양경찰 미션과 비전

2. 해양경찰 로고

로고는 해양의 수호자로서 역할을 하는 해양경찰 모습을 천연기념물 제243호 흰 꼬리 수리와 전통 원형 방패로 형상화하였다. 흰 꼬리 수리의 넓은 날개는 대한민국의 해양과 국민을 보호하는 의미를 담고 있다. 역동적으로 비상하는 흰 꼬리 수리를 통해 더욱 적극적으로 국민에게 봉사하겠다는 해양경찰의 다짐을 담고 있다.

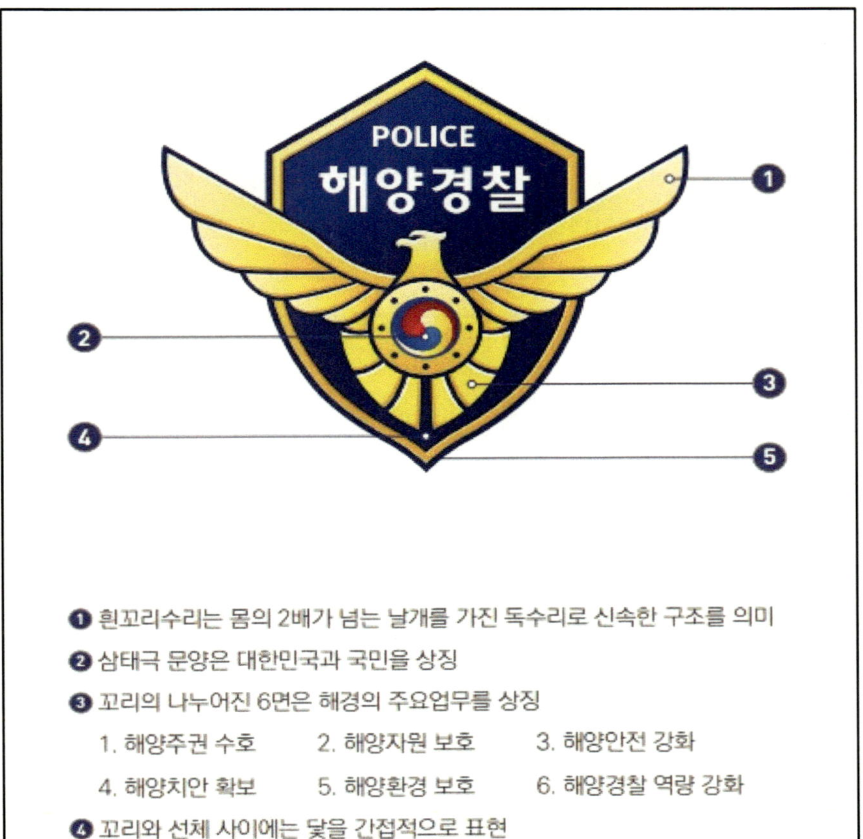

❶ 흰꼬리수리는 몸의 2배가 넘는 날개를 가진 독수리로 신속한 구조를 의미

❷ 삼태극 문양은 대한민국과 국민을 상징

❸ 꼬리의 나누어진 6면은 해경의 주요업무를 상징

1. 해양주권 수호　2. 해양자원 보호　3. 해양안전 강화
4. 해양치안 확보　5. 해양환경 보호　6. 해양경찰 역량 강화

❹ 꼬리와 선체 사이에는 닻을 간접적으로 표현

❺ 삼각형은 대한민국 해양을 힘차게 전진하는 함정의 선수를 상징

출처: 해양경찰청 홈페이지

[그림 1-2] 해양경찰 로고

3. 해양경찰 캐릭터

해양경찰 캐릭터인 해우리 해누리는 해양경찰을 대표하는 마스코트로, 국민 친화적이며 단정한 이미지를 담고 있다. 둥근 얼굴과 편안한 미소로 국민 곁에 다가가 국민과 함께하고자 하는 해양경찰의 의지를 담고 있다.

남성 경찰관인 해우리는 바다를 의미하는 "해(海)"와 여러 사람을 의미하는 일인칭 대명사인 "우리"의 합성어로 해양경찰이 바다 가족의 친구로서 봉사한다는 의미다. 여성 경찰관인 해누리는 "해(海)"와 세상을 높여 부르는 말인 "누리"의 합성어로 해양경찰이 완벽한 임무 수행으로 국제화 시대 모든 해양종사자의 바다 안녕과 번영에 기여하겠다는 의미다.

큰 귀는 바다 가족의 목소리를 빠짐없이 듣고 신속한 구조를 하겠다는 의미이며, 큰 눈은 전국 바다를 두루 살피면서 해양 안전 사고 예방과 구조를 하겠다는 의지를 나타내고 있다.

출처: 해양경찰청 홈페이지

[그림 1-3] 해양경찰 캐릭터 해누리와 해우리

제4절 해양경찰 계급 및 제복

1. 해양경찰 계급

해양경찰공무원은 일반 공무원과 다른 계급체계를 가진다. 경찰공무원 계급은 11개 단위의 상하 체계를 이루고 있다. 그림 왼쪽은 경무관~치안총감이다. 가장 높은 계급인 치안총감은 무궁화 둘레에 같은 5개를 연결한 태극 무궁화가 4개 모여서 형성되었다. 우리나라 치안총감은 경찰청장과 해양경찰청장 2명뿐이다. 그 아래 큰 무궁화 3개는 치안정감, 2개는 치안감, 1개는 경무관 계급이다.

그림 가운데 중간관리자 계급으로서 가운데 태극장을 배치한 작은 무궁화 4개가 총경이다. 총경은 서장급으로서 현장 최고 지휘관이다. 무궁화 3개는 경정, 2개는 경감, 1개는 경위 계급이다.

그림 오른쪽 실무자급 계급으로서 태극장 위에 무궁화 잎을 배열하였다. 4개가 경사, 3개 경장, 2개는 순경 계급이다.

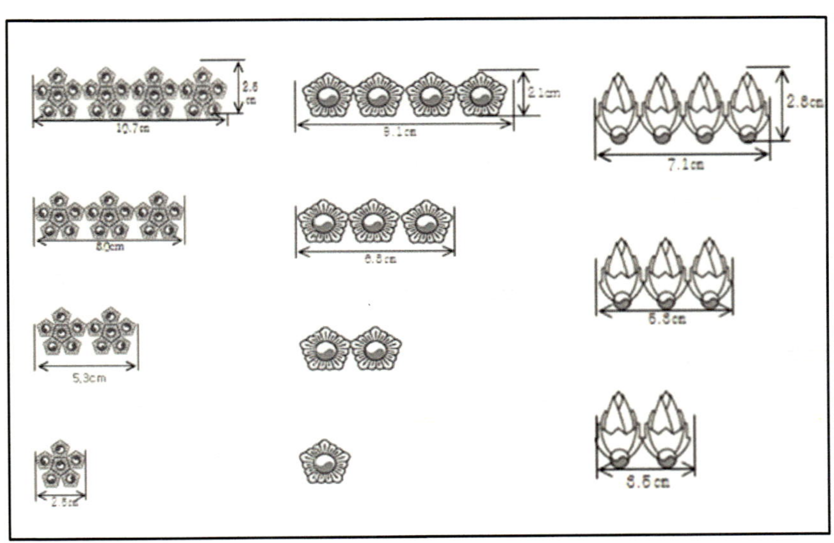

출처: 해양경찰청 홈페이지

[그림 1-4] 해양경찰 계급체계

2. 해양경찰 제복

해양경찰공무원은 경찰관으로서 제복을 착용하여야 한다. 경찰관은 범죄 심리를 사전에 억누르고 가시적인 위력을 표현하여 범죄를 예방하기 위하여 제복을 착용한다. 제복은 평시 근무할 때 착용하는 근무복을 비롯하여 주요 행사 등 공식적인 자리에 착용하는 정복 등 매우 다양한 형태가 있다. 그림은 정복과 근무복을 나타내고 있다.

출처: 해양경찰청 홈페이지

[그림 1-5] 해양경찰 제복

Chapter 2 해양경찰의 특수성

해양경찰은 사회의 안녕과 질서 유지를 위한 경찰기관이라는 점에서 경찰과 유사한 면이 있지만, 육상경찰과 다른 특수한 측면도 있다. 해양경찰은 바다에서 업무를 수행하는 기관이라는 점에서 해군이나 해양수산부와 유사한 면이 있지만, 다른 특성이 있다. 해양경찰은 바다라는 장소에서 함정과 항공기를 이용하여 임무를 수행한다. 이처럼 바다라는 자연환경의 제약을 안고 임무를 수행해야 하는 기능 또는 임무에 따른 특수성도 있다. 제2장에서는 유사기관과 비교하여 해양경찰이 가지는 특수성 및 임무 수행 측면에서 특수성을 살펴보겠다.

제1절 유사기관과 비교

1. 해양경찰과 경찰

가. 유사한 점

해양경찰은 1953년 창설부터 경찰기관과 밀접한 관계가 있었기 때문에 소속 직원의 신분, 임무 특성, 조직구조, 조직문화 등이 육상경찰과 유사하다. 해양경찰은 1991년부터 1996년까지 경찰청에 소속되어 있었다. 「경찰법」, 「경찰공무원법」, 「경찰관 직무집행법」 등 동일한 법령의 적용을 받고 있었다. 따라서 육상 경찰과 동일한 조직, 특성, 문화를 공유하였었다. 그래서 해양경찰과 육상 경찰은 많은 유사점을 가지고 있다.

첫째, 양 기관은 유사한 조직구조를 가진다. 정부조직 편제상 기능이 유사하다. 해양경찰청장과 경찰청장 모두 직급은 치안총감으로서 경찰공무원이고, 양 기관의 차장급도 치안정감으로서 직급이 같다. 조직구조 면에서도 양기관은 본청과 지방청, 그 아래 경찰서를 두고 있다. 부속기관으로 교육기관, 구조조직, 특공대 등을 두고 있다.

둘째, 구성원은 같은 경찰공무원 신분이다. 해양경찰과 경찰의 구성원은 같은 경찰공무원 신분을 갖는다. 양 기관 소속직원은 특정직공무원 신분인 경찰공무원으로서 「경찰공무원법」의 적용받는다.

셋째, 같은 경찰작용법 적용을 받는다. 양 기관 경찰관은 「경찰관 직무집행법」에 의한 불심검문, 보호조치, 위험 발생 방지 조치, 범죄의 예방과 조치, 사실의 확인, 경찰장비의 사용, 무기의 사용 등에 있어 같이 적용받고 있다.

넷째, 일반사법경찰권 수행한다. 해양경찰과 육상경찰은 「형사소송법」에 의하여 일반사법경찰권을 갖는다. 일반사법경찰권은 모든 범죄를 수사할 수 있는 권한을 말하며, 경찰공무원은 이 권한을 가진다.

다섯째, 경찰관은 제복 착용과 무기 휴대를 할 수 있다. 해양경찰관과 육상경

찰관은 모두 제복을 착용하고 무기를 휴대할 수 있다. 기타 문화적·정서적 동질성을 가진다.

나. 다른 점

첫째, 업무에 관한 담당 지역이 다르다. 육상경찰의 업무는 대다수 국민의 삶의 공간인 육지 안에서 이루어진다. 반면 해양경찰 활동의 무대는 바다이다. 바다는 육상과 달리 변화무쌍하고 항상 위험에 노출되어있는 공간이다. 해상은 선박과 항공기라는 대형장비를 활용하여야만 접근할 수 있고, 제약이 많다.

둘째, 집권적 국가경찰청과 분권적 자치경찰청이다. 육상 경찰은 육상경찰은 업무 특성상 주민밀착형 업무가 많고 지역적 치안 특성이 있어, 현재 자치 경찰로 변모하는 중이다. 하지만 해양경찰은 탄생 초기부터 집권적인 국가기관으로 출발하였고, 자치경찰화 가능성은 거의 없다.

셋째, 집행수단의 단순성과 기술성이다. 해양경찰은 업무 집행에 있어서 장비 의존성이 높다. 따라서 해양경찰 대부분은 선박 운용에 대하여 해박한 지식을 갖추어야 하고 경찰관으로서 업무를 수행할 수 있는 법적 지식도 함께 갖추어야 하는 이중부담이 있다.

넷째, 업무 내용의 국제성과 국내성이다. 1994년 이후 각국이 「유엔해양법협약」을 채택함에 따라 해양 업무는 세계적으로 표준화되고 통일되었다. 그 결과 해양경찰은 세계적으로 공통적인 국제성을 지닌다.

다섯째, 해양오염 방제업무이다. 해양경찰은 육상경찰과 다르게 해양에서의 오염방제업무를 수행한다.

2. 해양경찰과 해군

바다라는 같은 공간에서 임무를 수행한다 할지라도, 해양경찰과 해군의 임무는 차이가 있다. 해양경찰은 국가 내부 차원에서 해양영토 내에서 안녕과 치안 질서의 유지를 위한 활동 한다. 반면, 해군은 적을 상대하여 맞서 싸우거나 대립하여 전쟁을 억지함으로써 국토와 국민을 지키고 보호하는 임무를 수행한다.

하지만, 군대와 경찰은 때로 임무가 중복되기도 한다. 또 해양영토는 육지에 비하여 개방적이고 침투가 쉬우므로 해군과 해양경찰은 합동작전을 수행하는 경우가 빈번하다. 인명구조 등에 있어 신속성이 필요하여 현장에 있는 국가기관이 대응하여야 한다. 그만큼 해군과 해양경찰의 중복성은 두드러진다고 할 수 있다.

3. 해양경찰과 해양수산부 등

해양경찰과 해양수산부는 바다를 배경으로 하여 업무를 수행한다는 점, 바다와 관련된 종합적인 행정을 추구한다는 점, 선박이라는 수단이 중요시한다는 점 등이 유사한 점이 있다. 하지만 행정의 성격이라는 면에서, 해양수산부 행정은 사회 공공의 복리 증진을 위하여 직접 공기업을 경영하거나 특허해 주고, 개인의 사업을 보호·조성하며, 공공 물건을 유지·관리하는 복리행정이 대부분이다. 반면 해양경찰 행정은 법령에 근거하여 국민의 권리나 자유를 제한하는 규제적 성격이 강하다. 이러한 면에서 볼 때 해양경찰 행정과 해양수산부 행정은 규제와 복리라는 면에서 명확히 구분된다고 하겠다.

제2절 임무 수행상 특수성

1. 광역성

해양경찰 기능의 광역성(廣域性)이란 해양경찰 임무 수행의 무대가 되는 바다가 광활하여 1인 또는 1척의 함정이 담당하는 관할구역이 매우 넓어지는 특성을 말한다. 해양경찰의 업무 담당은 우리나라 영해와 배타적 경제수역(EEZ) 전체에 해당한다. 영해의 범위는 저조선으로부터 12해리로서 면적은 약 71,000㎢에 이른다. 배타적 경제수역(EEZ)은 기선으로부터 200해리이며, 우리나라가 주

장하는 배타적 경제수역의 면적은 약 447,000㎢ 정도이다. 이에 근거할 때, 해양경찰이 업무를 수행하는 면적은 남한 면적의 4.5배에 해당한다.

대형함정을 기준으로 하면 1일 함정 1척이 담당하는 담당 해역의 넓이는 경기도 면적에 해당하는 10,000㎢이다[3]. 전국의 해안선과 섬 주변의 치안을 담당하고 있는 해양경찰 파출소 경우도 사정은 비슷하다.

2. 통합성

해양경찰 기능의 통합성(統合性)이란 해양경찰 업무수행에 있어 함정이라는 수단을 이용하여 여러 가지 기능을 통합적으로 수행하게 되는 특성을 말한다. 한 척의 함정이 한 가지 기능만을 수행하는 것이 아니라 여러 기능을 통합적으로 수행하는 것을 흔히 '1정다역(1艇多役)'으로 표현하기도 한다.

바다에서 집행하는 해양경찰의 기능은 범위가 넓고 업무 특성도 다양하다. 육상에서는 치안, 소방, 안보, 국경관리, 구조 안전, 환경 등의 업무를 여러 정부 부처에서 나누어 집행되는 것이 일반적이다. 그러나 바다에서 해양경찰 함정은 경찰, 소방, 안보, 구조, 환경 등 다양한 업무를 통합적으로 수행하는 종합행정기관이다.

3. 자연 제약성

해양경찰 기능의 자연제약성(自然制約性)이란 해양경찰이 기능을 수행할 때, 바다라는 자연 속성에 의해 많은 변수가 발생하고 예측 가능성이 저하되는 특성을 말한다. 해양경찰이 업무를 수행하는 바다는 넓고 거친 공간이다. 바다에서 활동은 기상이나 자연적 조건에 의하여 많은 제약을 받는다.

함정이나 항공기를 이용한 해양경찰의 업무는 해상 또는 공중 기상에 의해 많은 영향을 받는다. 이처럼 해양경찰 기능을 수행하는 것은 자연과 싸움인 동시에 자연에 순응하는 과정이기도 하다.

3) 오정동(2017), 「해양경찰학 개론」, 서울고시각: 56

4. 장비 의존성

해양경찰 기능의 장비의존성(裝備依存性)이란 해양경찰 활동이 바다라는 공간에서 이루어지기 때문에 이를 수행하기 위한 수단으로서 함정이나 항공기와 같은 장비가 꼭 필요한 특성을 말한다. 함정과 항공기 운용을 위한 분야별 전문성을 확보하기 위해서는 특수한 지식과 오랜 경험이 필요하다. 또한, 대형장비를 운용하기 위하여 다수의 운용자가 참여하므로 바다 환경에서 임무를 수행하거나 위험 상황에 대처했을 때, 함장의 지시에 따라 계급이나 임무별로 일사불란하게 움직여야 하는 특성이 있다. 나아가 육상업무에 비하면 장비 운용과 기본임무 수행이라는 이중적인 지식과 전문성을 가져야 하는 어려움이 있다.

한편, 장비의 성능에 따라 임무 수행의 성과가 좌우되는 경우가 많다. 파도, 조류, 바람 등 자연적 제약 속에서 활동하는 해양경찰은 그만큼 장비의 중요성이 크다고 하겠다. 이처럼 임무 수행을 위해서 장비가 차지하는 비중이 크기 때문에 해양경찰에 장비를 획득하고 유지·관리를 하기 위한 별도의 조직을 두는 것이 일반적인 추세이다.

5. 국제성

해양경찰 기능의 국제성(國際性)이란 해양경찰이 수행하는 임무가 우리나라에만 적용되는 형태가 아니라, 여러 나라에 공통으로 적용되는 형태를 띠는 특성을 말한다. 이와 같은 특성은 근대 이후 국제해양법의 발전에 따라 해양 업무가 각국에 공통으로 확산하면서 적용된 데서 비롯된다. 1994년 제3차 유엔해양법 회의의 결과로서 '바다의 헌법'이라고 불리는 「유엔해양법협약」이 국제적으로 발효되었다.

「유엔해양법협약」을 각국이 채택함에 따라 해양 업무는 세계적으로 표준화되고 공통적인 성질, 즉 국제적인 특성을 가진 법규가 되었다. 우리나라 해사법규는 대부분 국제협약의 내용을 국내에 수용한 형태이며, 세계적으로 공통으로 적용되는 법규이다.

제3절 해양경찰의 수단

1. 권력적 수단

해양경찰은 해양에서 공공의 안녕과 질서 유지를 위하여 명령·강제하거나 금지하는 등 권력적 수단을 쓴다. 경찰 활동의 목적을 달성하기 위해서는 권력적 수단이 우선되는 것이 경찰 활동의 특징적인 측면이다. 예컨대, 해양경찰관은 경비 수역에서 선박 등의 선장에 대하여 경고, 이동·해산 명령 등 해상 항행 보호조치를 할 수 있고(해양경비법 제14조), 누구든지 동력수상레저기구를 조종 면허를 받지 아니하고 조종하여서는 아니 된다(수상레저안전법 제20조).

해양경찰은 경찰강제를 수단으로 경찰상 목적을 달성할 수 있다. 경찰관은 거동이 수상한 사람을 정지시켜 질문할 수 있고(경찰관 직무집행법 제3조), 해양경비 활동 중인 해양경찰관은 일정한 사안에 해당할 때는 선박 등에 대하여 추적·나포할 수 있으며(해양경비법 제13조), 일정한 사안에 해당할 때는 무기를 사용할 수 있다(해양경비법 제17조). 이처럼 국민의 권리를 침해하거나 의무를 부과할 수 있는 권력적 수단을 사용하는 경찰관의 직무수행에 필요한 사항은 「경찰관 직무집행법」에 일반적인 규정이 있다.

2. 비권력적 수단

해양경찰이 권력적 수단만으로 해양경찰 작용을 하는 것은 아니다. 오히려 바다의 특수성으로 인하여 권력적 수단보다 비권력적·서비스적 수단을 사용하는 경우가 빈번하다. 해양경찰 업무는 특성상 바다에서 구조, 안전, 해양오염 방제 등 비권력적 업무가 비중이 큰 편이다. 바다에서 위험에 처하거나 사고가 발생하면 해양경찰이 거의 유일한 집행 세력이기 때문에 해양경찰의 도움이 필요하기 때문이다. 해상에서 수색 활동 및 인명구조, 함정·항공기에 의한 예방 순찰 활동, 다중이용 선박에 대한 해상교통 관리, 해상정보의 제공, 수상레저·낚시

등 바다 활동에 대한 안내 및 권고, 도서민 응급환자 후송, 해양오염 방제 등 다양한 서비스 활동이 있다.

3. 범죄 수사를 위한 수단

범죄 수사는 일반적인 경찰 활동과 구분되는 엄격한 법적 절차에 따라 수행된다. 범죄 수사는 실체적 진실을 밝히는 면과 인권침해를 방지하기 위한 노력이 병행되어야 한다. 그리하여 수사에 관하여 강제처분은 법률에 특별한 규정이 있는 경우에 한하며, 필요한 최소한도의 범위 안에서만 하여야 하며(형사소송법 제199조), 피의자에 대한 수사는 불구속 상태에서 함을 원칙으로 한다(형사소송법 제198조). 이처럼 범죄 수사는 임의수사를 원칙으로 하고, 강제수사는 예외적으로 허용하고 있다. 체포·구속·압수·수색 등 강제수사를 허용할 때도 엄격한 절차에 따라 행하여야 한다(헌법 제12조).

해양경찰의 관할

해양경찰은 다른 국가기관과 마찬가지로 사물 관할, 인적 관할, 토지 관할을 가진다. 연안국의 바다에 대한 관할은 「유엔해양법협약」에서 규정하고 있다. 이 협약은 세계의 바다에 대하여 각국 주권이 미치는 범위를 정하고 있다. 이에 의하면 육지로부터 영해, 접속수역, 배타적 경제수역, 대륙붕, 공해에서 각각 해양경찰의 관할권이 달라진다.

제1절 관할의 의의

행정기관의 관할이란 행정기관이 일정한 권한을 가지고 통제하거나 지배할 수 있는 범위를 말한다. 국가 사무를 담당하기 위하여 설치된 중앙행정기관은 그 관할권이 전국에 미친다는 점에서 관할권이 일정한 지역에만 미치는 지방행정기관과 구분된다. 해양경찰은 중앙행정기관으로서 관할권이 전국에 미친다. 행정기관의 관할권은 사물 관할, 인적 관할, 토지 관할로 나누어 설명할 수 있다.

1. 해양경찰의 사물 관할

해양경찰의 사물 관할은 해양경찰이 처리할 수 있는 사무 내용의 범위를 말한다. 사물 관할에 의하여 해양경찰이 처리할 권한 및 책임이 있는 업무 범위와 그렇지 못한 업무 범위를 법적으로 구분하게 된다. 사물 관할에 속하는 업무는 해양경찰이 처리할 법적 의무를 지며, 반대로 사물 관할에 속하지 않는 업무는 해양경찰이 처리할 권한이 없다. 해양경찰의 사물 관할은 「정부조직법」 제43조 제2항, 「해양경찰법」 제14조 등에서 정하고 있다.

2. 해양경찰의 인적 관할

해양경찰의 인적 관할은 해양경찰권이 어떤 사람에게 적용되는지에 관한 문제이다. 해양경찰권은 원칙적으로 국내에 거주하는 모든 사람에 적용되며, 내국인인지 외국인인지를 가리지 않는다. 이것은 "대한민국의 영토 안에 있는 대상은 누구든지 대한민국의 법령을 적용받는다."라는 개념이다.

3. 해양경찰의 토지 관할

해양경찰의 토지 관할은 해양경찰권이 물리적인 측면에서 어느 곳까지 적용되는지에 관한 문제이다. 해양경찰은 중앙행정기관이기 때문에 해양경찰권이 전국단위에 미치는 것은 의심의 여지가 없다. 다만 해양경찰 활동이 기본적으로 바다에서 이루어지고 바다와 관련 있는 업무를 중심으로 이루어지기 때문에 해양경찰의 토지 관할은 바다에 한정된다고 할 수 있다.

해양경찰과 육상경찰이 토지 관할을 일률적으로 규정하기 어려운 점이 많다. 그래서 해양경찰 토지 관할과 관련하여 육상경찰과 해양경찰 간 담당이 중첩되거나 경합하는 경우가 종종 발생한다. 이를 고려하여 「해양경찰청과 경찰청의 수사관할 양해각서」를 통하여 해결하고 있다.

제2절 해양경찰의 해양 관할

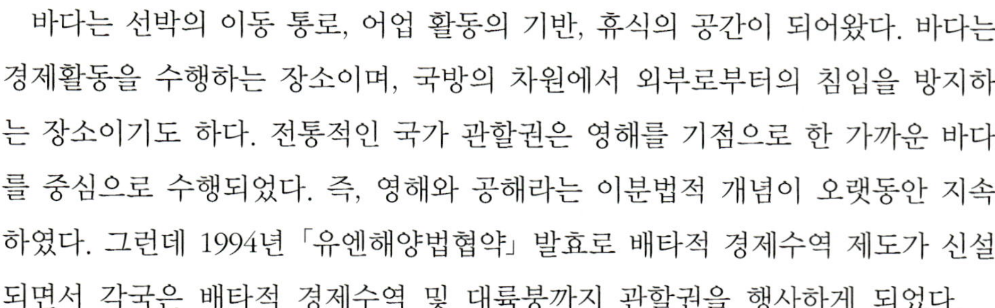

바다는 선박의 이동 통로, 어업 활동의 기반, 휴식의 공간이 되어왔다. 바다는 경제활동을 수행하는 장소이며, 국방의 차원에서 외부로부터의 침입을 방지하는 장소이기도 하다. 전통적인 국가 관할권은 영해를 기점으로 한 가까운 바다를 중심으로 수행되었다. 즉, 영해와 공해라는 이분법적 개념이 오랫동안 지속하였다. 그런데 1994년 「유엔해양법협약」 발효로 배타적 경제수역 제도가 신설되면서 각국은 배타적 경제수역 및 대륙붕까지 관할권을 행사하게 되었다.

1. 내수, 영해 및 접속수역

가. 내수

국제법상 내수는 영해기선[4]의 안쪽에 있는 모든 수역을 말한다. 영해의 폭을 측정하기 위해 그은 영해기선 안쪽에 있는 만, 운하, 강, 호수 등이 그 예이다. 내수는 영해와 달리 온전히 연안국의 주권에 속하는 영역으로서 법적으로 육지와 같이 취급된다. 한 국가의 내수에 대한 토지관할권을 육상경찰에 부여할 것인지, 해양경찰에 부여할 것인지는 입법 정책상으로 결정할 사항이다. 우리나라는 내수에 대한 관할권이 해양경찰이 아니라 육상경찰에 있는 것으로 이해되고 있다. 그러므로 해양경찰권이 미치는 범위는 육지 쪽으로부터 볼 때, 영해기선을 경계로 내수 바깥쪽 바다로부터 시작된다고 보겠다.

나. 영해

「유엔해양법협약」 제3조는 영해기선으로부터 12해리까지 영해의 폭을 정할 수 있는 권리를 각 연안국에 부여하고 있다. 영해의 폭을 측정하기 위한 기준선

4) 영해의 폭을 측정하기 위한 기준이 되는 선을 기선이라 하며, 기선을 긋는 방식은 해안선의 형태에 따라 통상기선 방식과 직선기선 방식의 두 가지가 있다.

을 영해기선이라 하는데, 이를 긋는데 두 가지 방식이 있다. 우리나라는 「영해 및 접속수역법」 제1조에서 대한민국의 영해를 기선으로부터 측정하여 그 바깥쪽 12해리의 선까지에 이르는 수역으로 정하고 있다. 우리나라는 두 가지 방식을 모두 사용하고 있다.

영해에서 연안국의 주권은 그 상공과 해상 및 하층토까지 미친다. 연안국은 영해에서 국내법을 제정하고, 제정된 법을 집행할 수 있는 권한을 갖는다. 이에 따라 해양경찰은 영해에서 모든 국내법 및 일반적으로 승인된 국제법을 집행하고 위반사항을 제재하거나 처벌할 권한을 갖는다. 하지만 영해는 영토와 달리, 연안국의 관할권 행사가 무제한으로 가능한 것은 아니며 일정 부분 제한된다. 영해 내 외국 선박의 무해통항권을 갖는다. 그 범위 내에서 연안국의 해양경찰권이 제한된다.

다. 접속수역

접속수역이란 연안국 영해기선으로부터 24해리 이내 수역으로서, 연안국이 관세, 재정, 출입국, 보건위생에 관한 법규위반을 예방하거나 처벌할 목적으로 제한적인 국가 관할권을 행사하는 수역을 말한다[5]. 우리나라는 「영해 및 접속수역법」 제3조의2에서 접속수역의 범위를 기선으로부터 측정하여 그 바깥쪽 24해리의 선까지에 이르는 수역에서 대한민국의 영해를 제외한 수역으로 정하고 있다. 접속수역에서 연안국은 영토나 영해에서의 관세, 재정, 출입국, 위생에 관한 법령의 위반 방지 또는 법령위반에 대한 처벌을 위하여 필요한 통제를 할 수 있다. 이에 따라 해양경찰은 관세, 재정, 출입국, 위생에 관하여 해양경찰권을 행사할 수 있다.

2. 배타적 경제수역

배타적 경제수역이란 영해 기준선으로부터 200해리까지 영해 외곽지역으로서 자원의 탐사, 개발, 보전 및 관리에 관해 연안국의 주권적 권리가 인정되는

5) 이창위 외 4인(2010), 「유엔해양법협약 해설서 I」, 지인북스: 112

수역을 말한다. 배타적 경제수역은 전 세계 해양 면적의 약 30%를 차지하고 있으며, 수산물과 석유 등 해양자원이 풍부하여 연안국의 핵심 전략 대상으로 부상하고 있다.

배타적 경제수역에서 연안국이 행사할 수 있는 관할권, 즉 주권적 권리는 경제적 자원, 구조물, 과학조사, 해양환경 분야 등 일정한 분야에 한정된다. 그 내용을 보면 연안국은 배타적 경제수역에서 해저의 상부 수역, 해저 및 그 하층토의 생물이나 무생물 등 천연자원의 탐사, 개발, 보존 및 관리를 목적으로 하는 주권적 권리와 해수·해류 및 해풍을 이용한 에너지 생산과 같은 이 수역의 경제적 개발과 탐사를 위한 그 밖의 활동에 관한 주권적 권리를 갖는다(유엔해양법협약 제56조). 연안국은 배타적 경제수역에서 인공섬, 시설 및 구조물의 설치와 사용, 해양과학조사, 해양환경의 보호와 보전에 관한 관할권도 가진다(유엔해양법협약 제56조).

우리나라는 「배타적 경제수역법」 제2조에서 영해기선으로부터 그 바깥쪽 200해리의 선까지에 이르는 수역 중 대한민국의 영해를 제외한 수역을 배타적 경제수역으로 정하고 있고, 같은 법 제3조에서 배타적 경제수역에서 권리를 정하고 있어 해양경찰은 그 범위 내에서 관할권을 가진다.

3. 대륙붕

해양경찰의 해양 관할권이 미치는 범위는 영해와 배타적 경제수역에 집중되어 있다. 하지만 해양자원 개발기술이 발달하고 원해 개발이 빈번해지면서 먼바다에 대한 관할권도 점점 문제가 되고 있다. 특히, 대륙붕에 대한 관할권은 배타적 경제수역 개념이 생기기 이전부터 논의됐다.

대륙붕이란 대륙에 인접한 완만한 경사의 해저재단으로서 수심이 200미터 이내 바다를 말한다. 대륙붕의 바깥쪽 한계에 대해서는 350해리까지 인정하고 있다. 대륙붕에 대한 연안국의 관할권은 배타적 경제수역과 유사하게 인정되고 있다. 즉, 연안국에 대륙붕의 해저 및 그 지하에 있는 모든 생물이나 무생물 등 천연자원의 탐사·개발·이용권과 인공섬, 해양과학조사, 해양환경에 대한 관할

권이 인정된다. 연안국의 자원관할권은 해저 및 그 지하에만 미치기 때문에 상부 수역, 바다 위, 상공에는 공해의 법적 체제가 적용된다. 따라서 해양경찰 관할권은 「배타적 경제수역법」에 근거하여 우리나라 대륙붕 해역에도 미친다고 보겠다.

4. 공해 등

공해는 특정 국가의 담당에 속하지 않는 바다로서 어느 국가나 자유롭게 이용할 수 있는 바다를 말한다. 공해는 연안국이거나 내륙국이거나 관계없이 모든 국가에 개방된다(유엔해양법협약 제87조). 공해의 자유는 항행의 자유, 상공 비행의 자유, 해저전선과 관선 부설의 자유, 인공섬과 그 밖의 시설 건설의 자유, 어로의 자유, 과학조사의 자유를 포함한다.

공해는 특정 국가 담당에 속하지 않기 때문에 해양경찰권 행사가 불가능하지만, 일정한 경우 관할권 행사가 가능한 예도 있다. 첫째, 공해상 선박에 대한 사법권, 경찰권, 행정권 등은 선박의 선적국이 관할권을 행사하는 것이 오래전부터 확립된 원칙으로 자리 잡았다(유엔해양법협약 제92조). 그러므로 공해상을 운항 중인 대한민국 선박에 대하여 해양경찰 관할권이 미친다. 둘째, 공해상에서 이루어지는 해적 행위, 노예거래, 마약 등 불법 거래, 무허가방송 등에 대해서는 국적에 상관없이 관할권을 행사할 수 있다.

제3절 해양경찰의 육상 관할

해양경찰은 해양이라는 공간에서 경찰 활동을 하거나 최소한 해양과 직접 연관된 경찰 활동을 하는 조직이다. 해양경찰이 육상에 대한 관할권을 행사하지 못한다. 해양경찰이 육상에 대한 관할권이 없더라도 제한적인 업무에 대해서는

관할권을 가지고 있고, 법령으로 관할범위를 정하고 있는 예도 있다. 동력수상레저기구 조종면허증을 발급받고자 할 때는 「수상레저안전법」 제11조에 따라 관할 해양경찰서에서 받아야 한다. 이에 따라 관할 해양경찰서별로 조종면허증을 발급받게 하려면 전국의 시·군을 지방 해양경찰관서별로 구분하여 육상 담당을 정하고 있다. 결국, 수상레저안전 업무를 수행하는 범위 내에서 해양경찰은 육상관할이 있다.

Chapter 4 해양경찰의 법적 근거

제4장에서는 해양경찰 법령에 대해서 알아보겠다. 해양경찰은 현장에서 법령을 집행하는 업무를 수행한다. 해양경찰이 업무를 수행하는데 필요한 많은 법령이 있다. 그중 해양경찰 기본법으로서 「해양경찰법」이 있다. 나머지 법률을 분류하면, 해양경찰 조직에 관한 법, 해양경찰 신분에 관한 법, 해양경찰 작용에 관한 법이 있다.

제1절 해양경찰의 법원과 법령체계

1. 해양경찰의 법원

법원(法源)이란 법의 존재 형식을 말한다. 즉, 법이 어떤 형태로 존재하고, 어떻게 작용하는지를 보여주는 형식을 말한다. 법원은 법을 적용하는 법관이 재판할 때 있어서 적용하여야 할 기준이 된다. 우리가 인식할 수 있는 법원의 종류는 성문법(成文法)과 불문법(不文法)이 있다. 성문법은 의회나 기타 법률의 제정 주체로 일정한 형식과 절차에 따라 제정되어 조문의 형식으로 존재하게 된

다. 여기에는 헌법, 법률, 명령, 규칙, 조약 등이 있다.

이에 반해 불문법이란 형식적으로 성문의 법전으로 존재 하지는 않지만, 국민의 생활에 법적 효력을 가지고 규율하는 형태를 말한다. 불문법에는 다양한 법원이 존재하는데, 관습법, 판례, 조리 등이 있다.

그렇다면 해양경찰 법원(法源)은 무엇인가? 해양경찰 조직이나 작용, 그리고 해양경찰공무원에 관한 법령의 존재 형식 또는 인식근거는 성문법이다. 헌법·법률·명령·규칙 등 성문법을 해양경찰의 법원으로 인식할 수 있다. 성문법 중에서도 특히 입법 기관인 국회에서 일정한 절차에 따라 제정한 실정법인 법률이 중요하다.

2. 해양경찰 법령체계

해양경찰의 법원은 현실적으로 법령체계를 통해서 알 수 있다. 국가법령정보센터에 분류된 부처별 소관 법령 현황에 따른 해양경찰청 소관 법령은 다음과 같다.

〈표 1-1〉 **해양경찰청 소관 법률 현황**

단독 소관 법률	타 부처 공동소관 법률	공동소관 부처
선박 교통관제에 관한 법률	경범죄처벌법	경찰청 공동
수상레저기구의 등록 및 검사에 관한 법률	경찰공무원법	경찰청 공동
수상레저안전법	경찰공무원 보건안전 및 복지 기본법	경찰청 공동
수상에서의 수색·구조 등에 관한 법률	밀항단속법	법무부 공동
연안 사고 예방에 관한 법률	자동차 등 특정동산 저당법	국토부, 법무부, 해수부 공동
해양경비법	재난 및 안전관리 기본법	행안부, 소방청 공동
해양경찰법		
해양경찰 장비 도입 및 관리에 관한 법률		

해우리

제2절 해양경찰 기본법으로서의 해양경찰법

1. 해양경찰법의 제정 과정

해양경찰 조직, 임무, 작용 등에 관하여 전반적으로 정하고 있는 기본법으로서 1962년 4월 제정한 「해양경찰대설치법」이 있었다. 이후 경찰청이 외청으로 독립되면서 1991년 5월 「경찰법」이 제정되어 해양경찰에 관한 내용은 같은 법에 규정되었다[6]. 그러다가 1996년 8월 8일 정부가 「정부조직법」을 개정하여 해양수산부를 신설하고, 해양경찰청을 해양수산부 외청으로 독립시켰다. 이에 따라 「경찰법」에 규정된 해양경찰청의 설치·조직에 관한 법적 근거가 삭제되었다.

2017년 5월 문재인 정부는 해체되었던 해양경찰청을 복원시키고, 해양경찰 기능 강화와 사기 진작을 위한 여러 가지 방안을 논의하게 되었고, 이에 따라 해양경찰법 제정 논의도 본격화되었다. 2019년 1월 제20대 국회 농림축산식품해양수산위원회 오영훈 의원을 대표로 하여 해양경찰법(안)이 발의되었다. 발의된 「해양경찰법」은 같은 해 4월 5일 농림축산식품해양수산위원회에서 수정의결 되었으며, 7월 31일 법제사법위원회를 통과하였다. 같은 해 8월 2일 「해양경찰법」은 제370회 임시국회 본회의에서 통과되었다. 2019년 8월 20일 법률 제

6) 경찰법에 규정된 해양경찰 관련 조항
제2조(경찰의 조직) ③해양경찰에 관한 사무를 관장하게 하려고 경찰청장 소속하에 해양경찰청을 두고 해양경찰청장 소속 하에 해양경찰서를 둔다.
제19조(해양경찰청장) ①해양경찰청에 해양경찰청장을 두되, 해양경찰청장은 치안정감으로 보한다.
②해양경찰청장은 경찰청장의 지휘·감독을 받아 소관 사무를 관장하고 소속 공무원 및 소속 경찰기관의 장을 지휘·감독한다.
제20조(차장) ①해양경찰청에 차장을 둘 수 있다.
②차장은 해양경찰청장을 보좌하여 소관 사무를 처리하고 해양경찰청장이 사고가 있을 때는 그 직무를 대행한다.
제21조(해양경찰서장) ①해양경찰서에 해양경찰서장을 두되, 해양경찰서장은 총경으로 보한다.
②해양경찰서장은 해양경찰청장의 지휘·감독을 받아 소관 사무를 관장하고 소속 공무원을 지휘·감독한다.
③해양경찰서장 소속하에 해양경찰 지서를 둘 수 있다.

16515호로 공포되었다.

2. 해양경찰법 주요 내용

「해양경찰법」은 본문 5개의 장과 21개 조문, 그리고 부칙으로 이루어졌다. 내용을 보면, 먼저 안전 확보와 구조 책임을 의무화하는 등 국민의 해양경찰로 거듭나기 위해 총칙 부분에 해양경찰의 책무 규정을 명시하였다(법 제2조). 또한, 민주적인 외부통제와 효율적인 조직 운영을 위한 제도적 장치로서 해양경찰위원회를 신설하였다(법 제2장). 본문에서 조직법적 요소를 줄이고 해양경찰청장 및 소속 공무원에 관한 규정 등 최소한의 조직만을 규정하였고, 지방해양경찰청 등 소속기관에 관한 규정은 삭제하였다(법 제3장). 이에 더하여 해양 안전 확보를 위한 체계적인 노력 및 국민 소통 확대 노력을 명시하고(법 제4장), 업무 전문성을 확보하기 위한 전문가 채용, 장비와 시설관리 및 연구 기반을 마련토록 하였다(법 제5장).

제3절 조직에 관한 법

조직법(組織法)이란 인간이 사회생활을 영위해 나가는 여러 가지 사회조직에 관하여 제도를 정하는 법을 말한다. 사회조직이나 제도를 정하는 것이 조직법이지만, 공법적 측면에서 볼 때 조직법은 국가의 정치적 기구나 조직, 행정기관의 조직에 대하여 규율하는 법을 의미한다. 예컨대, 「헌법」은 국가의 통치 조직과 통치 작용의 기본원리 및 국가기관에 관해 규정하고 있다. 또 「정부조직법」은 국가 행정 사무의 통일적이고 체계적인 수행을 위하여 국가 행정기관의 설치, 조직과 직무 범위의 대강을 정하고 있다.

해양경찰의 조직과 직무 범위를 정하고 있는 근거법은 무엇인가? 먼저 「정부

조직법」 제43조 제2항에 "해양에서의 경찰 및 오염방제에 관한 사무를 관장하기 위하여 소속으로 해양경찰청을 둔다."라고 규정하고 있다. 또 제3항에 "해양경찰청에 청장 1명과 차장 1명을 두되, 청장과 차장은 경찰공무원으로 보한다."라고 규정하고 있다.

둘째, 해양경찰 조직법적 근거로서 「해양경찰법」이 있다. 해양경찰 조직에 관하여는 2장과 3장에 규정하고 있다. 제2장(해양경찰위원회)에서는 해양경찰위원회에 관하여 규정하고 있다. 제3장(해양경찰청)에서는 해양경찰청장 및 소속 공무원에 관해 규정하고 있다.

제4절 신분에 관한 법

해양경찰청 소속 공무원 신분법적 근거에 관하여는, 모든 국가공무원의 신분사항을 규정하고 있는 「국가공무원법」이 있다. 국가공무원은 경력직공무원과 특수경력직 공무원으로 구분한다.

「국가공무원법」의 특별법적인 성격으로서 경찰공무원 신분에 관해 규정한 「경찰공무원법」이 있다. 같은 법은 국가경찰 공무원의 임용, 교육훈련, 복무, 신분보장 등에 관하여 「국가공무원법」에 대한 특례를 규정함을 목적으로 한다.

해양경찰청 소속 공무원에게만 적용되는 신분법적 근거로서 「해양경찰법」이 있다. 해양경찰청 소속 공무원은 국가경찰 공무원과 일반직공무원으로 구성하고 있다(제13조). 해양경찰청 소속 공무원의 임용·교육훈련·복무·신분보장 등에 관하여 「국가공무원법」과 「경찰공무원법」을 준용하도록 하고 있다(제13조).

제5절 작용에 관한 법

해양경찰 작용에 대한 일반적인 근거는 「정부조직법」 제43조 제2항에 "해양에서의 경찰 및 오염방제에 관한 사무를 관장한다."라고 되어있다. 해양경찰 작용에 관한 일반법으로서「경찰관직무집행법」에서도 찾을 수 있다. 같은 법은 경찰권의 수단, 한계, 절차에 관하여 규정한 법률로서 경찰권 발동의 일반적 근거라 할 수 있다.

해양경찰 작용 중에서 해상경비 활동은 「해양경비법」에 근거를 두고 있다. 같은 법은 경비 수역에서 해양 안보 확보, 치안 질서 유지, 해양수산자원 및 해양시설 보호를 위하여 해양 경비에 관한 사항을 규정하고 있다.

기타 해양경찰 작용과 관련한 법률을 살펴보면 해양경찰청 단독 소관 법률은 「수상에서의 수색·구조 등에 관한 법률」, 「수상레저안전법」, 「수상레저기구의 등록 및 검사에 관한 법률」, 「연안사고 예방에 관한 법률」, 「선박교통관제에 관한 법률」 등이 있다. 타 부처와 공동소관으로 「재난 및 안전관리 기본법」(행정안전부·소방청 공동소관), 「밀항단속법」(법무부 공동소관), 「경범죄처벌법」(경찰청 공동소관) 등이 있다.

타 부처 소관으로 해양경찰청이 직접 집행하는 작용법으로, 해사안전 분야에 「해사안전법」, 「선박안전법」, 「선박의 입항 및 출항 등에 관한 법률」, 「유선 및 도선 사업법」 등이 있다. 어업 활동에 관련하여 「수산업법」, 「낚시 관리 및 육성법」, 「배타적 경제수역에서의 외국인 어업 등에 대한 주권적 권리의 행사에 관한 법률」 등이 있다. 경비 분야에 「영해 및 접속수역법」, 「배타적 경제수역 및 대륙붕에 관한 법률」, 「해양과학조사법」 등이 있으며, 환경 분야에 「해양환경 관리법」이 있다.

해양경찰의 역사

제5장에서는 해양경찰이 탄생하고 발전해온 역사적 발자취를 살펴보겠다. 일반적으로 해양경찰의 역사를 논의할 때, 1953년 현대 해양경찰 창설 이후 시기만을 다루는 경향이 있다. 하지만 그 이전에도 미분화된 형태였지만, 해양에서 경비, 치안, 안보, 구조 안전 등 해양경찰의 기능을 수행했던 역사는 있었다. 1953년 12월 23일 현대적인 의미의 해양경찰이 탄생하였지만, 기능으로서의 해양경찰 역사는 오래전으로 거슬러 올라간다.

전근대에는 지방행정과 군대, 군대와 경찰, 경찰과 해경, 해군과 해양경찰이 분화되지 못했다는 점을 유의해야 한다. 한 지방의 우두머리가 그 지역에서 행정, 군사, 경찰 기능을 복합적으로 수행하였다. 따라서 전근대 해양경찰의 역사를 논할 때 군사와 경찰, 해군과 해양경찰의 개념적 미분화성과 중복성에 대한 고려가 필요하다.

해누리

제1절 개항 이전 해양경찰

1. 고대

삼국시대 해양경찰 기능을 수행한 조직으로 신라의 주(州)가 있다. 주는 사방의 최전방에 중앙군단이 주둔하여 방어의 임무를 수행한 군사기지이자 행정구역이었다. 특히 동해안 방면에 설치한 실직주(지금의 삼척), 하슬라주(지금의 강릉), 비열홀주(지금의 안변), 달홀주(지금의 고성) 등이 있었다. 강릉의 하슬라주에서 우산국을 정벌함으로써 동해의 제해권을 장악하였다.

신라의 진(鎭)은 육상 방어와 해상 방어를 위해 설치한 군사기지였다. 신라는 9세기 전반에 이르러 진을 집중적으로 설치하였다. 청해진(828년)과 당성진(829년), 혈구진(844년) 등이 그것이다. 이들은 섬이나 바닷가에 설치된 수군진에 해당한다. 청해진은 828년 장보고가 해적 소탕을 위하여 완도에 설치한 수군기지로서, 서남해 광범한 연안과 다도해를 관장하였다.

선부(船府)는 나당전쟁이 종식된 지 2년 후인 678년에 장관급 최고 관부로 설치되었다. 선부는 전함을 건조하는 부서였다. 9세기에 신라선은 동아시아 최고의 배로 인정받았다. 함선, 사신선, 무역선 등을 제작 운용하여 신라를 해양 강국으로 이끈 원동력이 되었다.

2. 고려 시대

도부서(都部署)는 해역별로 해상 방어를 위해 설치한 사령부 성격이 강하였다. 현재까지 함경도, 경상도, 평안도 등 도부서 다섯 곳이 확인되었다. 해상방위를 담당한 도부서는 지방 주현 군을 독려하여 해적을 방어하거나 소탕하고, 해적선을 나포하는 것 등을 기본임무로 삼았다.

연안 주현군(州縣軍)은 도서와 연근해 해상을 순찰·경비했던 군조직이었다. 이러한 주현군이 주둔한 연해의 요충지에 수소(戍所)가 자리하였다. 11세기경

해안 경계와 해양주권 수호 활동을 위해 동해안을 따라 다수의 수소를 배치하였다.

왜적 추포사도 있었다. 고려 말 공민왕 대 해상에서 큰 피해를 줬던 왜구(倭寇)를 잡기 위해 긴급하게 추포사를 파견하였다. 추포사는 왜적 방어에 신속하게 대처하여 체포하기 위해 포구에 정박하거나 해안을 순시 중인 함선 위에서 근무하였다. 오늘날 해양경찰이 함정 생활을 통해 해상 경계의 신속성을 중시하는 것과 유사하였다.

3. 조선 시대

바다로부터 오는 적을 물리치기 위한 수군(水軍)이 있었다. 조선 건국 초에 왜구를 방어하기 위해 삼남과 경기 좌·우도에 수군도절제사를 두어 지휘하도록 하였다. 1592년 임진왜란 이후, 전라도·경상도·충청도 수군을 통괄하는 삼도수군통제사를 설치하고, 통제영을 두어 삼남 수군의 지휘 계통을 일원화하였다. 수군은 군사 활동 위주의 방어 태세를 갖추었지만, 그 해역의 해상치안 활동이나 순찰 활동을 병행하는 등 해양경찰 활동도 포함하고 있었다.

추포무사(追捕武士)는 도적을 잡기 위해 파견된 관리였다. 추포사란 여말선초에 왜구를 막기 위하여 설치된 관직이었다. 추포무사는 서해에 황당선이 침입하여 약탈해 가는 것을 염려하여 창설하였다. 이처럼 추포무사는 군관급에 해당하였으며, 연안 접근 자체를 봉쇄하기 위해 추포선을 타고 황당선을 추격해 잡는 임무를 지닌 조직이었다. 황당선의 출현은 황해도, 서해5도 등에 빈번했으며 추포무사는 이 해역을 중심으로 활동하였다.

수토제(搜討制)란 국가에서 관리를 도서 지역에 파견하여 그 형편을 조사하기 위한 제도이다. 특히 관리의 눈을 피해 섬에 몰래 들어가 사는 백성, 왜구 또는 황당선 등을 수색하여 토벌하는 것이다. 수토군(搜討軍)은 정규 수군의 임무였다. 이러한 수토군과 해양경찰의 관련성은 조선 해역에 침입한 이국인과 도서 지역으로 이주한 도서민에 대한 치안 유지를 담당하였다는 점이다.

제2절 개화기와 일제강점기 해양경찰

1. 개화기

1894년 갑오개혁 때 좌·우 포도청을 폐지하고 경무청이 신설되었다. 그 산하에 경무 지서가 설치되었는데, 이것이 근대적 의미의 경찰조직이다. 1895년 경무서(警務署)로 이름을 변경하고, 각 개항장에 경무서를 설치하여 개항장을 관리하였다.

1876년 강화도 조약 이후 개항장에 거주하는 외국인의 증가와 무역량이 늘어남에 따라 거류지 관계 사무, 통상사무, 치안 관련 전담 기구로 감리서(監理署)가 설치되었다. 실질적으로 항구의 모든 업무를 총괄하는 권한과 기능이 감리서의 책임자인 감리 담당자에게 있었다. 여기에 표류선 보호, 해적 피해 방지 등의 현재의 해양경찰 업무도 포함되어 있었다.

해관(海關)은 조선 말기 개항 후에 창설된 관세 행정기구로서 오늘날의 세관에 해당한다. 개항장 항구를 입출항하는 외국 선박에 대해 관세를 부과하는 업무를 주로 담당하는 곳이다. 금지된 물건을 조사하여 잡기도 하고, 백성의 재물을 탈취하는 도적을 잡는 업무도 수행했다. 방곡령과 관련하여 선박 조사를 진행했고, 표류 선박 조사의 기능도 담당했다. 이러한 기능들이 오늘날의 해양경찰 업무와 유사한 측면이 있다.

2. 일제강점기

일제강점기에 목포와 여수에 수상경비소를 두었다. 목포경비소는 1910년 9월 여수경비소와 함께 설치되었다. 경비선을 배치하여 연안과 도서의 단속에 임하고 필요에 따라서는 멀리 압록강까지 파견되었다.

항구지역에 수상경찰서(水上警察署)가 일반 경찰서에서 분리되어 발전해왔는데, 조직 면에서 해양경찰과 유사성이 있다. 부산 수상경찰서는 부산경찰서 수

상파출소에서 분리되어 1920년 1월에 신설된 기관으로 해상 관련 업무를 담당하였다. 인천 수상경찰서는 1949년 5월 인천경찰서에서 분리되었고, 1961년 7월에 인천경찰서로 다시 통합되었다.

제3절 현대 해양경찰기

1. 해양경찰 창설

우리나라는 1945년 해방이 되었지만, 혼란을 틈타 일본어선이 우리 영해를 침범하여 불법 어로를 일삼고 해상범죄가 기승을 부리는 등 해상 질서가 혼란스러웠다[7]. 이 시기에 연합군 최고 사령관 총사령부는 1945년 9월 일본에 맥아더 라인(MacArthur Line)을 선포하였다[8]. 맥아더 라인은 연합군이 패전국이었던 일본에 대하여 어업상의 통제를 위해 일본 주변에 선포한 해역제한선이다. 하지만 일본은 맥아더 라인을 월선하여 우리나라 해역에 침범하여 어자원을 무차별적으로 남획하였다. 이런 상황은 1948년 정부 수립 이후에도 당분간 지속되었다.

해방 직후인 1945년 손원일을 중심으로 하여 해군 창설을 목표로 하는 움직임이 있었다. 하지만 미군정청은 해군이 아니라 해양경비대 창설을 권유하였다. 1946년 6월 15일 대한민국 해군의 전신이자 해양경찰의 뿌리인 조선해안경비대(Korea Coast Guard)가 창설되었다. 조선 해양경비대의 임무는 미군정법령 제189호에 '조선 영해의 해상 및 도서 순찰과 치안 유지, 사고조사를 담당하고, 선

7) 해양경찰 60년사 편찬위원회(2013), 「해양경찰 60년사」, 해양경찰청: 45
8) 맥아더 라인을 선포한 문서의 정식명칭은 '일본의 어업 및 포경업에 인가된 구역에 관한 각서'이다. 맥아더 라인은 1946년 6월과 1949년 9월 두 차례에 걸쳐 확대되었다. 1946년 8월 남빙양 포경(南氷洋捕鯨)이, 1950년 5월 남양의 모선식 참치어업이 이 선을 넘어 조업할 수 있도록 특별히 허가되었다. 맥아더라인은 1952년 4월 샌프란시스코 조약 발효와 더불어 소멸하였다.

박검사에 관한 모든 임무와 선원의 면허·증명 등 선원 관리를 담당한다.'라고 명기되어 있었다.

한편, 1945년 미국 대통령 투르먼은 미국 인접 해역의 대륙붕 자원에 대한 배타적 권리와 미국 영해 밖 공해에서 어업규제를 선언하였다. 이 트루먼 선언에 자극받은 각국은 경쟁적으로 해양 관할권을 선포하게 되었다. 이에 대한민국 정부도 1952년 1월 국무원 고시 제14호로 「대한민국 인접 해양에 관한 대통령 선언」을 선포하였다. 동 선언은 연안으로부터 평균 60마일 해역을 대한민국 주권선으로 설정하였는데, 이것이 일명 평화선이다. 이승만 정부는 평화선을 국내 법적으로 뒷받침하기 위해 1953년 「어업자원보호법」을 제정하고, 이 수역 내에서 외국선박의 불법어로 행위를 엄격히 단속하였다.

휴전 이후 클라크라인이 철폐되자, 일본어선이 빈번하게 평화선을 침범하였으나, 해군이 이를 막는 것은 군작전 수행에 많은 지장을 초래하였다. 이에 정부는 1953년 10월 5일 해양경찰대 설치계획을 수립하였다. 1953년 12월 14일 해양주권선 내의 해양경비를 위하여 해양경찰대 창설 법적 기반을 마련하였다. 1953년 12월 23일 해군으로부터 180톤급 경비정 6척을 인수하여 부산시 중구에 해양경찰대를 창설하였다.

최초 해양경찰대는 대장, 참모장, 4 참모실, 12계, 7기지대로 편성되었다. 전국의 해양경찰대 업무수행을 위하여 부산, 인천, 군산, 목포, 제주, 포항, 묵호 등 7개 기지대를 두었으며, 기지대장은 경감으로 보하였다. 정원은 시도 경찰국에서 차출된 경찰관 60명과 해군에서 경찰관으로 이직한 79명을 포함하여 658명으로 구성하였다. 함정은 해군 181톤급 소해정 6척을 해양경찰대로 이관하여 사용하였다.

2. 해무청 시기(1955.2.7.~1962.5.1.)

1955년 2월 7일 유사 기능 통폐합 방침에 맞춰 해양 관련 업무를 일원화하기 위해 전담 조직으로 상공부 산하에 해무청(海務廳)을 신설하였다.

해무청 수산국 내에 해양경비과를 신설하고, 해양경비과에 해양경비대를 편

성하고 필요한 곳에 해양순찰반을 운영토록 하였다. 이로써 해양경찰대는 소속 부처가 내무부에서 상공부 산하 해무청으로 이관되고, 조직의 명칭도 '해양경비대'로 변경되는 변화를 맞게 되었다.

1957년 들어 재정이 부족해진 정부가 범정부 차원에서 예산 절감 시책을 전개함에 따라, 해양경비대는 조직을 축소하고 인원을 감축하는 등 조직의 외형을 크게 줄여야 했다. 이에 따라 전체 정원은 창설 당시 658명에서 524명으로 축소되었고, 인천, 군산, 포항, 묵호 등 4개 기지대를 폐지하는 등 조직이 축소되었다.

3. 내무부로의 복귀(1962.5.1.~1991.7.23.)

1961년 5.16 군사쿠데타 이후 정부는 행정간소화 및 합리화 정책 등을 통해 강력한 예산 절감 시책을 시작하였다. 이에 따른 결과로 해무청을 해체하고 해양경비대를 내무부 치안국 소속으로 재이관하였으며, 명칭도 해양경찰대로 복원하였다. 1962년 4월 3일 「해양경찰대설치법」을 제정하여 내무부장관 소속하에 해양경찰대를 두고, 담당 수역 내 범죄 수사와 기타 해상에 있어서 경찰에 관한 사무를 관장하게 하였다.

새롭게 출발하는 해양경찰대는 군대식 직제에서 벗어나 경찰식 직제로 조직을 재편하였다. 폐지되었던 5개 기지대를 복원하여 총 7개 기지대를 재가동하였다. 내무부 소속으로 편재됨과 동시에 해양경찰대의 계급체계도 경찰직제에 맞춰 개편하였다. 1979년 10월 12일에 본대 청사를 부산에서 인천으로 이전함으로써 해양경찰대는 26년 만에 인천 시대를 열게 되었다.

4. 경찰청 소속 해양경찰청(1991.7.23.~1996.8.8.)

1991년 5월 31일 「경찰법」이 제정됨에 따라 해양경찰청이 경찰청 소속이 되었다. 같은 법에 경찰청장 소속하에 해양경찰청장을, 해양경찰청 산하에 해양경찰서를 둔다고 규정하고 있다. 이에 따라 내무부 장관 소속의 해양경찰대는 경찰청장 소속 해양경찰청으로 소속기관과 명칭이 변경되었으며, 지구 해양경찰

대는 해양경찰서로, 지대는 해양경찰 지서로 승격되었다.

본청에 경무부, 경비부, 정보수사부, 해양오염관리부를 두고, 정비창을 청장 보좌 기관으로 소속을 변경하였다. 경무부에 전산 담당관을, 경비부에 구난과를 신설하는 등 조직체제를 재정비하였다.

1961년 법률 제761호로 제정되었던 「수난구호법」은 수난구호 책임자를 경찰서장으로 규정하였다. 이후 1995년 6월 23일 해상에서의 수난구호는 관할 해양경찰서장이 행하고, 하천에서의 수난구호는 관할 소방서장이 행하도록 규정하여, 해양 사고에 대한 구호 활동 책임기관을 해양경찰로 일원화하였다.

1993년 10월 10일 전라북도 부안군 위도에서 여객선 서해 훼리호가 침몰 사건 결과로, 유도선 및 여객선 안전관리 업무 인수하였다. 1984년 1월 1일 기존의 수리소를 확대 개편하여 수리창을 신설하였으며, 1994년 5월 12일에 부산 다대포에 20,041평 규모의 새 정비창을 준공하였다.

5. 해양수산부 외청(1996.8.8.~2014.11.19.)

1994년 11월 16일 「유엔해양법협약」이 세계적으로 발효되었다. 이로써 해양경찰 담당 해역은 기존의 영해에서 배타적 경제수역으로 약 5.2배 넓어짐에 따라 광역해역의 경비 및 해양자원 확보가 최우선 과제로 대두되었다.

이에 정부는 여러 부처에 산재해 있던 해양 행정 체제를 일원화함으로써 해양 관리의 효율성을 높이기 위해 1996년 8월 8일 「정부조직법」을 개정하여 해양수산부를 신설하고, 해양경찰청을 해양수산부 소속의 외청으로 독립시켰다.

2000년 2월 「수상레저안전법」이 시행됨에 따라 수상레저 안전관리 업무를 맡았다. 2005년 7월 22일 해양경찰청장 직급이 차관급인 치안총감으로 격상되고 해양경찰청이 차관급 기관으로 승격되었다.

해양경찰의 업무 특성을 반영한 「해양경비법」이 2012년 2월 22일 공포되었다. 이를 통해 해양경찰 활동에 필요한 권한을 명문화하고, 해상 검문검색, 선박 추적·나포, 해상항행 보호조치 등의 내용을 신설하였다.

해우리

6. 국민안전처 해양경비안전본부 시기(2014.11.19.~2015.7.26.)

2014년 4월 세월호 참사를 계기로 안전관리 총괄부처인 국민안전처가 신설되었다. 각 부처에 분산된 안전 관련 조직을 통합하고 지휘체계를 일원화하여 육상과 해상에서 일어나는 모든 유형의 재난에 현장 중심으로 대응할 수 있도록 하였다. 이에 따라 해양경찰청은 국민안전처 소속 해양경비안전본부로 개편되었다.

이때 수사·정보업무 일부 경찰청 이관되었으며, 해양수산부와 해양경찰청에서 이원화 체제로 담당했던 해상교통관제센터(VTS)가 국민안전처 해양경비안전본부로 소속이 일괄 변경되었다. 2104년 12월에 해양경찰의 구조·방제 전문인력 62명을 선발하여 중앙해양특수구조단을 신설하였다.

7. 해양경찰청 복원(2017.7.26.~현재)

문재인 정부가 들어서면서 해양경찰의 기능을 회복시켜야 한다는 목소리가 컸다. 2017년 7월 26일 해양경찰 기능을 세월호 참사 이전으로 회복시키는 내용의 「정부조직법」 개정안이 통과되었다. 해양경비안전본부 체제로 국민안전처 아래에 있던 해양경찰은 해양에서의 경찰 및 오염방제에 관한 사무를 관장하기 위하여 해양수산부 산하의 독립 외청으로 부활하였다. 이로써 세월호 사고 이후 국민안전처 해양경비안전본부에서 2년 8개월 만에 다시 해양경찰청이 출범하게 되었다.

「해양경찰법」 제정을 추진하였으며, 2020년 2월 21일부터 시행되고 있다.

2019년 12월 3일 「선박 교통관제에 관한 법률」을 제정하였다. 2022년 4월 14일 해양경찰 장비의 도입 및 관리에 관한 기본적인 사항을 정하기 위하여 「해양경찰 장비 도입 및 관리에 관한 법률」을 제정하였다.

해누리

PART

2

해양경찰의 조직·공무원·장비

해양경찰이 존재하는 이유는 해양에서 공공의 안녕과 질서를 유지하고 국민에 대한 서비스를 제공하기 위해서다. 이를 위해서 해양경찰청이라는 조직(組織)을 만들고, 그 조직을 운영할 공무원(公務員)을 채용한다. 조직과 공무원이 법령에 따라 국민을 위하여 활동하고 서비스를 제공하는 것이 해양경찰 기능 또는 작용(作用)이다. 해양에서 활동을 위해서는 선박, 항공기 같은 장비가 필수적이다.

제2편에서는 해양경찰을 구성하는 요소인 조직, 공무원, 장비에 대해서 알아보겠다. 법령에 따라 해양경찰 조직이 구성되고, 구성된 조직을 작동시키는 인적 요소인 해양경찰 공무원이 있으며, 공무원이 행하는 해양경찰 작용이 있다.

해양경찰의 이해

해양경찰의 구성 원리

제1절 해양경찰의 구성요소

1. 해양경찰 조직

다른 모든 국가기관과 마찬가지로 해양경찰이 국가 행정기관으로서 존립하기 위해서는 조직이 필요하다. 조직 구성은 마치 일하기 위해서 먼저 공간적 조건인 건물을 짓는 것과 마찬가지이다. 국가 행정기관의 설치·조직과 직무 범위의 대강에 대하여 정하고 있는 법률이 「정부조직법」이다.

해양경찰청은 국가 행정기관이면서 중앙행정기관으로서 「정부조직법」에 따라 외청으로 설치되었으며, 보조기관으로서 청장 아래 차장, 국장, 과장을 두고 있다. 즉, 「정부조직법」 제43조 제2항에 "해양에서의 경찰 및 오염방제에 관한 사무를 관장하기 위하여 해양수산부장관 소속으로 해양경찰청을 둔다."라고 되어 있고, 동 조 제3항에 "해양경찰청에 청장 1명과 차장 1명을 두되, 청장과 차장은 경찰공무원으로 보한다."라고 규정하고 있다.

2. 해양경찰공무원

조직이 실제로 작동하고 운영되기 위해서는 구성원인 공무원이 필요하다. 공무원은 어느 기관에서 공무원에 대한 경비를 부담하느냐에 따라 국가가 경비를 부담하는 국가공무원과 지방자치단체가 경비를 부담하는 지방공무원으로 분류된다. 모든 국가공무원에게 적용할 인사행정의 근본 기준을 확립하기 위한 「국가공무원법」과 지방자치단체의 공무원에게 적용할 인사행정의 근본 기준을 확립 「지방공무원법」이 있다. 해양경찰에 근무하는 해양경찰공무원은 국가공무원으로서 채용, 임용, 승진, 보수, 복무, 신분보장, 권익 보장 등에 대하여 「국가공무원법」의 적용받는다. 다만, 해양경찰공무원 중에서 경찰공무원으로 임용된 자에 대해서는 「경찰공무원법」이 우선 적용된다.

3. 해양경찰 작용

국가 행정기관이 존립하고 기능을 수행하기 위해서 조직 구성과 국가공무원이 있어야 하지만, 국가 행정기관의 궁극적인 목적을 달성하기 위해서는 그 기관의 하는 기능 또는 행정작용이 있어야 한다. 조직이라는 건물을 짓고 조직을 움직이는 공무원을 배치했다면, 이제 구체적으로 어떤 일을 어떻게 할지 결정하고 그 일을 해나가야 한다. 이렇게 실제적인 행정 목적을 달성하기 위한 것이 행정작용이다.

해양경찰이 궁극적인 임무를 달성하기 위하여 국민과의 관계에서 실제로 행해지는 작용에 대해서 법치주의의 원리가 더욱 엄격히 적용되기 때문에 많은 법률에 근거하여 이루어진다. 해양경찰의 다양한 임무를 수행하는데 근거로 삼는 법률이 이에 해당한다. 그중에 해양경찰 소관 법률로 「경찰관 직무집행법」, 「해양경찰법」, 「해양경비법」, 「수상레저안전법」, 「연안사고 예방에 관한 법률」, 「선박교통관제에 관한 법률」도 있다. 이외에 타 부처 소관이지만 해양경찰에서 빈번하게 집행하는 법률인 「낚시 관리 및 육성법」, 「유선 및 도선 사업법」, 「해사안전법」. 「해양환경관리법」 등 수많은 법률이 있다.

제2절 해양경찰과 법치주의

1. 법치주의의 원리

법치주의(法治主義)의 원리란 국회에서 제정하는 법률을 근거로 하여 행정을 하게 함으로써 행정의 자의(恣意)를 방지하고 국민의 자유와 권리를 보장하려는 제도이다. 모든 국가 행정은 헌법과 법률에 근거를 두어야 하며, 법률에 따라서 행해져야 한다. 왜냐하면 모든 국가기관이 행하는 국가권력은 국민으로부터 위임받은 권력이며, 국민의 의사를 대표하는 국회에서 제정한 법률에 종속되어야 하기 때문이다.

국가가 합법적이고 독점적으로 행사하는 권력 중에서 가장 대표적인 물리력이 경찰력이다. 해양에서 경찰권인 해양경찰권 발동에 있어도 법치주의 원리가 적용된다.

법치주의의 원리는 내용 면에서 세 가지 측면이 있다, 첫째, 법률의 법규창조력(法規創造力)은 국민의 권리와 의무에 관계되는 법규는 국회에서 제정한 법률로만 가능하다는 원리이다. 둘째, 법률우위(法律優位)의 원칙은 법률은 행정보다 우월하므로 행정은 법률을 위반하여서는 안 된다는 것이다. 셋째, 법률유보(法律留保)의 원칙은 행정권을 발동하기 위해서는 법률에 유보된 근거가 있어야 한다는 원칙을 말한다.

2. 법치주의 원리의 적용

해양경찰 분야에서 법치주의의 원리가 구체적으로 어떻게 작동되는지 살펴볼 필요가 있다. 해양경찰이 전체적으로 작동하는 원리는 세 가지 요소에 의해서이다. 첫째, 해양경찰의 기본적 골격 또는 구조라 볼 수 있는 조직을 구성하고, 둘째, 만들어진 조직을 작동시키는 인적 요소인 해양경찰공무원이 있으며, 셋째, 해양경찰공무원이 실제로 행하는 업무 내용으로 볼 수 있는 작용 분야가 있다.

법치주의 원리는 세 가지 분야 모두에서 적용되어야 한다. 그리하여 해양경찰 조직을 구성하거나 변경·소멸시키는데 법적 근거에 의하고, 해양경찰공무원 관계를 생성·변경·소멸시키는 임용행위도 법적 근거에 의해 이루어진다. 특히 국민의 권리와 의무를 침해하거나 영향을 미칠 수 있는 해양경찰 작용 분야에 법치 행정의 원리가 엄격히 적용되어야 한다.

해양경찰 조직

해양경찰을 조직 측면에서 바라볼 때 중앙행정관청인 해양경찰청장을 정점으로 하여 지방해양경찰청장과 해양경찰서장이 피라미드형 위계 체계를 이루고 있다. 해양경찰 조직은 해양경찰관청인 5개 지방해양경찰청, 20개 해양경찰서를 중심으로 업무가 이루어지고 있다. 동일한 위계의 해양경찰관청은 해양경찰 사무에 대하여 동일한 사무를 처리할 수 있도록 통일적으로 정하고 있다. 이외에도 해양경찰청장이 직접 관장하는 부속기관으로서 해양경찰교육원과 중앙해양특수구조단, 해양경찰정비창이 있다. 각급 해양경찰 조직에 대해서 「해양경찰법」 제11조에 해양경찰청장에 관한 사항을 정하고 있고, 지방해양경찰청과 해양경찰서 등에 관해서 「해양경찰청과 그 소속기관 직제」, 「해양경찰청과 그 소속기관 직제 시행규칙」에 자세하게 정하고 있다.

제1절 해양경찰청

1. 해양경찰청장

가. 의의

해양경찰청에 해양경찰청장을 두며, 해양경찰청장은 치안총감으로 보한다. 해양경찰청장은 중앙 해양경찰관청으로서 해양경찰 사무에 대한 국가의사를 결정하고 대외적으로 이를 표시한다. 해양경찰청장은 해양경찰에 관한 사무를 총괄하고 소속 공무원 및 각급 해양경찰기관의 장을 지휘·감독한다(해양경찰법 제11조).

나. 임명

해양경찰청장은 해양경찰위원회의 동의를 받아 해양수산부 장관의 제청으로 국무총리를 거쳐 대통령이 임명한다(해양경찰법 제11조). 해양경찰청장의 임기는 2년으로 하고, 중임할 수 없다. 해양경찰청장은 해양경찰에서 15년 이상 경찰공무원으로 재직한 자로서 치안감 이상 경찰공무원으로 재직 중이거나 재직했던 사람 중에서 임명한다(해양경찰법 제12조). 모든 경찰공무원은 바로 아래 하위계급에 있는 경찰공무원 중에서 승진 임용하지만, 해양경찰청장을 보하는 경우 치안감을 치안총감으로 승진임용할 수 있다(경찰공무원법 제15조).

다. 직무상 특징

해양경찰청장은 모든 해양경찰 소관 업무에 대하여 국가의 의사를 결정하고 대외적으로 표시할 수 있는 권한이 있다. 그러나, 해양경찰청장은 해양경찰의 수사에 관한 사무의 경우에는 개별사건의 수사에 대하여 구체적으로 지휘·감독할 수 없다.

2. 보조기관

보조기관은 행정관청에 소속되어 행정관청의 권한 행사를 보조하는 것을 임무로 하는 내부적 기관을 말한다. 행정관청인 해양경찰청장의 보조기관으로 설치된 하위기관은 다음과 같다.

가. 해양경찰청 차장

해양경찰청에 차장 1명을 두되, 차장은 경찰공무원으로 보한다(정부조직법 제43조 제3항). 해양경찰청 차장은 치안정감으로 보한다. 차장은 해양경찰 소관 사무에 대하여 청장을 보조하고 청장 부재 시 청장을 대행하여 업무를 수행한다.

나. 경비국

경비국에 국장 1명을 둔다. 국장은 치안감 또는 경무관으로 보한다. 국장은 다음 사항을 분장한다(해양경찰청과 그 소속기관 직제 제11조).

1. 해양 경비에 관한 계획의 수립·조정 및 지도
2. 경비함정·항공기 등의 운용 및 지도·감독
3. 동·서해 특정해역에서의 어로 경비
4. 해양에서의 경호, 대테러 예방·진압
5. 통합방위 및 비상대비 업무의 기획 및 지도·감독
6. 해양 상황의 처리와 관련된 주요 업무계획의 수립·조정 및 지도
7. 해양 상황의 접수·처리·전파 및 보고
8. 해상교통관제(VTS) 정책 수립 및 기술개발
9. 해상교통관제센터의 설치·운영
10. 해상교통관제센터의 항만 운영 정보제공
11. 해상교통관제 관련 국제교류·협력

다. 구조안전국

구조안전국에 국장 1명을 둔다. 국장은 치안감 또는 경무관으로 보한다. 국장

은 다음 사항을 분장한다.

1. 연안해역 안전관리에 관한 정책의 수립·조정 및 지도
2. 연안해역 안전 관련 법령·제도의 연구·개선
3. 파출소와 출장소 운영
4. 해수면 유선 및 도선 사업 관련 제도 운용
5. 해수면 유선 및 도선 사업의 면허·신고 및 안전관리
6. 해수욕장 안전관리
7. 어선 출입항 신고업무
8. 해양 사고 재난 대비·대응
9. 해양에서의 구조·구급 업무
10. 중앙해양특수구조단 운영지원 및 해양경찰 구조대 등 해양구조대 운영 관련 업무
11. 해양 안전 관련 민·관·군 구조협력 및 합동 구조 훈련
12. 해양 수색구조 관련 국제협력 및 협약 이행
13. 수상레저 안전관리에 관한 정책의 수립·조정 및 지도
14. 수상레저 안전 관련 법령·제도의 연구·개선
15. 수상레저 안전문화의 조성 및 진흥
16. 수상레저 관련 조종면허 및 기구 안전 검사·등록 등에 관한 업무
17. 수상레저 사업의 등록 및 안전관리의 감독·지도
18. 수상레저 안전 관련 단체 관리 및 민관 협업체계 구성

라. 수사국

수사국에 국장 1명을 둔다. 국장은 치안감 또는 경무관으로 보한다. 국장은 다음 사항을 분장한다.

1. 수사업무 및 범죄 첩보에 관한 기획·지도 및 조정
2. 범죄통계 및 수사자료의 분석
3. 해양 과학수사 업무에 관한 기획·지도 및 조정

마. 국제정보국

국제정보국에 국장 1명을 둔다. 국장은 치안감 또는 경무관으로 보한다. 국장은 다음 사항을 분장한다.

1. 정보업무의 기획·지도 및 조정
2. 정보의 수집·분석 및 배포
3. 보안경찰 업무의 기획·지도 및 조정
4. 외사경찰 업무의 기획·지도 및 조정
5. 국제사법공조 관련 업무
6. 해양경찰 직무와 관련된 국제협력업무의 기획·지도 및 조정

바. 해양오염방제국

해양오염방제국에 국장 1명을 둔다. 국장은 고위공무원단에 속하는 일반직공무원으로 보한다. 국장은 다음 사항을 분장한다.

1. 해양오염 방제 조치
2. 국가 긴급방제계획의 수립 및 시행
3. 해양오염 방제자원 확보 및 운영
4. 해양오염 방제를 위한 관계기관 협조
5. 국제기구 및 국가 간 방제 지원 협력
6. 해양오염 방제 관련 조사·연구 및 기술개발
7. 방제대책본부의 구성·운영 및 긴급방제 총괄 지휘
8. 해양오염 방제매뉴얼 수립 및 조정
9. 방제 훈련 계획의 수립 및 조정
10. 기름 및 유해화학물질 사고 대비·대응
11. 오염물질 해양배출 신고 처리
12. 방제 비용부담 등에 관한 업무
13. 방제 조치에 필요한 전산시스템 구축·운용
14. 지방자치단체의 해안 방제 조치 지원에 관한 업무

15. 해양오염 방지를 위한 예방 활동 및 지도·점검
16. 선박 해양오염·해양시설 오염 비상계획서 검인 등에 관한 업무
17. 방제 자재·약제 형식승인
18. 오염물질 해양배출 행위 조사 및 오염물질의 감식·분석 등에 관한 업무
19. 해양환경공단의 방제사업 중 긴급방제 조치에 대한 지도·감독
20. 해양오염 방지를 위한 구난 조치

사. 장비기술국

장비기술국에 국장 1명을 둔다. 국장은 치안감 또는 경무관으로 보한다. 국장은 다음 사항을 분장한다.

1. 해양경찰 장비(함정, 항공기, 차량, 무기 등)의 개선 및 획득
2. 해양경찰 장비의 정비와 유지 관리
3. 해양경찰정비창에 대한 지도·감독
4. 물품·무기·탄약·화학 장비 수급 관리 및 출납·통제
5. 경찰 복제 및 피복의 보급·개선
6. 해양 항공 업무 관련 계획의 수립·조정 등에 관한 업무
7. 해양에서의 항공기 사고조사 및 원인분석
8. 정보통신 업무계획의 수립·조정 등에 관한 업무
9. 정보통신 보안업무

3. 보좌기관

보좌기관은 해양경찰관청 또는 그 보조기관을 보좌하는 참모기관을 말한다. 해양경찰 보좌기관으로서 해양경찰청에 청장 보좌기관인 대변인, 차장 보좌기관인 기획조정관·감사담당관 등이 있고, 기획조정관을 보좌하는 기획재정담당관·혁신 행정법무 담당관·인사담당관·교육훈련담당관이 있다.

가. 기획조정관

기획조정관은 치안감으로 보한다. 기획조정관은 다음 사항에 관하여 차장을 보좌한다.

1. 주요 정책과 업무계획의 수립 및 종합·조정
2. 각종 지시사항 및 국정과제의 점검·관리
3. 청 내 정부 혁신 관련 과제 발굴·선정, 추진상황 확인·점검 및 관리
4. 예산 편성·집행 조정 및 재정성과 관리
5. 국유재산관리계획 수립 및 집행
6. 국회 관련 업무의 총괄·조정

6의2. 해양경찰위원회의 간사 업무에 관한 사항

7. 행정관리 업무의 총괄·조정
8. 조직진단 및 평가를 통한 조직과 정원의 관리
9. 소관 법제 업무 총괄
10. 소관 행정심판 및 소송 업무, 규제개혁업무 총괄
11. 성과관리 및 행정개선의 총괄·지원
12. 소속 공무원의 임용·상훈 및 그 밖의 인사
13. 소속 공무원의 교육·훈련
14. 청 내 공공데이터의 제공 및 이용 활성화에 관한 사항
15. 청 내 데이터 기반 행정 활성화에 관한 사항

나. 운영지원과장

운영지원과장은 총경으로 보한다. 운영지원과장은 다음 사항을 분장한다.

1. 보안·당직·청내 안전 및 관인의 관리
2. 소속 공무원의 복무·연금·급여 및 복리후생에 관한 사무
3. 문서의 분류·접수·발송·보존 및 관리, 기록관의 운영·관리
4. 물품의 구매 및 조달
5. 자금의 운용 및 회계

6. 의무경찰의 운영 및 관리
7. 민원의 접수·관리 및 정보공개제도 업무
8. 그 밖에 다른 국 및 담당관의 주관에 속하지 아니하는 업무

다. 대변인

대변인은 4급 또는 총경으로 보한다. 대변인은 다음 사항에 관하여 청장을 보좌한다.

1. 주요 정책에 관한 대언론 홍보 계획의 수립·조정 및 소속기관의 대언론 정책홍보 지원·조정
2. 보도 계획의 수립, 보도자료 작성·배포
3. 인터뷰 등 언론과 관련된 업무
4. 온라인대변인 지정·운영 등 소셜 미디어 정책 소통 총괄·점검 및 평가

라. 감사담당관

감사담당관은 4급 또는 총경으로 보한다. 감사담당관은 다음 사항에 관하여 차장을 보좌한다.

1. 행정감사제도의 운영 및 행정감사계획·부패방지 종합대책의 수립·조정
2. 해양경찰청과 그 소속기관에 대한 감사
3. 해양경찰청과 그 소속기관에 대한 다른 기관의 감사 결과 처리
4. 소속 공무원의 재산등록·선물 신고 및 취업제한에 관한 업무
5. 사정 업무 및 징계위원회의 운영
6. 진정·민원 및 비위 사실의 조사·처리
7. 해양 수색구조 안전성 등에 대한 감사

4. 부속기관

부속기관이란 행정기관에 부속하여 이를 지원하는 기관을 말한다. 해양경찰 부속기관으로 해양경찰청장 관장사무를 지원하기 위하여 해양경찰교육원, 중앙

해양특수구조단과 책임운영기관인 해양경찰정비창을 두고 있다.

가. 해양경찰교육원

해양경찰교육원에 원장 1명을 두며, 원장은 경무관으로 보한다. 원장은 해양경찰청장의 명을 받아 소관 사무를 총괄하고, 소속 공무원을 지휘·감독한다. 해양경찰교육원은 다음 사무를 관장한다.

1. 소속 공무원의 교육 및 훈련
2. 해양에서의 경찰 및 오염방제 업무와 관련된 기관·단체가 위탁하는 교육 및 훈련
3. 해양에서의 경찰 및 오염방제 업무에 관한 연구·분석 및 장비·기술개발

출처: 해양경찰교육원 홈페이지

[그림 2-1] 해양경찰교육원

나. 중앙해양특수구조단

중앙해양특수구조단에 단장 1명을 두며, 단장은 총경으로 보한다. 단장은 해양경찰청장의 명을 받아 소관 사무를 총괄하고, 소속 공무원을 지휘·감독한다. 중앙해양특수구조단은 다음 사무를 관장한다.

1. 대형·특수 해양 사고의 구조·수중수색 및 현장 지휘
2. 잠수·구조 기법개발·교육·훈련 및 장비 관리 등에 관한 업무
3. 인명구조 등 관련 국내외 기관과의 교류 협력

4. 중·대형 해양오염사고 발생 시 현장 출동·상황 파악 및 응급방제 조치
5. 오염물질에 대한 방제 기술습득 및 훈련

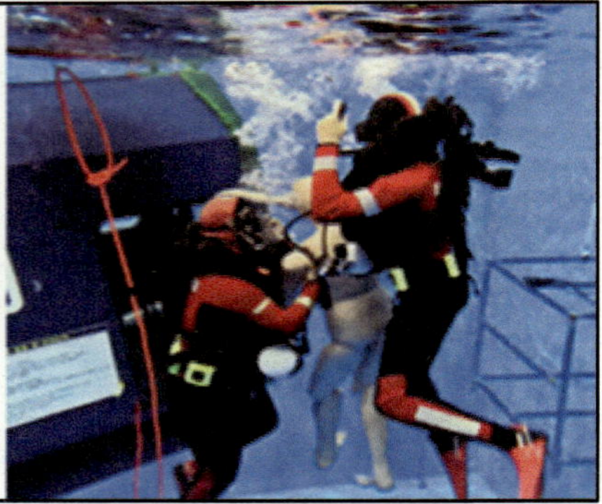

출처: 중앙해양특수구조단 홈페이지

[그림 2-2] 중앙해양특수구조단

다. 해양경찰정비창

해양경찰정비창에 창장 1인을 두되, 창장은 임기제 공무원으로 보한다. 창장은 해양경찰정비창의 사무를 총괄하고, 소속 공무원을 지휘 감독한다.

출처: 해양경찰정비창 홈페이지

[그림 2-3] 해양경찰정비창

제2절 지방해양경찰청

1. 지방해양경찰청장

해양경찰청장의 관장사무를 분장하기 위하여 해양경찰청장 소속으로 지방해양경찰청을 두고, 지방해양경찰청장 소속으로 해양경찰서를 둔다. 지방해양경찰청장은 해양경찰청 사무를 지역적으로 분담하여 수행하는 행정관청이다. 전국에 중부, 서해, 남해, 동해, 제주의 5개 지방해양경찰청을 두고 있다. 지방해양경찰청에 청장 1명을 둔다. 중부지방해양경찰청장은 치안정감으로, 서해지방해양경찰청장·남해지방해양경찰청장과 동해지방해양경찰청장은 치안감으로, 제주지방해양경찰청장은 경무관으로 보한다. 지방해양경찰청장은 해양경찰청장의 명을 받아 소관 사무를 총괄하고, 소속 공무원을 지휘·감독한다.

2. 보조기관

가. 안전총괄부

중부지방해양경찰청 안전총괄부, 서해지방해양경찰청 안전총괄부와 남해지방해양경찰청 안전총괄부에 부장 각 1명을 둔다. 부장은 경무관으로 보한다. 부장은 다음 사항을 분장한다.

1. 해상경비에 관한 계획의 수립 및 지도
2. 해양에서의 수색·구조업무
3. 파출소·출장소 운영 및 외근업무의 기획·지도
4. 해상교통관제센터 운영 및 관제업무의 지도·감독
5. 수상레저 안전관리
6. 항만 운영 정보제공 및 연안해역 안전관리
7. 수사업무와 그 지도 및 조정
8. 정보업무에 관한 지도 및 조정

9. 국제적 범죄 또는 외국인 관련 범죄의 수사지도
10. 해양오염 방제 조치 관련 업무
11. 해양오염 예방을 위한 지도·점검 및 감시·단속
12. 오염물질 감식 및 분석
13. 해양 상황의 접수·처리·전파 및 보고

나. 보조기관

지방해양경찰청에 두는 보조기관은 지방해양경찰청 규모에 따라 형태가 다르다. 중부·서해 및 남해지방해양경찰청은 안전총괄부 및 기획운영과를 두고, 이 경우 안전총괄부에 경비과·구조 안전과·수사과·정보외사과 및 해양오염방제과를 둔다. 동해 및 제주지방해양경찰청은 안전총괄부 없이 기획운영과·경비안전과·수사과·정보 외사과 및 해양오염방제과를 둔다.

3. 보좌기관

가. 청문감사담당관

청문감사담당관은 다음 사항에 관하여 지방해양경찰청장을 보좌한다.

1. 지방해양경찰청과 그 소속기관에 대한 감사
2. 지방해양경찰청과 그 소속기관에 대한 다른 기관의 감사 결과의 처리
3. 진정 및 비위 사항의 조사·처리 등 사정 업무에 관한 사항
4. 징계위원회 운영에 관한 사항
5. 청렴도 향상, 부패방지시책, 공무원 행동강령 운영에 관한 사항
6. 소속 공무원의 재산등록 및 심사에 관한 업무
7. 민원실 운영에 관한 사항
8. 그 밖에 지방해양경찰청장이 감사에 관하여 지시한 사항의 처리

나. 종합상황실장

종합상황실장은 다음 사항에 관하여 지방해양경찰청장을 보좌한다. 다만, 중부·서해와 남해지방해양경찰청 종합상황실장은 안전총괄부장을 보좌한다.

1. 해양 경비·재난·치안·오염 상황 등에 대한 접수·처리·전파 및 보고 등 초동 조치에 관한 사항
2. 해양 상황 등의 피해, 구조 및 대응 현황 등에 대한 파악·기록·통계관리 및 정보분석에 관한 사항
3. 상황관리시스템 구축·운영 및 보안관리에 관한 사항
4. 함정, 항공기 출동상황 관리 및 안전 정보제공에 관한 사항
5. 소속 해양경찰서의 상황 관련 업무조정 등에 관한 사항

다. 해상교통관제센터

해상교통관제센터장은 기술서기관·방송 통신사무관·해양수산사무관 또는 경정으로 보한다. 해상교통관제센터장은 다음 사항을 분장한다.

1. 해상교통관제센터의 설치·운영에 관한 사항
2. 해상교통관제 시설 설치와 관리·운영에 관한 사항
3. 해상교통관제 절차 위반사항의 처리에 관한 사항
4. 항만 운영에 관한 정보제공에 관한 사항
5. 해상교통관제센터 직원 복무에 관한 사항
6. 해상교통관제 업무절차 홍보·안전교육 및 지도·점검에 관한 사항
7. 해상교통관제센터의 대내외 협력에 관한 사항

라. 서해5도 특별경비단

서해5도 특별경비단장은 다음 사항에 관하여 중부지방해양경찰청장을 보좌한다.

1. 불법 외국 어선 단속, 수사 및 사후 처리에 관한 사항

2. 서해5도 해역에서의 경비 및 작전 업무에 관한 사항
3. 서해5도 해역에서의 경비·작전 관련 위기관리 업무에 관한 사항
4. 서해5도 해역에서의 수색 및 구조업무에 관한 사항

마. 직할단, 직할대

지방해양경찰청장 밑에 항공단을 직할단으로 두고, 특공대를 직할대로 둔다. 다만, 중부지방해양경찰청장 밑에는 서해5도 특별경비단과 항공단을 직할단으로 두고, 특공대를 직할대로 둔다.

제3절 해양경찰서

1. 해양경찰서장

해양경찰관청으로서 해양경찰서에 서장 1명을 둔다. 서장은 총경으로 보한다. 서장은 지방해양경찰청장의 명을 받아 소관 사무를 총괄하고, 소속 공무원을 지휘·감독한다. 지방해양경찰청별 해양경찰서의 위치와 관할은 다음과 같다.

1. 중부지방해양경찰청: 인천, 평택, 태안, 보령
2. 서해지방해양경찰청: 군산, 부안, 목포, 완도, 여수
3. 남해지방해양경찰청: 사천, 통영, 창원, 부산, 울산
4. 동해지방해양경찰청: 울진, 포항, 동해, 속초
5. 제주지방 해양경찰청: 제주, 서귀포

2. 보조기관

해양경찰서에 기획운영과·경비구조과·해양안전과·수사과·정보외사과·해양오염방제과 및 장비관리과를 둔다. 다만, 인천해양경찰서 및 동해해양경찰서에

는 기획운영과·경비구조과·해양안전과·수사과·정보외사과·해양오염방제과·장비관리과 및 보안팀을 두고, 태안해양경찰서·완도해양경찰서·울산해양경찰서·포항해양경찰서·속초해양경찰서·보령해양경찰서·부안해양경찰서·울진해양경찰서 및 사천해양경찰서에는 기획운영과·경비구조과·해양안전과·수사과·정보외사과·해양오염방제과 및 장비관리운영팀을 둔다(해양경찰청과 그 소속기관 직제 시행규칙 제30조).

해양경찰서장의 소관 사무를 분장하기 위하여 해양경찰서장 소속으로 파출소를 두되, 필요한 경우에는 출장소를 둘 수 있다. 파출소 및 출장소의 명칭·위치와 관할구역, 그 밖에 필요한 사항은 지방해양경찰청장이 정한다(해양경찰청과 그 소속기관 직제 시행규칙 제31조).

제4절 해양경찰관청 상호 간 관계

해양경찰관청 상호 간에 기본적으로 두 가지 형태의 관계가 있다. 해양경찰청-지방해양경찰청-해양경찰서로 이어지는 수직적인 상하 관계가 있고, 지방해양경찰청 간 또는 해양경찰서 상호 간 대등한 관계가 그것이다. 해양경찰관청 상호 간에는 여러 가지 법률적 관계가 있을 수 있는데, 이에 대해 알아보겠다.

1. 상·하급 관청 간의 관계

가. 감시권

상급관청은 하급 관청이 수행하는 사무처리 상황을 파악하기 위하여 사무처리 내용에 대하여 보고를 요구하거나, 서류 또는 장부를 검사하고 사무를 감사할 수 있다. 이를 감시권이라 한다. 예컨대, 해양경찰청은 지방해양경찰청이나 해양경찰서의 사무처리 상황을 파악하기 위하여 일정한 사항에 대하여 보고를

요구하거나 사무를 감사할 수 있다.

나. 훈령권

훈령이란 상급관청이 상급 행정기관이 하급 행정기관 또는 보조기관 포함의 권한 행사를 지휘하기 위하여 발하는 명령을 말한다. 훈령을 발할 수 있는 권한을 훈령권이라 한다. 훈령권은 법령에 규정이 있는 예도 있으나, 규정이 없는 경우에도 상급 행정기관은 필요에 따라 훈령을 발할 수 있다. 훈령은 직무의 집행방침을 정하고, 법령의 해석과 운용방침을 통일하기 위하여, 또는 어떤 사무에 관하여 상급 행정기관의 승인을 받게 하기 위하여 발한다. 훈령의 종류에는 ① 협의의 훈령, ② 지시, ③ 예규, ④ 일일명령 등이 있다[1].

훈령은 법규의 성질을 가지지 않지만, 집무기준 또는 법령해석 기준을 제시하여 행정조직 내부에서 하급 행정기관을 구속한다.

다. 승인권

하급 관청이 특정한 사안에 대하여 권한을 행사하는 때, 미리 상급관청의 허가를 받아야 하는 경우가 있는데, 이를 상급관청의 하급 관청에 대한 승인권이라 한다. 모든 사항에 대하여 승인권을 행사하는 것은 아니다. 법령에 특별히 상급관청의 승인을 받도록 규정되어 있는 경우에 반드시 승인받아야 한다.

라. 주관쟁의 결정권

하급 관청 간에 상호 권한의 다툼이 있는 경우, 상급관청이 하급 관청 간의 권한 유무를 결정하는 권한을 말한다. 이와 관련하여 「행정절차법」 제6조 제2항에 "행정청의 관할이 분명하지 아니한 경우에는 해당 행정청을 공통으로 감독하는 상급 행정청이 그 관할을 결정하며, 공통으로 감독하는 상급 행정청이 없는

1) 협의의 훈령은 상급관청이 하급 관청에 대하여 장기간에 걸쳐 그 권한 행사를 일반적으로 지시하기 위하여 발하는 명령을, 지시란 상급관청이 하급 관청의 문의에 의하여 개별적 구체적으로 발하는 명령을, 예규는 행정사무의 통일을 기하기 위하여 반복적 사무에 대한 처리기준을 제시한 것을, 일일명령은 당직·출장·휴가 등 일일 업무에 대하여 발하는 명령을 각각 말한다.

경우에는 각 상급 행정청이 협의하여 그 관할을 결정한다."라고 규정하고 있다.

마. 취소·정지권

상급관청은 하급 관청이 행한 위법·부당한 행정처분에 대하여 이를 취소하거나 정지할 수 있다. 취소·정지권은 상급관청이 스스로 판단하여 직권으로 행사할 수도 있고, 행정처분 상대방의 불복신청을 접수하여 이에 근거하여 행사할 수도 있다.

2. 대등한 관청 간의 관계

가. 협의

대등한 행정관청 사이에 사무나 권한에 대하여 상호 협의하여 결정하거나 처리하는 것을 말한다.

나. 사무의 위탁

대등한 행정관청 사이에 하나의 행정관청에 직무상 필요한 사무가 다른 행정관청에 속하는 경우, 그 사무처리를 다른 행정관청에 위탁하는 것을 말한다. 일종의 위임이라 할 수 있다.

다. 직무응원

대등한 행정관청 상호 간에 일방이 직무 집행상 필요한 특정 행위 또는 일반적 협력을 상대방의 요청에 따라 또는 자발적으로 상대방 관청의 권한 행사에 협력하는 것을 말한다. 직무응원에 관하여 규정하고 있는 법률로 「행정절차법」, 「경찰직무응원법」 등이 있다.

Chapter 3 해양경찰공무원

제1절 공무원제도 개관

직업공무원으로서 경력직공무원은 근무지역에 따라 국가공무원과 지방공무원으로 나누어지는데, 해양경찰청 소속 공무원은 모두 국가공무원에 속한다. 해양경찰청 소속 공무원은 다시 두 가지로 분류된다. 「국가공무원법」을 적용받는 일반직공무원과 국가공무원에 속하지만 「경찰공무원법」을 우선 적용받는 특정직공무원인 경찰공무원이다.

1. 공무원의 분류

가. 경력직공무원과 특수경력직공무원[2)]

「국가공무원법」을 적용받는 국가공무원은 경력직공무원과 특수경력직공무원으로 나누어진다. 첫째, 경력직공무원이란 실적과 자격에 따라 임용되고 그 신

2) 「국가공무원법」 제2조

분이 보장되며 평생 동안 공무원으로 근무할 것이 예정되는 공무원을 말하며, 그 종류는 다음과 같다.

1. 일반직공무원: 기술·연구 또는 행정 일반에 대한 업무를 담당하는 공무원
2. 특정직공무원: 법관, 검사, 외무공무원, 경찰공무원, 소방공무원, 교육공무원 등 법률에서 특정직공무원으로 지정하는 공무원

둘째, 특수경력직공무원이란 경력직공무원 외의 공무원을 말하며, 그 종류는 다음과 같다.

1. 정무직공무원
   가. 선거로 취임하거나 임명할 때 국회의 동의가 필요한 공무원
   나. 고도의 정책 결정 업무를 담당하거나 이러한 업무를 보조하는 공무원으로서 법령에서 정무직으로 지정하는 공무원
2. 별정직 공무원: 비서관·비서 등 보좌업무 등을 수행하거나 특정한 업무수행을 위하여 법령에서 별정직으로 지정하는 공무원

나. 해양경찰공무원의 분류

해양경찰청 소속 공무원은 경찰공무원과 일반직공무원으로 구성한다. 해양오염방제국, 선박 교통관제 센터, 해양경찰정비창, 해양경찰연구센터에 근무하는 공무원 중에서 전부 또는 일부는 일반직공무원에 속한다. 이외의 모든 해양경찰청 소속 공무원은 경찰공무원이다.

2. 해양경찰공무원 제도

해양경찰공무원은 해양에서 경찰 및 오염방제에 관한 사무에 종사하는 공무원을 말한다. 해양경찰청 소속 공무원은 두 형태가 있지만, 여기서는 경찰공무원 위주로 논하기로 한다. 해양경찰청 소속 경찰공무원의 계급은 치안총감·치안정감·치안감·경무관·총경·경정·경감·경위·경사·경장·순경으로 한다(해양경찰법 제13조).

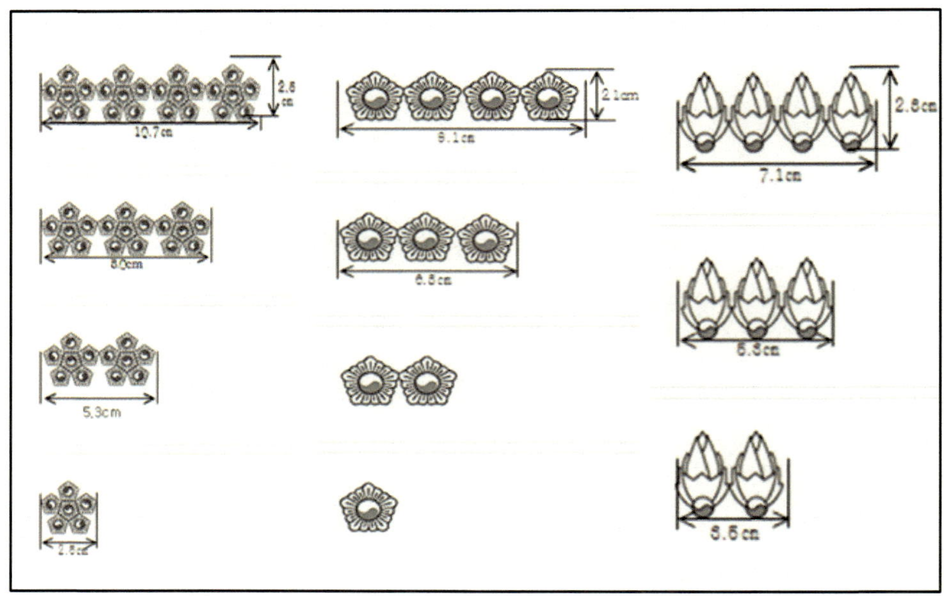

출처: 해양경찰청 홈페이지

[그림 2-4] 해양경찰 계급체계

경찰공무원은 그 직무의 종류에 따라 경과(警科)에 따라 구분할 수 있다. 총경 이하 경찰공무원에게 부여하는 경과는 다음 각호와 같다.

1. 해양경과
2. 수사경과
3. 항공경과
4. 정보통신경과
5. 특임경과

3. 해양경찰공무원의 법적 근거

해양경찰청 소속 공무원에 대한 법적 근거는 국가공무원의 신분 사항을 규정하고 있는 「국가공무원법」이 있다. 「국가공무원법」의 특별법적인 성격으로서 경찰공무원 신분에 관해 규정한 「경찰공무원법」이 있다.

같은 법은 국가경찰 공무원의 임용, 교육훈련, 복무, 신분보장 등에 관하여 「국가공무원법」에 대한 특례를 규정함을 목적으로 한다. 경찰공무원에 적용되는 「경찰공무원법」을 경찰청과 공동으로 사용하고 있다.

제2절 해양경찰공무원 관계의 발생·변경·소멸

1. 모집

가. 의의

해양경찰공무원 관계가 성립하려면 해양경찰청에서 채용시험을 거쳐 공무원으로 임용하는 과정이 필요하다. 모집은 해양경찰에 필요한 인력을 확보하여 활용하기 위하여 인재를 유치하고 교육하는 활동이라 할 수 있다. 모집 과정은 공무원 임용을 위한 사전적 절차에 해당하는데, 채용시험, 신임 교육훈련의 순서로 진행된다.

나. 채용시험

1) 채용 구분

경찰공무원 채용 방법은 공개경쟁 채용시험, 경력경쟁 채용시험, 경찰대학 졸업생과 경찰간부후보생 공개경쟁 선발시험이 있다. 이 중에서 경정 및 순경의 신규채용은 공개경쟁시험으로 한다. 경력경쟁 채용은 경력 등 응시요건을 정하여 같은 사유에 해당하는 다수인을 대상으로 경쟁의 방법으로 채용하는 시험방법이다(경찰공무원법 제10조 제3항). 경위의 신규채용은 경찰대학을 졸업한 사람 및 경찰간부후보생으로서 교육훈련을 마치고 정하여진 시험에 합격한 사람 중에서 한다.

2) 채용시험 응시연령

경찰공무원 채용시험에 응시하려는 사람은 일정한 연령 이하의 응시연령에 해당해야 한다. 순경 공개경쟁 채용시험은 18세 이상 40세 이하, 경감·경위 경력경쟁 채용시험은 23세 이상 40세 이하, 경사·경장 경력경쟁 채용시험은 20세 이상 40세 이하, 순경 경력경쟁 채용시험은 18세 이상 40세 이하이다. 경찰간부후보생 공개경쟁 선발시험에 응시하려는 사람은 21세 이상 40세 이하의 연령에 해당해야 한다.

3) 채용시험 절차

경찰공무원 채용시험은 다음의 방법에 따라 실시한다. 채용 구분에 따라 일부 시험은 면제하거나 실시하지 않을 수 있다.

1. 신체검사: 직무수행에 필요한 신체조건 및 건강 상태를 검정
2. 체력검사: 직무수행에 필요한 민첩성·지구력 등 체력을 검정
3. 필기시험: 교양 부문과 전문 부문으로 구분하되, 교양 부문은 일반교양 정도를, 전문 부문은 직무수행에 필요한 지식과 그 응용 능력을 검정
4. 실기시험: 직무수행에 필요한 지식 및 기술을 실습 또는 실기의 방법으로 검정
5. 종합적성검사: 직무수행에 필요한 적성과 자질을 종합검정
6. 서류전형: 직무수행에 관련되는 자격 및 경력 등을 서면으로 심사
7. 면접시험: 직무수행에 필요한 능력, 발전성 및 적격성을 검정

4) 채용시험 과목

경찰공무원 공개경쟁 채용시험의 필기시험 과목은 「해양경찰청 소속 경찰공무원 임용에 관한 규정」 제31조 별표 4~6에서 자세히 정하고 있다.

다. 신임 교육훈련

채용시험에 합격한 합격생이 해양경찰공무원으로 임용받기 위해서는 해양경찰교육원에서 실시하는 교육훈련을 받아야 한다. 경찰공무원으로 임용될 사람

에게 임용 전에 받는 교육을 신임 교육훈련이라 한다. 신임 교육훈련 기간은 간부후보생 및 경사 이하 신임 교육훈련이 52주이며, 경정·경감·경위로 임용될 자는 12주이다[3].

2. 공무원 관계의 발생

가. 시보임용

해양경찰 채용시험에 합격하고 해양경찰교육원에서 실시하는 신임 교육훈련을 받았다고 해서 곧바로 해양경찰공무원이 되는 것은 아니다. 신임 교육훈련을 마친 교육생이 임용 절차를 거쳐야 국가와의 관계에서 비로소 공무원 관계가 발생한다.

시보임용(試補任用)이란 정규 공무원으로 임용하기 전 임시로 임용하고 공무원으로서 적합한가 평가하는 기간을 말한다. 경정 이하의 경찰공무원을 신규 채용할 때는 1년간 시보로 임용하고, 그 기간이 만료된 다음 날에 정규 경찰공무원으로 임용한다. 다만, 경찰대학을 졸업한 사람 또는 경찰간부후보생 등 일정한 경우에 해당할 때는 시보임용을 거치지 아니한다(경찰공무원법 제13조).

나. 임용

임용(任用)이란 어떤 특정인에게 공무원의 신분을 부여하거나 박탈 또는 승진 임용하는 등 공무원 신분을 발생(신규채용), 변경(승진·파견·전보·휴직·정직·직위해제·복직), 소멸(면직·파면·해임)하게 하는 공법행위를 말한다. 그러므로 임용은 한 번만 발생하는 것이 아니라 해양경찰 입직에서부터 퇴직 시까지 전 기간에 걸쳐 여러 번 발생한다. 대한민국 국적을 가지지 아니한 사람 등 일정한 경우에 해당하는 사람은 경찰공무원으로 임용될 수 없다(경찰공무원법 제8조).

총경 이상 경찰공무원은 경찰청장 또는 해양경찰청장의 추천을 받아 행정안

3) 「해양경찰청 소속 경찰공무원 교육훈련규칙」 별표

전부 장관 또는 해양수산부장관의 제청으로 국무총리를 거쳐 대통령이 임용한다. 경정 이하의 경찰공무원은 경찰청장 또는 해양경찰청장이 임용한다.

3. 공무원 관계의 변경

임용을 통해 공무원 관계가 발생하면 국가와의 관계에서 직업공무원으로서 안정적 근무가 보장된다. 공무원은 형의 선고, 징계처분 또는 이 법에서 정하는 사유에 따르지 아니하고는 본인의 의사에 반하여 휴직·강임 또는 면직당하지 아니한다. 시간이 지나면서 공무원 관계는 변경되는데, 공무원으로서 자격에 변화가 없으면서 계급, 직무, 복무에 변동이 있게 된다.

가. 승진

1) 의의

승진은 하위계급에서 차상위 계급으로 수직 이동하여 임용되는 것을 말한다. 경찰공무원은 바로 아래 하위계급에 있는 경찰공무원 중에서 승진 임용한다. 다만, 해양경찰청장을 보하는 경우 치안감을 치안총감으로 승진 임용할 수 있다. 승진에 필요한 계급별 최저근무연수는 이에 따라 경찰공무원이 승진하려면 다음 각호의 구분에 따른 기간 동안 해당 계급에 재직하여야 한다.

1. 총경: 3년 이상
2. 경정 및 경감: 2년 이상
3. 경위, 경사, 경장 및 순경: 1년 이상

2) 승진의 종류

승진의 종류는 심사승진, 시험승진, 특별승진, 근속승진의 4가지가 있다. 첫째, 경무관 이하 계급으로의 승진은 승진심사에 의한다. 다만, 경정 이하 계급으로의 승진은 대통령령으로 정하는 비율에 따라 승진시험과 승진심사를 병행할 수 있다. 승진 예정 인원의 60%를 심사승진임용 인원으로 하고, 나머지 40%를 시험승진 임용 인원으로 한다.

둘째, 경찰공무원의 승진시험은 계급별로 실시하되, 해양경찰청장이 필요하다고 인정할 때에는 경과별 또는 특수분야별로 구분하여 실시할 수 있다[4], 승진시험은 매년 1회 실시한다.

셋째, 경찰공무원으로서 다음 각호의 어느 하나에 해당하는 사람에 대하여는 1계급 특별승진시킬 수 있다.

1. 국가공무원법 제40조의4 제1항 제1호부터 제4호까지의 규정 중 어느 하나에 해당되는 사람
2. 전사하거나 순직한 사람
3. 직무수행 중 현저한 공적을 세운 사람

넷째, 경찰공무원은 심사나 시험 없이도 일정 기간 근속하고 일정한 조건을 갖춘 경우 승진할 수 있는데, 이를 근속승진이라 한다. 해당 계급에서 다음 각호의 기간 동안 재직한 사람을 경장, 경사, 경위, 경감으로 각각 근속 승진 임용할 수 있다(경찰공무원법 제16조).

1. 순경을 경장으로 근속 승진 임용하려는 경우: 해당 계급에서 4년 이상 근속자
2. 경장을 경사로 근속 승진 임용하려는 경우: 해당 계급에서 5년 이상 근속자
3. 경사를 경위로 근속 승진 임용하려는 경우: 해당 계급에서 6년 6개월 이상 근속자
4. 경위를 경감으로 근속 승진 임용하려는 경우: 해당 계급에서 8년 이상 근속자

나. 전과·전보·휴직 등

1) 전과

신규 임용되는 경찰공무원은 임용예정 직위에 따라 경과를 부여받게 되는데, 이렇게 부여받은 경과를 변경하는 것을 전과(轉科)라 한다. 다음 각호의 어느

4) 「해양경찰청 소속 경찰공무원 임용에 관한 규정」 제74조 이하

하나에 해당하는 사람은 전과를 할 수 없다.

1. 경과를 받고 1년이 지나지 않은 사람
2. 특정 직무 분야에 근무할 것을 조건으로 채용된 경찰공무원으로서 채용 후 5년이 지나지 않은 사람

2) 전보

전보란 같은 계급 또는 직급을 유지하면서 업무의 성질이나 난이도가 다른 보직으로 변경하는 임용권자 또는 임용제청권자는 소속 경찰공무원이 해당 직위에 임용된 날부터 1년 이내에 다른 직위에 전보할 수 없다.

3) 휴직·복직

휴직(休職)이란 공무원이 병이나 사고 따위로 인하여 그 신분과 자격을 유지하면서 쉬는 것을 말한다. 휴직에는 공무원 본인의 의사와 상관없이 임용권자가 행하는 직권휴직과 본인이 원하는 경우에 임용권자가 행하는 의원휴직이 있다(국가공무원법 제71조). 복직이란 휴직·직위해제 또는 정직 중인 공무원을 원래의 직위에 복귀시키는 임용행위를 말한다.

4) 직위해제

직위해제란 해양경찰 공무원 본인에게 자신의 직위를 계속 유지할 수 없는 귀책사유가 발생하였을 때 경찰공무원의 신분은 그대로 유지하면서 그 직위만을 잠정적으로 박탈하는 행위를 말한다. 임용권자는 직위를 부여하지 아니한 경우에 그 사유가 소멸하면 임용권자는 지체 없이 직위를 부여하여야 한다.

4. 공무원 관계의 소멸

국가와의 공무원 관계는 임용 절차를 거쳐 발생한다. 기발생한 공무원 관계가 여러 가지 사유에 의하여 종료될 수 있는데, 이를 공무원 관계의 소멸이라 한다. 국가와 공무원 관계는 공무원 자신이 원하여 소멸하는 때도 있지만, 일정한 사유에 의해 당연히 소멸하거나 강제로 소멸하는 예도 있다.

가. 퇴직

공무원이 직무에서 물러나는 퇴직에는 당연퇴직과 정년퇴직이 있다. 당연퇴직(當然退職)이란 임용권자의 처분 없이 법이 정한 일정한 사유의 발생에 따라 당연히 공무원 관계가 소멸하는 것을 말한다. 「경찰공무원법」 제8조 제2항의 결격사유에 해당하게 되면 경찰공무원은 당연퇴직하게 된다.

정년퇴직은 일정한 정년이 도래하면 퇴직하는 것을 말한다. 경찰공무원의 정년에는 연령 정년과 계급정년이 있다. 해당 정년에 도달하게 되면 경찰공무원은 법 규정에 따라 퇴직하게 된다. 연령 정년은 60세이며, 계급정년은 계급별로 다음과 같다(경찰공무원법 제30조).

1. 치안감: 4년
2. 경무관: 6년
3. 총경: 11년
4. 경정: 14년

나. 면직

면직(免職)이란 임용권자의 처분에 의해 해양경찰공무원의 신분을 상실시키는 것을 말한다. 면직에는 해양경찰공무원 본인의 원에 의한 의원면직과 본인 의사와 관계없이 행해지는 직권면직이 있다.

의원면직은 해양경찰공무원의 본인의 사의 표시에 의하여 임용권자가 해양경찰공무원 관계를 소멸시키는 처분을 말한다. 사의 표시를 한 후 임용권자가 면직처분을 할 때까지는 해양경찰공무원의 신분은 여전히 존속된다.

직권면직은 해양경찰공무원 본인의 의사와 관계없이 임용권자의 일방적 의사에 의하여 해양경찰공무원 관계를 소멸시키는 처분을 말한다.

다. 징계로 인한 소멸

해양경찰공무원이 공무원법상 요구되는 의무를 위반하였을 때 징계를 받게 되는데, 징계에는 중징계(파면 · 해임 · 강등 · 정직)와 경징계(감봉 · 견책)가 있다.

이 중에서 파면과 해임을 공무원 신분을 박탈하는 배제징계 처분으로서 국가와의 공무원 관계가 종료하게 된다.

제3절 공무원의 권리와 의무

해양경찰공무원은 그 직무를 수행할 때 국민 전체에 대한 봉사자로서 공정·중립을 지켜야 하고, 헌법과 법률에 따라 국민의 자유와 권리를 존중하며, 부여된 권한을 남용하여서는 아니 된다(해양경찰법 제3조). 해양경찰공무원은 국가공무원으로서 권리를 가지는 동시에 특수한 의무와 책임을 지게 된다.

1. 공무원의 권리

가. 신분상 권리

1) 직무집행권

해양경찰공무원은 법령에 정해진 직무를 집행할 권리를 갖는다. 정당한 집무집행을 방해하였을 때 공무집행방해죄로 처벌받을 수 있다.

2) 신분 및 직위보유권

공무원은 형의 선고, 징계처분 또는 이 법에서 정하는 사유에 따르지 아니하고는 본인의 의사에 반하여 휴직·강임 또는 면직을 당하지 아니한다.

3) 소청제기권·행정소송권

공무원의 징계처분, 그 밖에 그 의사에 반하는 불리한 처분이나 부작위에 대하여 불복을 신청할 수 있다. 소청을 청구하였으나 원하는 결과가 나오지 않은 경우, 법원에 행정소송을 청구할 수 있다.

4) 무기 휴대 및 경찰장비 사용권

경찰공무원은 직무를 수행하기 위하여 필요하다고 인정되는 때 무기를 휴대할 수 있고, 경찰장비를 사용할 수 있다(경찰관 직무집행법 제10조, 해양경비법 제17조).

5) 제복 착용권

경찰공무원은 제복을 착용하여야 한다. 제복 착용권은 권리이면서 동시에 의무에 해당한다.

나. 재산상 권리

1) 보수 청구권

보수란 봉급과 그 밖의 각종 수당을 합산한 금액을 말한다. 경찰공무원은 국가에 대한 근로를 제공하고 국가에 대하여 보수를 청구할 권리를 가진다. 경찰공무원의 보수에 대하여 별도의 규정은 없으며, 모든 국가공무원에게 적용되는 「공무원보수규정」을 적용받는다.

2) 연금청구권

공무원의 퇴직, 장해 또는 사망에 대하여 적절한 급여를 지급받을 권리가 있다. 연금은 인사혁신처장의 권한 및 업무에 속하지만, 공무원연금공단에서 위탁받아 운영하고 있다(공무원연금법 제4조).

3) 실비변상청구권

공무원은 보수 외에 직무수행에 필요한 실비 변상을 받을 수 있다. 식비, 휴가비, 연가보상비, 직급보조비, 이사비, 급여품비 등을 포함한다.

4) 보상청구권

공무원의 공무로 인한 부상·질병·장해·사망에 대하여 적합한 보상을 받을 권리가 있다(공무원재해보상법).

2. 공무원의 의무

가. 국가공무원법상 의무

1) 선서 의무

공무원은 취임할 때 소속 기관장 앞에서 선서하여야 한다. 다만, 불가피한 사유가 있으면 취임 후에 선서하게 할 수 있다. 그 내용은 "나는 대한민국 공무원으로서 헌법과 법령을 준수하고, 국가를 수호하며, 국민에 대한 봉사자로서의 임무를 성실히 수행할 것을 엄숙히 선서합니다."이다[5].

2) 성실의무

모든 공무원은 법령을 준수하며 성실히 직무를 수행하여야 한다.

3) 복종 의무

공무원은 직무를 수행할 때 소속 상관의 직무상 명령에 복종하여야 한다. 공무원은 소속 상관이 법령에 위배되는 직무상 명령을 한 경우에는 이에 따르지 아니할 수 있다.

4) 직장이탈금지 의무

공무원은 소속 상관의 허가 또는 정당한 사유가 없으면 직장을 이탈하지 못한다. 수사기관이 공무원을 구속하려면 그 소속기관의 장에게 미리 통보하여야 한다.

5) 친절·공정의 의무

공무원은 국민 전체의 봉사자로서 친절하고 공정하게 직무를 수행하여야 한다.

6) 종교 중립의 의무

공무원은 종교에 따른 차별 없이 직무를 수행하여야 한다.

---

5) 「국가공무원복무규정」 제2조 제2항 관련 별표 1

7) 비밀엄수 의무

공무원은 재직 중은 물론 퇴직 후에도 직무상 알게 된 비밀을 엄수하여야 한다.

8) 청렴의무

공무원은 직무와 관련하여 직접적이든 간접적이든 사례·증여 또는 향응을 주거나 받을 수 없다. 공무원은 직무상의 관계가 있든 없든 그 소속 상관에게 증여하거나 소속 공무원으로부터 증여받아서는 아니 된다.

9) 품위유지 의무

공무원은 직무의 내외를 불문하고 그 품위가 손상되는 행위를 하여서는 아니 된다.

10) 영리업무 및 겸직 금지 의무

공무원은 공무 외에 영리를 목적으로 하는 업무에 종사하지 못하며 소속 기관장의 허가 없이 다른 직무를 겸할 수 없다.

11) 정치 운동의 금지 의무

공무원은 정당이나 그 밖의 정치단체 결성에 관여하거나 이에 가입할 수 없다. 공무원은 선거에서 특정 정당 또는 특정인을 지지 또는 반대하기 위한 행위를 하여서는 아니 된다.

12) 집단행위 금지 의무

공무원은 노동운동이나 그 밖에 공무 외의 일을 위한 집단행위를 하여서는 아니 된다. 다만, 사실상 노무에 종사하는 공무원은 예외로 한다. 공무원으로서 노동조합에 가입된 자가 조합 업무에 전임하려면 소속 장관의 허가를 받아야 한다.

나. 경찰공무원법상 의무

1) 정치 관여 금지 의무

경찰공무원은 정당이나 정치단체에 가입하거나 정치 활동에 관여하는 행위를

하여서는 아니 된다.

2) 거짓 보고 등의 금지 의무

경찰공무원은 직무에 관하여 거짓으로 보고나 통보하여서는 아니 된다. 경찰공무원은 직무를 게을리하거나 유기(遺棄)해서는 아니 된다.

3) 지휘권 남용 금지 의무

전시·사변, 그 밖에 이에 준하는 비상사태이거나 작전 수행 중인 경우 또는 많은 인명 손상이나 국가재산 손실의 우려가 있는 위급한 사태가 발생한 경우, 경찰공무원을 지휘·감독하는 사람은 정당한 사유 없이 그 직무수행을 거부 또는 유기하거나 경찰공무원을 지정된 근무지에서 진출·퇴각 또는 이탈하게 하여서는 아니 된다.

4) 제복 착용 의무

경찰공무원은 제복을 착용하여야 한다.

해누리

Chapter 4 해양경찰 장비

제1절 장비의 관리

1. 장비 관리의 개념

해양경찰은 함정, 항공기 등 대형장비를 다수 운용하고 있으며, 원거리 통신 장비나 무기도 운용하고 있다. 바다에서 임무를 수행하는 해양경찰 특성상 장비의 성능과 질은 임무 수행에 막대한 영향을 미치는 요소이다. 장비 관리란 해양경찰의 주어진 임무의 수행을 위하여 해양경찰의 장비와 물품을 관계 법령에 따라 취득하여 효율적으로 보관 또는 사용 후에 합리적으로 처분하는 과정을 말한다. 2022년 4월 14일부터 「해양경찰 장비 도입 및 관리에 관한 법률」이 시행되면서 장비 관리의 새로운 시대를 맞고 있다.

2. 장비 관리 부서

해양경찰 장비에 관한 총괄적인 업무를 담당하기 위하여 장비기술국에 국장 1명을 둔다. 국장은 치안감 또는 경무관으로 보한다. 장비기술국에 장비기획과

·장비관리과·정보통신과를 둔다. 지방해양경찰청에는 기획운영과에서 장비 관리를 담당하고 있으며, 해양경찰서에 장비관리과를 두고 있다. 함정의 정비나 수리에 관한 사무를 관장하기 위하여 책임운영기관으로서 해양경찰정비창을 둔다.

3. 장비 도입 및 관리

해양경찰청장은 해양경찰의 직무를 효율적으로 수행하기 위하여 해양경찰 장비 도입 및 관리에 관한 기본계획을 5년마다 수립하여 시행하고, 매년 해양경찰 장비 도입 및 관리에 관한 시행계획을 수립하여 시행하여야 한다.

제2절 해양경찰 장비의 유형

1. 함정

함정이란 해양경찰 업무수행을 위하여 운용되는 선박을 말하는데, 경비함정과 특수함정이 있다. 경비함정이란 해상경비를 및 민생업무 등 해상에서의 전반적인 업무수행을 하는 함정을 말한다. 경비함정 호칭은 250톤 이상 함정을 '함'으로, 250톤 미만 함정을 '정'으로 호칭한다. 특수함정이란 해양경찰 특수목적 수행을 위해 운용되는 함정을 말한다. 특수함정은 500톤 이상을 '함'으로, 500톤 미만은 '정'으로 호칭하며, 형사기동정, 순찰정, 소방정, 방제정 등이 있다.

경비함정은 해상경비를 주 임무로 하는 함정을 말한다. 경비함정은 톤수에 따라 다음 각호와 같이 경비함과 경비정으로 구분한다.

1. 대형 경비함(영문 표기 MPL): 1,000톤급 이상
2. 중형 경비함(영문 표기 MPM): 1,000톤급 미만 250톤 이상
3. 소형 경비정(영문 표기 MPS): 250톤 미만

5000톤

3000톤

500톤

300톤

출처: 해양경찰청 홈페이지

[그림 2-5] 해양경찰 함정(경비함정)

특수함정이란 해양경찰 특수목적 수행을 위해 운용되는 함정을 말한다. 특수함정은 그 운용 목적에 따라 다양하게 분류할 수 있다[6].

1. 형사기동정: 해상범죄의 예방과 단속 활동을 주 임무로 하는 함정
2. 순찰정: 항·포구를 중심으로 해상교통 및 민생치안 업무를 주 임무로 하는 함정
3. 소방정: 해상화재 진압업무를 주 임무로 하는 함정
4. 방제정: 해양오염 예방 활동 및 방제업무를 주 임무로 하는 함정
5. 예인정(영문 표기 T): 예인업무를 주 임무로 하는 함정
6. 수리 지원정: 함정 수리 지원업무를 주 임무로 하는 함정

6) 「함정 운영관리 규칙」 제6조 참조

7. 공기부양정(영문 표기 H): 천해, 갯벌, 사주 등 특수해역에서 해난구조와 테러 예방 및 진압 임무를 수행하는 함정
8. 훈련함: 해양경찰교육원에서 실시하는 신임·기본·전문교육 및 대형 해양오염 방제업무 등을 수행하는 함정
9. 훈련정: 불법 외국 어선 단속 훈련용으로 사용되는 함정
10. 잠수 지원함(영문 표기 D): 해상 수색구조 및 잠수 지원업무를 수행하는 함정
11. 화학 방제함: 해상 화학사고 대비·대응 업무를 주 임무로 하는 함정
12. 특수기동정(영문 표기 S): 불법 조업 외국어에선 단속 임무, 해양사고 대응 임무, 해양 테러 및 PSI 상황 대응 임무를 수행하는 함정

형사기동정

순찰정

방제정

공기부양정

출처: 해양경찰청 홈페이지

[그림 2-6] 해양경찰 함정(특수함정)

해누리

해양경찰은 2022년 현재 경비함정 188척과 특수함정 167척 등 총 355척 보유하고 있다[7]. 그중에서 경비함정 중에서 1,000톤 이상 대형함정이 36척, 300~500톤 중형함정이 42척, 200톤 이하 소형함정이 110척 있다. 예인 및 오염사고 대응 등을 위한 특수함정 167척 보유하고 있다. 연안 구조정 84척, 방제정 41척, 화학 방제함 2척, 소방정 1척, 예인정 7척, 공기부양정 8척, 특수기동정 2척 등이다.

〈표 2-1〉 **해양경찰 함정 현황**

	경비함정(188)			특수함정(167)			
유형	대형	중형	소형	연안 구조정	형기정	방제정	기타
척수	36	42	110	84	20	41	22
비고	2027년까지 대형함정 41척 보유 목표						

출처: 해양경찰청,(2022),「주요 통계 분석자료」

2. 항공기

해양경찰 항공기는 고정익 항공기와 회전익항공기로 구분할 수 있다. 고정익 항공기(비행기, Air Plane)란 고정된 날개에 의해 뜰 수 있는 항공기를 말한다. 회전익 항공기(헬기, Helicopter)란 회전되는 날개에 의해 뜰 수 있는 항공기를 말한다[8]. 해양 경비 인프라로서 항공기는 해양 경비 활동에 다양하게 이용된다. 해양경찰 항공기는 함정과 함께 해·공 입체적으로 업무를 수행할 수 있는 물적 토대가 된다. 항공기는 공중에서 넓은 시야를 통해 다양한 예방·감시 활동을 수행한다. 그뿐만 아니라 응급환자 후송이나 인명구조에도 활용된다.

고정익 항공기인 비행기가 수행하는 임무는 장거리 해상 초계 순찰, 조난자 수색, 불법행위 및 해양오염 감시 등이다. 회전익 항공기인 헬기는 해상 순찰, 조난자 수색 구조, 방제 활동 지원, 응급환자 수송, 야간 조명 지원 등이다.

7) 해양경찰청(2022년),「주요 통계 분석자료」: 10
8)「해양경찰청 항공 운영규칙」 제2조

챌린저

CN-235

C-212

출처: 해양경찰청 홈페이지

[그림 2-7] 해양경찰 비행기

S-92

AW-139

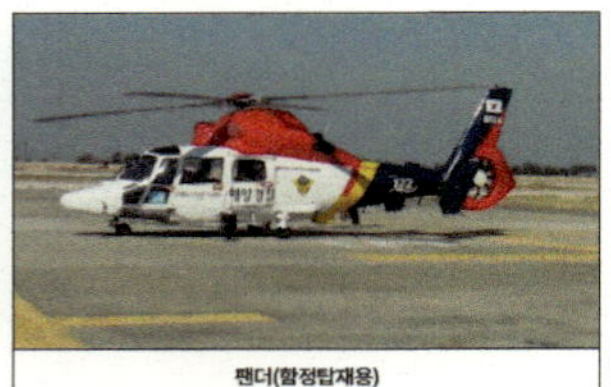
팬더(함정탑재용)

출처: 해양경찰청 홈페이지

[그림 2-8] 해양경찰 헬기

해양경찰은 2022년 현재 비행기 6대와 헬기 18대 등 총 24대를 보유하고 있다[9]. 광역해역 초계를 위한 터보펜 방식(챌린저 1대) [10]과 터보프롭 방식(CN-235 4대, C-212 1대)의 비행기 6대를 보유하고 있다. 인명구조 및 환자후송을 위한 대형헬기와 탑재헬기 18대를 보유하고 있다.

〈표 2-2〉 해양경찰 항공기 현황

	비행기(6)			헬기(18)			
유형	챌린저	C-212	CN-235	S-92	AW-139	카모프	기타
대수	1	1	4	1	2	7	8
비고	2025년까지 항공기 33대 보유 목표						

출처: 해양경찰청(2022), 「주요 통계 분석자료」

9) 해양경찰청(2022년), 「주요 통계 분석자료」: 13
10) 챌린저 비행기는 1회 비행 시 동·서·남해 EEZ 초계가 가능하다. 비행기 속력은 챌린저가 450노트(833km), 터보프롭이 213노트(395km) 내외이다. 헬기 속력은 165노트(305km)에서 120노트(220km) 정도이다.

3. 연안 구조장비

연안 구조장비란 해양경찰 파출소 또는 출장소에 배치하여 운용하는 연안 구조정 및 수상 오토바이와 해경 구조대에 배치하여 운용하는 고속보트 등을 말한다[11]. 연안 안전관리, 수색구조역량 강화 및 해양 안전 환경변화에 효율적으로 대응하기 위한 구조장비이다. 신형 연안 구조정이 개발되어 각 파출소에 보급되어 있다. 최근에 보급된 신형 연안 구조정은 해상조건에 따른 내항 성능이 우수하며 선체 전복 시 자체 부력만으로 별도의 장치 없이 본래의 상태로 복원되는 자가 복원 기능이 있다.

출처: 나무위키

[그림 2-9] 파출소 연안 구조정

4. 통신장비

해양경찰청 무선통신망은 해상에서 발생하는 모든 현황을 육상의 상황실에서 모니터링하고, 상황 발생 시 신속한 지휘체계를 확립하는 데 필요하다. 통신망은 해양경찰 내부에서만 통용되는 통신망 이외에도 모든 항해선이 사용하는 통신망이나 군·경이 공용하는 통신망 등 다양한 통신망을 모두 사용한다.

해양경찰이 사용하는 통신망으로 LTE 통신망, 위성통신망(KOSNET), 전용통신망 등 해양경찰이 전용으로 사용하는 통신망이 있고, 관공선 망, SSB망, 항무

11) 「해양경찰 함정 정비규칙」 제2조

통신망, 군경합동망 등 공용으로 사용하는 통신망도 있으며, 기타 항공기 유도망, 항무용 워키토키, 소형정통신망이 있다.

〈표 2-3〉 **해양경찰 통신망 현황**

유 형	내용
LTE 통신망	동시 상황 보고, 전파 및 지시등을 위한 통신망
위성통신망 (KOSNET)	무궁화 위성을 이용하여 영상, 데이터 통신이 가능한 통신망
전용통신망	해양경찰 기본업무 수행을 위한 전용 아날로그 통신망
군경합동망 (J-101망)	군(해군, 육군, 육경) 세력과 비화 통신망 해군함정 및 해안 레이더기지, 항공기 등 육해공 합동 통신망
관공선 망	해군함정 및 다른 행정기관 선박과의 교신하기 위한 통신망
SSB 통신망	어선이나 상선 등 조난통신 및 어선안전조업국과 정보교환, 특정·조업자제·일반해역에서 어선과 통신하는 통신망
항무통신망	조난통신 및 항행업무 수행 시 사용하는 해상이동통신망
항공기 유도망 (J-201망)	함정에 설치되어 항공기와 이·착륙 및 유사시 전투기 유도망
항무용 워키토키	근거리 업무 연락 및 조난선 구조를 위한 통신망
소형정통신망 (모바일 네트워크)	100톤 미만 내부망용 데이터 전용 통신망

PART

3

해양경찰 기능

기능(Function)이란 권한이나 직책, 능력 따위에 따라 일정한 분야에서 하는 역할과 작용을 말한다. 즉, 조직이나 기관에서 주로 하는 일이나 작용이라 볼 수 있다. 이렇게 볼 때, 해양경찰의 기능은 '해양경찰이 주어진 분야에서 하는 역할과 작용'이라 정의할 수 있다. 해양경찰은 바다에서 국민의 생명과 재산을 지키고 해양주권을 수호하기 위하여 다양한 기능을 수행한다. 해양경찰 기능은 「정부조직법」 제43조 제2항에 "해양에서의 경찰 및 오염방제에 관한 사무"로 표현하고 있고, 「해양경찰법」 제14조에 '직무'로 규정하고 있다.

해양경찰 기능은 육상에서 여타 정부 기관 기능과 다른 여러 가지 특성을 가진다. 이러한 특성을 고려하면서 제3편에서는 해양경찰이 하는 일, 임무 또는 직무에 대하여 상세하게 알아보고자 한다.

해양경찰의 이해

Chapter

해양경찰 기능의 의의

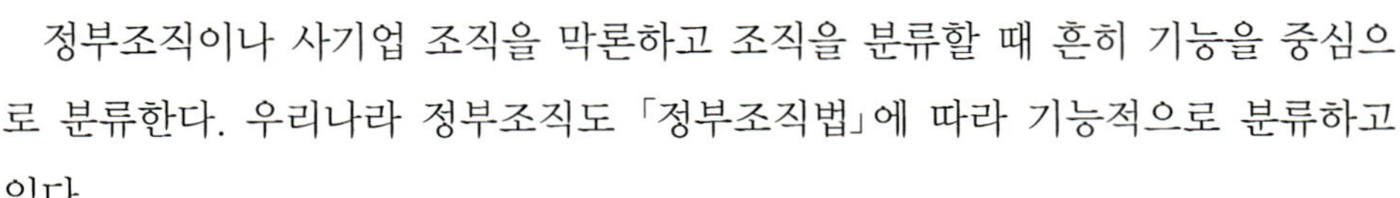

제1절 해양경찰 기능의 정의

정부조직이나 사기업 조직을 막론하고 조직을 분류할 때 흔히 기능을 중심으로 분류한다. 우리나라 정부조직도 「정부조직법」에 따라 기능적으로 분류하고 있다.

그런데 역할과 작용이 비교적 명확한 타 부처와 달리, 해양경찰은 다양하고 이질적인 업무가 동시에 포함되어 있어, 일관되게 존재하는 특성을 추출하여 기능을 일반화하기는 쉽지 않다. 해양경찰의 기능은 다양한 활동을 한다는 의미에서 '복합적'이고, 그 활동이 동일하거나 유사하지 않다는 면에서 '이질적'이며, 해양에 관한 다양한 활동을 담당한다는 측면에서 '종합적'인 특성을 가진다.

이런 특성으로 인하여 해양경찰 기능을 일정한 분류 원칙과 기준에 따라 구분하기는 쉽지 않다. 이 점을 고려하여 「정부조직법」 제43조 제2항에 해양경찰청 기능을 "해양에서의 경찰 및 오염방제에 관한 사무"로 규정하고 있다.

제2절 해양경찰 기능의 분류

1. 대외적 기능과 대내적 기능

해양경찰 대외적 기능은 해양경찰 조직 외부의 국민을 대상으로 하는 기능 또는 임무를 말한다. 해양경찰은 조직의 임무 또는 목표로서 "안전하고 깨끗한 희망의 바다"를 제시하고 있다. 대외적 기능은 해양경비, 수색구조, 해양안전, 정보, 수사, 해양오염 방제 등 국민을 상대로 하는 모든 기능이 해당한다.

해양경찰 대내적 기능은 해양경찰 조직 내부적인 목표를 이루기 위하여 내부에서 이루어지는 기능 또는 임무를 말한다. 이 기능은 기획, 조직관리, 인사 관리, 예산관리, 장비 관리, 보안관리, 운영지원, 감사 기능 등이 있다.

2. 정책 결정 기능과 정책집행 기능

해양경찰 정책은 일련의 정책과 정을 거쳐 완성된다. 정책 과정은 시간 순서에 따라 정책 결정 단계, 정책집행 단계, 정책평가 단계의 세 단계로 이루어진다. 해양경찰 정책이 결정되고 집행되고 평가되는 과정을 기준으로 해양경찰 기능은 정책 결정 기능과 정책집행 기능으로 분류할 수 있다. 정책 결정 기능은 해양경찰 정책을 기획하고 결정하는 기능을 말한다. 정책집행 기능은 이미 결정된 정책을 구체적인 사업계획으로 전환하여 이를 실현해 나가는 것을 말한다.

3. 행정기능과 사법 기능

해양경찰 기능을 수행하는 목적에 따라 행정기능과 사법 기능으로 나눌 수 있다. 행정기능은 공공의 안녕과 질서 유지라는 일반법 질서를 유지하기 위한 해양경찰의 기능을 말한다. 해양 경비, 수색구조, 해양안전, 정보, 해양오염 방제 등 기능 대부분이 행정기능이다. 반면, 사법기능은 범죄를 수사하여 처벌하는 권력적 작용으로서 행정기능과 엄격히 분리된다. 해양경찰의 사법 기능은 재

판을 전제로 하는 수사 기능이 있다.

4. 강제 기능과 서비스 기능

해양경찰 기능의 성격에 따라 강제 기능과 서비스 기능으로 나눌 수 있다. 해양경찰 기능은 강제 기능과 서비스 기능이 복합적으로 섞여 있다. 해양경찰 기능 중에는 권력이나 위력으로 국민의 자유의사를 억누르거나 원하지 않는 일을 강제하는 작용을 한다. 경비나 수사 기능이 대표적인 경우이다. 반면, 국민에게 일정한 용역이나 서비스를 제공하는 기능도 있다. 수색구조, 해양 안전, 정보, 해양오염 방제 등이 대표적이다.

해우리

Chapter 2 해양 경비론

제2장에서 해양 경비의 개념과 역사적 발전과정을 살펴보고, 해양경찰이 수행하는 해양 경비 활동의 인프라, 수단, 해역별 활동에 대해서 살펴보겠다. 기타 해양 경비 활동으로서 해상작전, 해상 대테러, 해상경호에 대해서도 알아보겠다.

제1절 해양 경비 개념과 연혁

1. 해양 경비의 개념

해양 경비의 사전적 의미는 '바다 위에서 일어나는 재난, 침략 따위를 염려하여 사고가 나지 않도록 미리 살피고 지키는 일'을 말한다[1]. 사전적 의미로 볼 때, 해양 경비는 살피고, 순찰하고, 경계하고, 대비하는 행동으로서 사전 예방적 의미가 크다.

「해양경비법」 제2조에 해양 경비에 대하여 정의하고 있다. 동 조항에 해양 경

1) 표준국어대사전

비란 '해양경찰청장이 경비 수역에서 해양주권의 수호를 목적으로 행하는 해양 안보 및 해양 치안의 확보, 해양자원 및 해양시설의 보호를 위한 경찰권의 행사'를 말한다.

「해양경비법」 제7조(해양 경비 활동의 범위)에는 해양 경비의 범위를 명확히 규정함으로써 해양경찰관의 직무 범위를 정하고자 하였다. 해양 경비의 범위를 크게 6가지로 규정하고 있다.

1. 해양 관련 범죄에 대한 예방
2. 해양오염 방제 및 해양자원 보호에 관한 조치
3. 해상경호·대테러·대간첩작전 수행
4. 해양시설의 보호에 관한 조치
5. 해상 항행 보호에 관한 조치
6. 그 밖에 경비 수역에서 해양 경비를 위한 공공의 안녕과 질서 유지

이 책에서는 해양 경비의 개념을 「해양경비법」상 의미로 사용하려 한다. 그리하여 해양 경비를 '해양경찰청장이 경비 수역에서 해양주권의 수호를 목적으로 행하는 해양 안보 및 해양 치안의 확보, 해양자원 및 해양시설의 보호를 위한 경찰권의 행사'로 보겠다.

2. 해양 경비의 연혁

해양 경비는 해양경찰의 다양한 기능과 업무 중에서도 연혁적으로 가장 먼저 발달하였다. 우리나라 해양경찰과 경비기능이 탄생하게 된 것은 1953년이었다. 1945년 9월 28일 미국은 트루먼 선언을 발표하였다. 정부는 트루먼 선언에 영향을 받아 1952년 1월 18일 「인접 해양의 주권에 대한 대통령 선언」을 내외에 선포하였다. 해양의 천연자원 개발과 어업자원을 보존하기 위한 이 주권선을 '평화선'이라 불렀다.

이에 따라 1953년 12월 평화선을 침범하는 외국 어선을 단속하고 어업자원을 보호하기 위하여 「어업자원보호법」을 제정하고, 관할수역의 경비를 담당하기

위하여 해양경찰대를 설치하게 되었다.

초기 해양 경비는 평화선을 침범하여 자원을 약탈하는 일본어선을 물리쳐 자원을 보호하고 북한의 침투를 저지하는 안보 기능에 치중하였다. 1980년대 이후 고도성장기를 맞아 경비기능은 경제성장에 따른 임해 산업시설 보호 등 민생치안 역량을 강화하는 한편 급격히 늘어난 불법 외국어에선 단속에 중점을 두었다.

「유엔해양법협약」 발효로 경비구역이 배타적 경제수역까지 확대되면서 현대적 의미의 경비개념이 정립되었다. 이때부터 기존의 영해 차단선 경비개념에서 벗어나, 200해리 배타적 경제수역으로 경비 범위가 광역화되었다. 최근에는 경비개념이 전통적인 안보나 불법 어선 단속 위주에서 해양 공간관리나 해양 영유권 보호 등 새로운 패러다임으로 전환되고 있다.

제2절 해양 경비 인프라

해양 경비의 인프라는 해양 경비 활동을 수행하는데 기반이 되는 해양경찰의 조직적·인적·물적 토대를 말한다. 조직적 토대로서 경비 조직, 항공 조직, 종합상황실 등이 있다. 이외에도 지방해양경찰청 특공대, 해양경찰서 파출장소 등도 직간접적으로 해양경비 활동을 지원하는 조직이다. 인적 토대로서 그 부서에 근무하면서 경비업무를 담당하는 경찰공무원과 일반직공무원이 있다. 물적 토대로 함정과 항공기가 있다. 이외에도 종합상황실이나 함정·항공기, 통신실에 설치되어 운영되는 경비·통신시스템이 있다.

1. 해양 경비 조직체계

해양경찰청 경비국장은 해양 경비 업무를 총괄하는 직책으로서 지방해양경찰청과 해양경찰서의 경비 조직과 인력을 지휘·관리하고 상황을 처리한다. 해양경

찰청 경비국장 아래 경비작전과장·항공과장·차세대 해양경비기획단장이 분담되는 경비 업무를 처리한다.

각 관할 구역별로 지방해양경찰청에 해양 경비 조직을 두고 있다. 중부·서해 및 남해지방해양경찰청의 경우 안전총괄부장 밑에 경비과를 두고 있다. 동해 및 제주지방해양경찰청의 경우 지방해양경찰청장 밑에 경비안전과를 두고 있다. 20개 지방해양경찰서별로 경비구조과를 둔다.

해양경찰청 장비기술국에 정보통신과를 두고 있다. 해양경찰청 정보통신과는 경비 활동 시 각 세력 간 정보교환 및 통신에 관한 업무를 담당하는 정보통신 관련 장비 운용업무를 담당하고 있다[2]. 지방해양경찰청장 밑에 직할대로서 특공대를 직할대로 둔다. 특공대는 해상 대테러 활동 및 해상경호 등을 주요 임무로 하고 있다.

해양경찰청 종합상황실장은 각종 해양 상황을 접수하고 처리하고 관리한다. 종합상황실장은 해양 상황 등의 초동 조치와 해양 상황 등의 정보 수집·분석 및 전파 등을 임무를 수행한다. 5개 지방해양경찰청에 지방해양경찰청장 밑에 종합상황실을 두고 있다. 지방해양경찰서별로 종합상황실을 둔다.

2. 경비 세력

바다에서 경찰권을 행사하기 위해서는 해상에서 이동하기 위한 선박과 항공기 등 대형장비가 필수적으로 필요하고 많은 인력이 소요된다. 이렇게 해양 경비 활동에 소요되는 인적·물적 자원을 경비 세력이라 한다. 「해양경비법」 제2조에서 경비 세력을 "해양경찰청장이 해양경비를 목적으로 투입하는 인력, 함정, 항공기 및 전기통신설비 등"으로 정의하고 있다.

가. 함정

해양경찰청 소속 함정의 운용·관리 및 근무에 관하여 해양경찰청 훈령인 「함정 운영관리 규칙」에서 정하고 있다.

2) 「해양경찰청과 그 소속기관 직제 시행규칙」 제10조

해양경찰 함정은 총 350척 정도가 있다. 함정은 경비함정과 특수함정으로 분류할 수 있다. 경비함정에 관하여 함(艦)은 250톤 이상 큰 배를 일컫는 명칭이며, 정(艇)은 250톤 미만 작은 배를 일컫는 명칭이다. 특수함정에 대해서는 이것이 500톤 이상과 500톤 미만에 적용된다.

나. 항공기

해상사고 발생 시 항공기는 짧은 시간 안에 현장에 도착하여 상황을 파악하고 초동 조치를 취할 수 있다. 해양경찰은 고정익 항공기 6대, 회전익 항공기 18대 등 24대의 항공기를 보유·운영하고 있다.

고정익 항공기 중 광역 임무 항공기는 우리나라 전 해역을 대상으로 영해 침범, 불법어로, 해양오염 등을 감시하고, 기타 고정익 항공기는 중부권과 서남 해권별로 감시 활동 및 인명구조를 행한다. 회전익 항공기는 해상이나 도서 지역 응급환자 후송, 수색구조, 해양오염 감시 등 다양한 임무를 수행한다.

3. 정보통신시스템

가. 선박 모니터링 시스템

바다에 항해하는 선박 현황을 파악하고 경비에 활용하는 여러 시스템을 말한다. 통합선박모니터링시스템(CVMS)은 전자해도에 선박 자동식별장치(AIS), 어선 위치 발신 장치(V-Pass), 해경 함정·항공기 위치 정보·항적 등을 표출하는 시스템이다. 어선 출입항시스템(V-Pass)은 어선 출·입항신고 자동화 및 조난어선의 구조 등을 용이하게 하기 위해 어선의 위치를 모니터링하는 시스템이다. 위성 AIS 시스템은 위성과 연계하고 선박 위치 정보 탐지범위를 전 세계로 확대하여 실효적 안전관리가 가능하다.

나. 상황접수 및 전파시스템

통합 신고처리시스템은 정부에서 운영하는 긴급번호가 통합됨에 따라 신고를

접수 후 해양 상황인 경우, 즉시 해양경찰에 이첩되는 신고시스템이다. 상황접수 및 전파시스템은 해양에서 위급한 사고가 발생했거나 발생이 예상되는 경우 현장 정보를 접수하고 전파하기 위해 운용되는 시스템이다. 해상교통 문자방송(NAVTEX)은 문자를 통해 운항 중인 선박에 다양한 안전 정보를 제공하여 미리 위험을 피할 수 있도록 하는 시스템이다.

다. 영상전송 시스템

영상 전송시스템은 해양경찰 위성인 코스 넷(KOSNET)을 이용하여 100톤 이상 경비함정에 설치된 ENG 카메라를 통해 현장 상황을 실시간으로 송출하여 볼 수 있는 시스템이다. 모바일 현장 지휘시스템은 파출소에서 LTE망을 이용한 현장 상황을 실시간으로 송출하여 볼 수 있는 시스템이다.

제3절 해역별 해양경비 활동

1. 의의

해양경비 활동은 드넓은 바다에서 이루어진다. 해양경비 활동의 대상인 해양은 해양이 영토로부터의 떨어진 거리나 해양의 깊이에 따라 법적 의미가 달라진다. 같은 불법행위라 할지라도 영해에서 하느냐, 배타적 경제수역(EEZ)에서 하느냐, 공해에서 하느냐에 따라 적용 법규와 결과는 완전히 달라진다.

해양경비 활동이 국제성을 띠는 「유엔해양법협약」을 세계적으로 적용하기 때문이다. 동 협약은 1994년부터 발효되었는데, 우리나라는 1996년 협약에 비준하였다. 해양경비 활동과 관련된 「유엔해양법협약」 규정은 영해(Territorial Sea), 접속수역(Contiguous Zone), 배타적 경제수역(Exclusive Economic Zone), 대륙붕(Continental Shelf), 공해(High Seas), 섬 제도(Island), 국제 심해저, 해양과학 조사, 해양 환경 보호 및 보전에 관한 규정 등이다.

이처럼 해양경비 활동은 활동 중인 경비함정의 해역별 위치에 따라 적용 법규, 법적 효과, 조치사항이 달라지는 특성이 있다.

2. 내수, 영해, 접속수역

가. 내수

내수(Internal Waters)란 영해기선으로부터 육지 쪽 수역으로서 항만, 만, 하천, 운하, 호수 등이 이에 해당한다. 내수는 국제법상 국가영토의 일부로 간주하기 때문에 연안국의 영토주권이 작용하는 영역이다. 영토와 동일한 법적 효력을 가진다. 따라서 영해에서 인정되는 외국 선박의 무해통항권이 인정되지 않는다. 내수는 해양경찰 해양경비 활동의 범위에 속하지 않고 육상경찰이나 소방의 관할에 속한다.

나. 영해

1) 영해의 개념과 법적 지위

영해(Territorial Sea)란 국가의 영토에 접속하고 있는 일정 범위의 수역으로서 연안국의 주권이 미치는 국가영역 일부를 말한다. 영해를 정하는 기준선이 영해기선(Baseline)이며, 모든 해양 수역 경계선이 출발하는 기준선이다. 오늘날 모든 국가는 기선으로부터 12해리를 초과하지 않는 한계까지 영해의 폭을 설정하고 있다.

영해는 연안국의 주권이 행사되며, 그 범위는 상공 및 해저에까지 미친다. 이에 따라 연안국은 영해에서 영토권에 준하는 경찰권, 어업 및 자원개발권, 연안무역권, 독점적 상공 이용권, 해양 환경 보전권, 해양 과학조사권 등을 행사할 수 있다[3]. 다만, 영해에서 외국 선박은 대한민국의 평화와 공공질서 또는 안전보장을 해하지 않는 한 무해통항권을 주장할 수 있다.

3) 박찬호 외 4인, 「유엔해양법협약」 해설서 1:31

2) 영해에서의 주요 경비 활동

(1) 독도·가거도 등 외곽 도서 경비

일본은 해상보안청 순시선을 독도와 그 주변 해역에 정기적으로 보내 순찰하며, 그곳을 분쟁지역으로 만들려고 노력하고 있다. 독도에 대한 경비 활동은 첫째, 일본 관공선이 독도 영해 12해리 안으로 진입하는 때를 대비한 활동을 하고, 둘째, 일본 우익세력 등이 독도 인근에서 갑자기 해상시위를 한다거나 무단으로 상륙하는 때를 대비하여 「독도 우발사태 위기 대응 매뉴얼」에 따라 대응한다.

(2) 긴급피난 선박 관리

영해에서 해양경비 활동에는 긴급피난 외국 선박을 관리하는 업무가 포함된다. 기상악화 또는 긴급사태로 인하여 우리나라 영해 내에 긴급피난 하는 외국 선박에 대한 적절한 보호와 감시로써 피난 선박의 안전과 편익을 도모하기 위한 것이 그 목적이다.

(3) 임해 산업 보호 및 대테러 활동

영해 경비는 연안수역으로서 해양 관련 국내 법령을 위반한 선박 등의 단속 등 민생치안 확보 및 임해 중요시설의 보호 경비에 중점을 두어야 한다[4]. 또한 취약 해역을 중심으로 밀출·입국, 밀수 등 각종 해상범죄 예방·단속과 유조선의 안전항로 운항 준수, 해양오염 방지를 위한 거점·전략 경비와 필요시 순항·표류경비를 실시하여야 한다.

다. 접속수역

1) 개념과 법적 지위

접속수역(Contiguous Zone)이란 영해 기준선에서 24해리가 넘지 않는 범위 내에서 관세, 재정, 위생, 출입국 위반을 예방하거나 처벌하는 데 필요한 국가 관할권을 행사하는 수역을 말한다. 우리나라는 「영해 및 접속수역법」에 따라 접속수역 범위는 영해기선으로부터 24해리의 선에 이르는 수역에서 영해를 제외

4) 「해양경비법」 제11조 제2항 제1호

한 수역으로 설정하고 있다.

접속수역에서 연안국은 법령에서 정하는 바에 따라 관세·재정·출입국관리 또는 보건·위생에 관한 직무권한을 행사할 수 있다.

2) 접속수역에서 경비 활동

접속수역에서는 관세, 재정, 출입국, 보건위생에 관한 사항에 대하여 연안국의 관할권 행사가 가능하다. 따라서 접속수역에서 경비 활동은 이들을 위주로 전개된다.

3. 배타적 경제수역

가. 배타적 경제수역의 의의

배타적 경제수역(Exclusive Economic Zone)은 영해기선으로부터 200해리 범위까지의 해역으로서 연안국의 경제적 목적을 위한 주권적 권리와 관할권이 인정되는 바다를 말한다. 우리나라 배타적 경제수역 범위는 영해기선으로부터 바깥쪽 200해리의 선까지에 이르는 수역이지만, 인접국 간 배타적 경제수역 경계가 미확정된 상태이다.

나. 배타적 경제수역의 법적 지위

배타적 경제수역에서 연안국이 갖는 주권적 권리는 ① 상부 수역, 해저, 지하에 있는 천연자원에 대한 주권적 권리, ② 해수, 해류, 해풍으로부터 에너지 생산 등 경제적 탐사, 개발을 위한 주권적 권리, ③ 시설, 구조물 설치 이용, 해양과학조사, 해양 환경 보호 등에 대한 주권적 권리 등이다.

다. 배타적 경제수역에서 경비 활동

1) 외국 어선 불법 어업 단속

배타적 경제수역에 적용되는 대한민국의 법령을 위반한 혐의가 있다고 인정되는 외국 선박에 대하여 관계기관은 추적권의 행사, 정선·승선·검색·나포 및

사법절차를 포함하여 필요한 조치를 할 수 있다.[5)]

2) 해양과학조사 지원 및 해양 환경 관리·보전

외국인 등이 허가나 동의를 받지 아니하고 해양과학조사를 수행한다는 혐의가 있는 때에는 관계기관의 장은 정선·검색·나포 기타 필요한 명령이나 조치를 할 수 있다.[6)] 「해양환경 관리법」 규정을 위반한 혐의가 있다고 인정될 때 해양경찰청장은 정선·검색·나포·입출항금지 그 밖에 필요한 명령이나 조치를 할 수 있다.[7)]

3) 특정해역 조업 보호 활동

특정해역이란 동해 및 서해의 조업한계선 이남 해역 중 어선의 조업과 항행이 제한된 해역을 말한다. 해양경찰청장은 특정해역의 조업 보호를 위한 경비 및 단속, 출어선의 동태 파악 사무를 처리하기 위하여 해양경찰관서에 조업 보호 본부를 설치·운영할 수 있다.[8)] 속초해양경찰서 및 인천해양경찰서에 각각 동해조업보호본부 및 서해 조업 보호 본부를 설치하여 운영하고 있다.

4) 경계 획정 지원 활동

한·중간, 한·일 간에 배타적 경제수역 경계 협정이 이루어지지 않았다. 우리나라가 주장하는 중국이 주장하는 배타적 경제수역 간 불일치 부분은 경계 미획정 수역이다. 경계 미획정 수역은 향후 양국 어느 쪽으로도 속할 수 있는 수역이다. 경계 미획정 수역에 대한 경비 활동을 활발히 함으로써 경계획정 협상에 유리한 자료를 확보할 수 있다.

4. 공해

공해는 공공의(公) 바다(海)라는 뜻으로 영유권이나 배타권이 특정 국가에 속

5) 「배타적 경제수역 및 대륙붕에 관한 법률」 제5조
6) 「해양과학조사법」 제13조
7) 「해양환경 관리법」 제117조
8) 「어선안전조업법」 제18조

하지 않는 바다를 말한다. 기선으로부터 200해리 밖의 바다는 특정 국가의 영유권이나 배타적 권리가 존재하지 않는다.

공해상을 항행하는 선박에 대해서는 선박의 국적국인 귀국만이 배타적인 관할권을 행사할 수 있다. 다만 인류의 보편적 이익을 침해하는 행위에 속하는 해적 행위, 노예 수송, 무허가방송 등에 대해서 군함 또는 경찰함정이 이들 혐의가 있는 선박을 조사하고 나포할 수 있는 권한을 예외적으로 허용하고 있다[9].

5. 외국 파견

해양경찰청장은 국제협력을 위한 국가 간 합동훈련 및 구호 활동을 위하여 대통령령으로 정하는 바에 따라 경비 세력의 일부를 외국에 파견할 수 있다.

제4절 기타 해양경비 활동

해양경비 활동은 다양하고 광범위하다. 본 절에서는 해양경비 활동 중에서 개별법에 규정되어 있고 개념적으로 독자적인 특성을 가진 해양경비 활동을 살펴보겠다. 「통합방위법」 등에 근거한 해양경찰 작전, 「국민 보호와 공공안전을 위한 테러방지법」에 근거한 해상 대테러, 「대통령 등의 경호에 관한 법률」에 근거한 해상경호 등의 내용을 알아보겠다.

1. 해양경찰 작전

작전은 특정 목적을 위하여 일정 기간 조직적으로 움직이는 군사행동을 말한다. 해양경찰 작전이란 평시 및 무력 충돌이 임박하거나 임박할 우려가 예상될 경우, 해양경찰의 특별한 임무 수행을 유효·적절하게 수행하기 위해 계획을 수

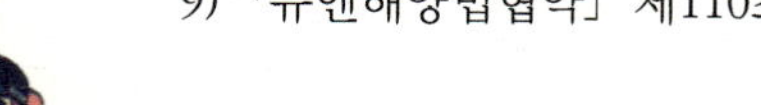

9) 「유엔해양법협약」 제110조

립하고, 그 계획에 따른 구체적 행동으로서 작전을 전개하는 행위를 말한다.

해양경찰 작전은 평시 작전과 비상시 작전이 있다. 평시 작전은 동서해의 NLL 인근 해역은 북한의 도발 사태나 우발 사태 등이 우려되며 이에 따라 특정 해역을 설정하여 어선 안전을 도모하는 특정해역 조업 보호, 북한 상선이나 탈북 선박 관리 등의 대북한 작전, 해상에서 운항 중인 선박에 대한 동향 및 선박 입·출항통제, 의아선박 발견 시 현장 확인 등을 임무로 하는 해안 경계 작전 등이 있다.

비상시 작전에는 통합방위 작전, 비상대비 작전 등이 있다. 통합방위 작전이란 통합방위사태가 선포된 지역에서 그 사태의 구분에 따라 작전지휘관이 국가방위요소를 통합하여 지휘·통제하는 방위작전을 말한다[10].

적의 침투·도발이나 그 위협에 대응하여 선포하는 단계별 사태인 통합방위 사태는 3단계로 구분된다. 갑종사태는 일정한 조직체계를 갖춘 적의 대규모 병력 침투 또는 대량살상무기 공격 등의 도발로 인한 비상사태를 말한다. 을종사태는 일부 또는 여러 곳에서 적의 침투·도발로 인하여 단기간 내에 치안 회복이 어려운 비상사태를 말한다. 병종 사태는 적의 침투·도발 위협이 예상되거나 소규모의 적이 침투하여 단기간 내에 치안이 회복될 수 있는 사태를 말한다.

비상대비 작전은 국가 안전보장에 중대한 영향을 미칠 수 있는 비상사태에 대한 작전을 말한다. 합방위 사태, 충무사태, 방어준비태세(DEFCON, Defense Readiness Condition), 재난 사태 등이 있다.

2. 해양 대테러

테러(Terror)라는 용어는 전통적으로 어떤 정치적 목적을 위하여 폭력을 사용하거나 위협을 가하는 것으로써 암살, 각종 납치 및 공중시설 등에 위해를 가하여 사람들에게 공포를 일으키게 하는 행위를 의미하였다.

해양 테러는 해양에서 발생하는 테러로서 최근 들어 해양 테러리즘을 해상안

10) 「통합방위법」 제2조

전이나 해상보안에 대한 폭력적 위해행위라는 관점에서 파악하여 광의의 개념으로 이해하는 것이 일반적인 추세이다. 이에 따라, 해양 테러를 '해상항해의 안전에 반하는 불법적 행위' 혹은 '해상안전에 대한 위협'이라는 관점에서 선박에 대한 테러 행위는 물론 선박 또는 적재화물을 이용한 항구 등 항만시설에 대한 테러 행위까지 그 범위를 확대하고 있다.

해양 테러의 유형으로 ① 선박 폭파, ② 선박 납치, ③ 선박 충돌 및 시설에 대한 공격, ④ 선박에 대한 무장 공격 등이 있다.

해양경찰의 대테러 활동은 국가 대테러대책위원회나 국무총리 소속 대테러센터와 유기적인 협조하에 수행한다. 해양경찰청장은 해양 테러 사건 대책본부의 본부장이 되고, 해당 지방해양경찰청장은 현장 지휘 본부장이 된다.

3. 해상경호

경호란 경호대상자의 생명과 재산을 보호하기 위하여 가하여지는 위해를 방지 또는 제거하고 특정한 지역을 경계·순찰 및 방비하는 등의 모든 안전 활동을 말한다[11]. 해상경호란 경호대상자가 선박으로 이동 시 또는 해상 관련 행사 및 해상과 인접한 육상에서의 행사 시 요인의 안전을 확보하기 위하여 해상에서 경비함정 등을 이용하여 행하는 경호 활동을 말한다.

경호의 대상은 다음과 같다.

1. 대통령과 그 가족
2. 대통령 당선인과 그 가족
3. 본인의 의사에 반하지 아니하는 경우에 한정하여 퇴임 후 10년 이내의 전직 대통령과 그 배우자
4. 대통령권한대행과 그 배우자
5. 대한민국을 방문하는 외국의 국가 원수 또는 행정수반(行政首班)과 그 배우자

11) 「대통령 등의 경호에 관한 법률」 제2조

6. 그 밖에 처장이 경호가 필요하다고 인정하는 국내외 요인(要人)

해양경찰 경호는 해상에 배치되는 경비함정과 육상에 배치되는 경호경찰관이 주어진 임무에 따라 수행한다.

1) 경비함정의 중요 임무 사항

1. 행사 방해 세력 및 위해 기도 세력 행사장 인근 해상 진입 차단·제지
2. 낚시어선, 고속 선외기 보트 등 무허가 선박의 해상안전 구역 진입 통제 및 감시
3. 행사장 인근 해상을 통과하는 유·도선 및 여객선 등에 대한 감시강화
4. 양식장, 해양 시설물 등 행사장 인근 취약 해역에 대한 감시·순찰 강화
5. 해군 등 유관기관 배치 세력과 통신망 구성, 상황 교환체계 유지

2) 육상 배치 경호경찰관의 주요 임무 사항

1. 인근 지역의 범죄 전력자 및 선박 등 동향 감시강화
2. 출·입항 선박에 대한 임장 임검 철저
3. 행사 관련 어민의 여론 등 정·첩보 수집 활동 강화
4. 행사장 주변 해안가 안전 활동 및 취약지역에 대한 특별 순찰 활동 강화

해우리

Chapter 3 수색구조론

제3장에서 해양에서 생명과 재산을 보호하는 역할로서 수색구조의 중요성과 국제적 경향을 알아보겠다. 수색구조에 필요한 인프라와 수색구조 절차에 대해 살펴보겠다.

제1절 수색구조 개관

1. 수색구조의 의의

수색구조(Search and Rescue)는 해양 사고에 대응하여 해상에서 조난당한 사람 또는 선박을 구출하고 필요한 조치를 행하는 활동을 말한다. 수색구조는 해양경찰의 여러 기능 중에서도 사람의 생명을 최우선으로 하여 국민의 생명과 재산을 보호하는 활동이다.

해누리

2. 수색구조의 연혁

해양에서 인명 안전에 대한 국제적인 관심은 1912년 발생한 타이타닉호 사고에서 비롯되었다. 이를 계기로 「해상인명안전협약(SOLAS 74)」[12]이 채택되었고, 선박 안전의 국제기준이 마련되기 시작하였다. 1979년 「해상인명안전협약(SOLAS 74)」에서 수색구조 사항을 규정을 별도로 분리하여 「수색구조협약(SAR 79)」[13]을 채택하였다. 1998년 국제해사기구(IMO)와 국제민간항공기구(ICAO)[14]와 공동으로 「IAMSAR 매뉴얼」[15]을 개발하여 각 국가의 수색구조 체계 구축 및 활동 방향을 제시하였다.

3. 수색구조의 국제성

해양경찰은 다양한 기능을 수행하고 있지만, 수색구조는 타 업무보다도 좀 더 국제적인 성격을 띠고 있다. 선박은 사람과 물자를 운송하기 위하여 바다를 통행로로 하여 국가와 국가 사이를 운항한다. 선박이 기국을 떠나 먼바다를 운항하다가 조난사고를 당하는 경우, 사고를 당한 선박에 가장 가까운 연안국 정부나 가장 가까이 운항하던 선박이 구난활동을 하는 것이 효과적이다. 이에 따라 해양 사고 발생 시 사고 선박에 가장 근접한 국가나 선박의 적극적인 협력을 토대로 국제사회가 공동으로 대응하는 노력을 기울이고 있다. 이를 위해서 수색구조 협력을 위한 국제 협약을 맺고, 각 국가가 담당해야 할 수색구조 구역을 지정하여 정하고 국가별로 갖추어야 할 수색구조 조직을 정하고 있다.

---

12) 해상인명안전협약은 1914년에 런던 국제회의에서 처음 채택되어 모든 상선의 항해 안전 문제, 여객선에 대한 수밀 구획 및 방화 격벽, 구명 설비, 소화 설비에 관한 사항을 규정하고 있다.

13) 국제적인 해상수색 및 구조체제를 확립함으로써 수색 및 구조작업에 참여하는 전 세계의 수색 및 구조기구 사이의 협력을 촉진하기 위하여, 국제해사기구의 주도 아래 1979년 4월 27일에 성립하여 1985년 6월 22일에 발효된 국제 협약을 말한다.

14) 세계 민간항공의 건전한 발전을 도모하기 위하여 1947년에 발족한 국제기구이다. 원어 명칭은 "International Civil Aviation Organization"이다.

15) 국제해사기구(IMO)와 국제민간항공기구(ICAO)가 공동으로 개발한 수색구조 매뉴얼로서 수색구조에 관한 조직, 절차, 방법 등을 규정하고 있다.

제2절 수색구조 인프라

수색구조 인프라는 조난상황이 발생했을 경우, 실제 수색구조를 실행하는 조직, 세력, 장비 등을 통틀어 지칭하는 것이다. 해양경찰 수색구조 세력에는 실제 수색구조 현장에 투입되어 종사하는 함정, 구조대, 중앙특수구조단, 구조거점 파출소 등이 있다. 조난상황이 발생하였을 때 민간수색구조 세력도 투입될 수 있다. 수색구조 장비는 수색구조에 활용되는 수색구조함정, 항공기, 민간선박, 통신기기 등이 있다.

1. 수색구조 조직

수색구조 조직으로 해양경찰청의 구조안전국과 수색구조과, 지방해양경찰청의 구조 안전과, 해양경찰서의 경비구조과가 있다. 구조안전국장은 우리나라 전체의 해양 수색구조 업무를 총괄하는 직책으로서 지방해양경찰청과 해양경찰서의 수색구조 조직과 인력을 지휘·관리하고 해양 수색구조 정책을 수립하고 상황을 처리한다. 해양경찰청 구조안전국장 아래 수색구조 과장은 수색구조 관련 업무를 처리한다.

우리나라는 1995년 「수색구조협약(SAR 79)」에 가입하여 이에 따르고 있는데, 수색구조 책임기관을 해양경찰청으로 지정하여 운영하고 있다. 국제적인 기준에 맞추어 「수상구조법」에 의거, 해양경찰청을 중앙구조본부로, 지방해양경찰청을 광역구조본부로, 해양경찰서를 지역구조본부로 운영하고 있다. 지역구조본부의 장은 최초 도착한 함정 또는 항공기의 지휘 능력 등을 종합 검토하여 신속하게 현장조정관(OSC)을 지정하여야 하며, 2대 이상의 항공기가 투입되면 항공조정관(ACO)을 지정할 수 있다.

2. 현장 수색구조 세력

가. 함정과 항공기

함정은 운용 목적에 따라 경비함정과 특수함정으로 구분할 수 있는데, 조난상황 발생 시 즉시 수난 구호 활동에 투입된다. 함정에는 대규모 인명구조 장비를 비롯한 다양한 형태의 인명구조 장비가 갖추어져 있어 수색구조 활동 시 사용된다. 해양경찰은 고정익 비행기와 회전익 헬기를 보유하고 있다. 고정익 비행기는 광활한 해역을 신속하게 순찰하여 사고지점을 특정하고 조난자를 수색하는 임무를 수행한다. 반면 헬기는 조난자 수색 활동은 물론, 사고지점에 접근하여 조난자를 직접 구조하는 임무를 수행한다.

나. 중앙특수구조단

세월호 사고 이후인 2014년 12월 해양경찰청은 대형사고 및 특수사고에 대응하기 위하여 특수구조 임무를 수행하는 중앙특수구조단을 창설하였다. 중앙특수구조단은 해양경찰청 본청의 직속 기관으로서 대형·특수 해양 사고의 구조, 수중수색 및 현장 지휘에 관한 사항이나 중·대형 해양오염사고 발생 또는 우려 시 특수방제 조치에 관한 사항을 관장하고 있다.

다. 해양경찰 구조대

해양경찰은 해양 사고 발생 시 필요한 수색 및 구조와 응급처치 임무를 수행하는 조직으로 해양경찰서별로 해양경찰 구조대를 운용하고 있다. 구조대는 소속 해양경찰서 관할해역에서 활동하는데, 구조대장과 구조 요원, 구급요원, 운항 요원으로 구성한다.

라. 구조거점 파출소

해양경찰은 전국 해안과 도서 지역을 중심으로 해양경찰서장의 소관 사무를 분장하기 위하여 파출소를 운영하고 있다. 파출소 중에서 해양경찰서 구조대와 원거리에 위치하고 해양 사고 빈발해역을 관할하는 파출소의 현장 대응 역량

강화를 위하여 구조거점파출소를 운영할 수 있다. 구조거점파출소는 해양경찰 구조대가 접근하는데 장시간이 소요되는 파출소에 잠수구조요원과 잠수장비를 갖추고 각종 해양 사고 예방 및 초동 조치에 초점을 맞추어 설치한 조직이다.

마. 민간 구조 세력

해양 사고를 예방하고 해양 사고 발생 시 민간 구조 세력의 원활한 협력과 지원을 받기 위하여 민간 구조 세력을 조직화하여 운영하는 제도가 있다. 한국해양구조협회는 해수면에서의 수색구조·구난활동 지원, 수색구조·구난에 관한 기술·제도·문화 등의 연구·개발·홍보 및 교육훈련, 행정기관이 위탁하는 업무의 수행을 위하여 운영하고 있다. 민간해양구조대는 수난 구호 참여자 중에서 구조본부의 장으로부터 요청받아 수난구호에 참여한 자를 말한다.

3. 정보통신시스템

해상 조난상황이 발생하였을 때 현장의 상황을 보고·전파하고 정확한 상황판단과 신속한 수색·구조가 이루어지기 위해서는 정보통신시스템의 역할이 중요하다. 해양경찰은 사고 발생 시 현장과 지휘체제 간의 상호 통신을 신속히 하기 위하여 종합상황실을 중심으로 정보통신시스템을 운영하고 있다. 이에 대해서는 앞에서 설명하였다.

제4절 수색구조 절차

수색구조는 조난당한 사람의 생명과 재산을 구하는 해양경찰의 중요한 임무이다. 해양 수색구조의 성공 여부는 조난상황을 어떻게 신속하게 인식하고 필요한 수색구조 세력을 현장에 전개하느냐에 달려있다.[16] 신속하고 정확한 수색계

16) 바닷물 온도에 따른 익수자 생존시간과 권장 수색 시간은 다음과 같다.

획도 수색구조 성패를 좌우하는 중요한 요소이다. 수색구조 절차는 시간의 흐름에 따라 ① 인지 단계, ② 초동 조치 단계, ③ 수색단계, ④ 구조단계, ⑤ 구난 및 사후 조치 단계로 진행된다.

1. 인지 단계

인지 단계는 조난상황 또는 긴급사태 등 상황이 존재하거나 가능성을 개인이나 기관이 인식하는 단계이다. 일반적인 사고 인지 경로는 조난선박에서 직접 구조조정본부 또는 구조지부로 다양한 통신수단을 이용하여 신고하는 것이다.

대부분의 해양 사고가 연안해역에서 발생하는 특성으로 인해 일반전화의 통화권 내에 조난자가 위치하는 경우가 많아 119 또는 수색구조기관의 직통번호로 연락이 오는 것이 대부분이므로 신고 접수 요원을 배치·운영하고 있다.

2. 초동 조치 단계

초동 조치는 조난사실을 인지함과 동시에 조난선박에 직접 적절한 조치를 지시하거나 인근 선박 또는 해양경찰 함정·항공기 등에 수색구조를 지시하는 초기 조치 단계이다. 해양 사고의 특성상 초동 조치는 수색구조 활동의 성패를 가름하는 매우 중요한 요소이므로 수색구조기관은 조난사실을 인지한 경우, 조난사실의 진위 여부 판단에 신속한 초동 조치를 취해야 한다. 이 단계는 상황판단을 위한 정보의 평가, 조난상황의 신속한 전파, 함정·항공기 등 수색구조 세력에 대한 출동 지시를 즉시 수행하는 것을 포함한다.

수온	50% 생존 가능 시간	적정 수색 시간
5℃	약 1시간	6시간
10℃	약 2시간	12시간
15℃	약 6시간	18시간
20-30℃	약 24시간 이상	-

3. 수색단계

수색구조 세력이 조난현장에 도착하였을 때부터 수색은 개시되지만 모든 조난상황에서 수색단계가 존재하는 것은 아니다. 조난자 위치가 확정되면 수색단계가 없이 곧바로 구조단계로 넘어가게 된다. 수색 구역을 결정할 때는 조난선박 또는 생존자가 있을 가능성이 가장 큰 해역을 추정하여 이를 중심으로 하는데, 조난자의 표류지점을 예측하는 것이 중요하다.

수색계획을 수립하고 시행할 때 아래의 사항을 고려해야 한다. ① 표류의 영향을 고려하여 조난선박 또는 생존자의 존재 가능성이 가장 큰 위치의 추정, ② 수색 구역 결정, ③ 투입할 수색구조 세력의 선택, ③ 수색 구역의 분할 및 책임구역 지정, ④ 상황변화에 따른 수색계획 조정 등이다.

4. 구조단계

수색을 통해 조난선박이나 생존자를 찾았거나, 처음부터 조난위치가 특정되어 수색이 필요 없는 상황에서는 곧바로 구조단계가 시작된다. 구조는 "조난을 당한 사람을 구출하여 응급조치 또는 그 밖의 필요한 것을 제공하고 안전한 장소로 인도하기 위한 활동"을 말한다. 이처럼 구조는 초기 응급조치, 지원제공 및 안전 후송까지 포괄하는 개념이다. 장소별로 구분할 때 수상구조와 수중구조를 포함한다.

5. 사후 처리 단계

수색구조 활동은 생존자 구조에 대한 모든 합리적인 희망이 사라질 때까지 계속된다. 하지만, 구조본부의 장은 다음 각호의 어느 하나에 해당하는 경우에는 구조 활동을 종료 또는 중지할 수 있다. ① 구조활동을 완료한 경우, ② 생존자를 구조할 모든 가능성이 사라지는 등 더 이상 구조활동을 계속할 필요가 없다고 인정되는 경우(수상구조법 제24조). 「수색구조협약(SAR 79)」에서도 수색구조의 종료에 대하여 유사하게 규정하고 있다[17].

수색 및 구조가 종료된 이후에는 구난 즉, 조난당한 선박, 화물 또는 그 밖의 다른 재산에 관한 원조를 진행하여야 한다(수상구조법 제2조). 구난 업무는 특별한 경우를 제외하고 선주 또는 가입된 보험사가 수행한다.

17) 수색구조의 종료와 관련하여 국제 협약은 다음과 같이 규정하고 있다.

① 수색구조협약(SAR 79)

- 수색 및 구조 활동은 실행 가능한 한, 생존자 구조에 대한 모든 합리적인 희망이 사라질 때까지 계속된다.
- 책임 있는 관계 구조조정본부 또는 지부는 일반적으로 수색 및 구조 활동의 중단 시기를 결정한다. 수색 및 구조활동에 관계되는 구조조정본부 또는 지부가 없는 경우, 현장조정관이 이러한 결정을 할 수 있다.

② IAMSAR 매뉴얼(IAMSAR 79 Manual)

- 현장조정관은 생존자를 구조하는 모든 합당한 희망이 사라질 때까지 수색을 계속해야 한다.
- 현장조정관은 수색이 실패하였을 경우, 수색을 종결할 것인가를 결정할 필요가 있을 경우, 다음 요소를 고려하여야 한다.
  - 만약 생존해 있다면 생존자가 수색지역 내에 존재할 가능성
  - 수색 목표물이 수색된 지역 내에 있다면 그것을 탐지할 가능성
  - 생존자가 아직 생존해 있을 가능성

Chapter 4 해양안전 관리론

제4장에서 다양하고 넓은 영역으로서 해양안전에 대하여 알아본다. 해양안전의 개념은 그 범위를 정확히 정립했다기보다 바다에서 선박과 관련된 안전관리 전반을 나타내는 의미로 사용되고 있다. 여기에는 연안해역 안전관리, 해양 교통 안전관리, 다중 이용 선박 안전관리 등이 포함된다.

제1절 해양안전 관리 개관

1. 해양안전 관리의 의의

가. 해양안전 관리의 개념

'해양안전(海洋安全)'을 사전적으로 볼 때 '바다에서 위험이 생기거나 사고가 날 염려가 없음 또는 그런 상태'를 말한다. 해양안전 대상은 바다를 중심으로 이루어지는 해양경찰의 다양한 기능 중에서도 해양안전 관리 분야만큼 범위를 정하기 어렵고 광범위한 분야도 없다. 해양경찰 기능 중에서 해양경비, 수색구

조, 해양오염 방제 기능은 해양안전의 개념에 포함되거나 긴밀하게 연관되어 있다. 다양한 유형의 해양 활동이나 수상레저 활동 등과도 밀접히 연관되어 있다.

해양안전 관리란 '바다에서 발생하는 재난이나 그 밖의 각종 사고로부터 생명과 재산의 안전을 확보하기 위한 활동'이라 정의할 수 있다. 해양안전 관리의 대상은 인적 대상인 사람의 생명·신체와 물적 대상인 재산으로 나누어 볼 수 있다[18]. 인적 대상은 바다에서 활동하는 사람 그 자체가 된다. ① 선박을 직접 이용하는 선원, 어민, 해상교통 이용객 등, ② 유·도선업, 연안 수송업, 수상레저 사업자 등 해양산업 종사자, ③ 수상레저 활동자, 갯벌 및 해수욕장 이용자 등 해양레저활동자 등이 있다.

물적 대상은 사람이 바다에서 활동할 때 이용하는 물적 기반 또는 활동 무대라 할 수 있다. ① 어선, 화물선, 여객선, 유·도선 등 다양한 선박 및 수상레저기구, ② 항만, 임해 산업시설, 해양시설, 양식장 등 산업시설, ③ 해수욕장, 갯벌 등 레저활동지가 포함된다.

나. 해양안전 관리 분야

해양안전 관리 개념이 다양하고 해양안전 관리 대상이 광범위하므로 그 범위를 어디까지 볼 것인가의 문제도 단정하기 힘들다. 이 책에서 해양안전 관리 분야를 다음과 같이 구분하여 서술하고자 한다.

첫째, 연안해역 안전관리에 관한 분야이다. 여기서는 「연안사고 예방에 관한 법률」에 따라 이루어지는 연안해역에서 연안 체험 활동에 대한 안전관리를 통해 연안 사고를 방지에 관한 사항이다.

둘째, 해양 교통 안전 관리에 관한 분야는 선박이나 기구를 이용한 통항에 따른 교통 안전과 관련된다. 이 분야는 「어선안전조업법」 등에 따라 파출장소에서 이루어지는 선박 출입항 관리, 「선박 교통관제에 관한 법률」에 따라 이루어지는 선박교통관제(VTS, Vessel Traffic Service), 음주 운항 단속 등에 관한 사항이다.

셋째, 다중 이용 선박 안전관리에 관한 분야이다. 다중 이용 선박이란 불특정

18) 김종선(2020), 「해양경찰학Ⅱ」, 문운당: 393

많은 사람이 이용하는 선박으로서 많은 이용객이 승선하는 것을 특징으로 한다. 대표적인 선박이 여객선과 화객선, 유선 및 도선, 낚시어선 등이다. 다중 이용선박과 관련된 안전관리 분야로 유·도선, 낚시어선, 여객선, 수상레저기구의 안전관리가 포함된다.

2. 해양안전 관리 조직

가. 상위 조직

다양한 인적 대상과 물적 대상에 대한 안전을 관리하는 해양안전 관리업무는 해양경찰의 여러 조직에서 직·간접적으로 담당하고 있다. 해양안전 관리를 위한 본청 조직으로 구조안전국에 파출소 업무, 연안해역 안전관리, 해상교통관리 등을 위한 해양안전과는 두고 있고, 수상레저 안전관리를 위한 수상레저과를 두고 있다. 경비국에 선박 교통관제 업무를 담당하는 해상교통관제과를 두고 있다. 지방해양경찰청에는 경비(구조)안전과를, 해양경찰서에 해양안전과를 각각 두고 있다.

나. 파출소 및 출장소

현장을 중심으로 살펴보면, 해양경찰에서 해양안전 관리의 중추적 역할을 하는 조직은 파출소와 출장소이다. 파출소와 출장소는 전국 해안가를 따라 다수 설치되어 현장에서 국민에게 서비스를 제공하고 안전관리를 하는 지역 밀착형 조직이다. 해안가를 따라 육상에서 발생할 수 있는 사고를 예방하기 위해 순찰활동을 하고, 갯벌 및 방파제 등 대중적인 레저활동이 많은 연안의 안전관리를 담당하고 있다.

다. 기타 조직

현장에서 해양안전 관리와 밀접히 관련된 조직으로서 해양경찰 함정과 항공기가 있다. 함정은 바다에서 예방 순찰 활동을 통하여 해양안전을 확보한다. 특

히, 국민의 해양 활동이 빈번한 연안에서 해양 사고 예방과 사고 대응을 위해서 100톤 이하 소형함정이 임무를 수행하고 있다. 항공기도 주기적인 비행을 통하여 해양안전을 확보하고 불법행위를 감시한다. 고정익은 남한 전체를 비행하며 감시 활동을 수행하고, 헬기는 연안 위주로 불법행위 감시 및 구조활동에 투입된다.

제2절 파출장소 운영

1. 의의

파출소와 출장소는 해양경찰 업무를 최일선 현장에서 집행하기 위하여 해안가를 따라 설치한 조직이다. 파출소란 해양경찰서장의 소관 업무를 분담하기 위하여 해양경찰서장 소속하에 설치하는 지방 관서이며, 파출소장 소속하에 출장소를 설치한다(파출소 및 출장소 운영규칙 제2조).

파출소는 항·포구 범죄 예방, 선박 출·입항 업무, 해상범죄나 해난사고 초동조치, 연안해역 안전관리, 기초질서 위반 단속, 지역민 봉사 활동 등 지역과 밀착된 경찰 활동을 수행한다. 파출소에는 지역 내 활동을 위해 연안 구조장비나 순찰차 등을 배치하여 운용하고 있다.

해양경찰 파출소와 출장소 운영은 1972년으로 거슬러 올라간다. 1972년 5월 해양경찰 지구대 아래 그 사무의 일부를 처리하게 하도록 지대를 둘 수 있게 하였다. 1986년부터 1989년까지 3차에 걸쳐 육상경찰로부터 선박 출입항 통제 업무를 인수하면서부터 해양경찰 파출소 업무와 파출소 수가 증가하였다. 2022년 7월에 해양경찰서 아래 '지서'를 '파출소'로 '신고소'를 '출장소'로 개칭하여 오늘에 이르고 있다.[19]

19) 노호래, 2022년, 「해양경찰학개론」, 박영사: 592-593

2. 파출장소 조직

지방해양경찰청장은 해양경찰청장의 승인을 얻어 파출소 또는 출장소를 설치, 폐지하며, 출장소는 파출소 소속하에 설치하고 출장소의 관할구역은 해양경찰서장이 지정한다.

파·출장소는 전국 주요 항·포구 및 연안해역에 설치·운용하고 있는데, 2022년 기준으로 전국에 파출소 94개소, 출장소 235개소를 운용하고 있다.[20] 해양경찰 구조대와 멀리 떨어진 연안에서 해양 사고 발생 시 파출소에서 잠수구조를 시행하기 위하여 2018년부터 구조거점 파출소를 신설·운용하고 있다. 구조거점 파출소는 구조대와의 떨어진 거리, 사고 발생 빈도, 선박 통항량, 다중 이용 선박 등 치안 여건을 종합적으로 고려하여 잠수구조 전문인력을 배치하고 있다.

3. 주요 임무

파출소의 임무는 다음 각호와 같다(파출소 및 출장소 운영 규칙 제6조).

1. 범죄의 예방, 단속 및 치안·안전 정보의 수집
2. 다중 이용 선박 및 수상레저활동 안전관리
3. 선박 출입항신고 접수 및 통제
4. 연안해역 안전관리
5. 각종 해양 사고 예방 및 초동 조치
6. 민원, 주민협력체계 구축 등 지역 경찰 활동
7. 국가기관, 지방자치단체 등의 공익을 위한 행정지원
8. 그 밖에 해양경찰서장이 지시하는 업무처리 등

출장소의 임무는 다음 각호와 같다(파출소 및 출장소 운영규칙 제7조).

1. 선박 출입항신고 접수 및 통제
2. 각종 해양 사고 초동 조치

20) 해양경찰청, 2022년, 「주요 통계 분석자료」 : 31

3. 민원, 주민협력체계 구축 등 지역 경찰 활동
4. 그 밖에 파출소장이 지시하는 업무처리 등

제3절 연안해역 안전관리

1. 의의

일반적으로 연안(沿岸)이란 육지와 바다를 연결하고 있는 곳을 말한다. 연안해역의 개념은 가까운 바다(12해리) + 바다와 인접한 일정한 육지(해수욕장처럼 등기부에 등록되지 않은 해안가 땅)를 합친 개념이다. 얕은 바다, 갯벌, 해수욕장, 갯바위, 모래나 자갈, 방파제, 등대, 갈대밭 등이 포함된다.

바다에서 활동하는 국민은 육지와 멀리 떨어진 원거리 해상에서 활동하기보다 육지와 가까운 바다에서 활동하는 경우가 많다. 연안해역 안전관리는 바닷가 또는 바닷가와 연결되는 해역에서 발생하는 사고를 예방하고 방지하기 위한 활동을 말한다. 연안해역 안전관리에 대해서는 「연안사고예방법」과 「연안사고 안전관리 규정(해양경찰청 훈령)」에 근거하여 다양한 안전관리가 이루어진다.

2. 연안 사고 안전관리 체계

가. 연안 사고 예방체계

해양경찰청장은 5년마다 연안 사고 예방 기본계획을 수립하여야 하고, 매년 연안 사고 예방 시행계획을 수립·시행하여야 한다. 연안 사고 예방에 관하여 필요한 사항을 협의하기 위하여 해양경찰청장 소속으로 중앙 연안 사고 예방협의회를 두고, 지방해양경찰청 및 해양경찰서에 각각 광역 및 지역 연안 사고 예방협의회를 둔다(법 제8조).

나. 연안 사고 예방을 위한 조치

연안 사고 예방을 위하여 해양경찰청장은 「연안 사고 안전관리 규정」을 운영하고 있다. 동 규정은 연안해역에서 사고를 예방하기 위한 다양한 조치를 규정하고 있다.

또 안전사고 위험성 조사 및 위험도 평가를 시행하고 있다. 위험성 조사란 연안해역 중 인명에 위해를 끼치는 사고가 발생한 갯벌, 갯바위, 간출암, 방파제 등 장소 및 발생할 우려가 큰 장소를 조사하는 것을 말한다.

인명피해가 발생했거나 발생할 우려가 있는 위험구역 및 출입통제구역도 지정 관리한다. 안전사고 위험을 미리 예보하는 제도도 운영한다. 위험예보제란 연안해역에서의 안전사고가 반복·지속해서 발생할 우려가 있거나 발생하였을 때 그 위험성을 "관심", "주의보", "경보"로 구분하여 국민에게 알리는 것을 말한다.

지방자치단체의 장 및 지방해양수산청장은 연안해역 위험구역에서의 위험을 방지하고 체계적인 안전관리를 위하여 위험표지판, 위험알림판, 인명구조 장비함 등을 설치·관리하여야 한다.

[그림 3-1] 위험표지판과 위험알림판

〈표 3-1〉 인명구조장비 비치 기준

구명조끼		1개 이상
구명환		1개 이상
구명줄		지름 10mm 이상 길이 30m 이상 1개 이상

3. 연안 체험활동 안전관리

가. 연안 체험활동의 의의

연안체험활동이란 연안해역에서 이루어지는 체험활동으로서 해양수산부령으로 정하는 활동이며 수상형·수중형·일반형이 있다. 수상(水上)형 체험활동이란 선박·기구 등을 이용하지 아니하고 수상에서 이루어지는 체험활동을 말한다. 수영, 스노클링 등이 있다. 수중(水中)형 체험활동이란 수중에서 이루어지는 체험활동을 말한다. 프리다이빙(Free Diving), 시워킹(Sea Walking) 등이 있다. 일반형 체험활동이란 수상형 또는 수중형 체험활동 외에 연안해역에서 이루어지는 체험활동을 말한다. 갯벌 체험, 무인도체험, 극기 훈련 등이 있다.

나. 연안 체험활동의 신고와 관리

연안 체험활동 운영자는 해양경찰서장에게 연안 체험활동 안전관리 계획서를 작성하여 신고하여야 한다. 연안 체험활동 운영자 등은 해양경찰청장이 실시하

는 안전교육을 받아야 한다. 경찰공무원은 연안 체험활동 장소에 출입하여 안전수칙 준수 여부, 연안 체험활동 상황 등에 대하여 안전 점검을 할 수 있다.

해양경찰서장은 연안체험활동이 곤란하거나 연안 체험활동 참가자의 안전에 위해를 끼칠 우려가 있다고 인정하는 때에는 연안 체험활동의 전부 또는 일부를 금지하거나 제한할 수 있다.

제4절 해양 교통 안전관리

1. 해양 교통의 의의

해양 교통은 바다에서 배 등을 이용하여 사람이나 화물을 운송하는 활동을 말한다. 오늘날 해양 교통이 대규모 사람과 화물을 운송하는 수단이 되었기 때문에 중요한 안전관리 대상이 되었다. 예컨대, 과거 서해 훼리호 사고나 세월호 사고처럼 대규모 인명사고는 해양 교통 안전관리의 중요성을 일깨워 주고 있다.

해양 교통은 배를 매개로 이루어진다. 유형이나 용도와 관계없이 선박이란 수상 또는 수중에서 항행용으로 사용하거나 사용할 수 있는 배 종류를 말한다(선박법 제1조의2). 선박은 운항 목적, 운항 형태, 적용되는 법령 유형에 따라서 다양한 형태로 나누어진다. 「해운법」에 근거한 해양 교통수단으로 여객선, 화물선이 있다. 「유선 및 도선사업법」에 의한 해양 교통수단으로 유선과 도선이 있다. 「낚시관리 및 육성법」에 근거한 해양 교통수단으로 낚시어선이 있다. 「어선법」에 의한 어선은 수산업 및 수산업 관련 업무에 종사하는 선박을 말한다. 수상레저기구는 「수상레저안전법」에 따라 수상(水上)에서 취미·오락·체육·교육 등을 목적으로 이용되는 선박이나 기구를 말한다.

해양경찰청에서 주로 행하는 해양 교통 안전관리 대상이 되는 선박은 경제적 사업의 수단이 되는 다중 이용 선박이 대부분이다. 다중 이용 선박은 사업적 목적을 가지고 많은 사람과 화물을 운송하는 것이 일반적이면 해당 법규에 따라

면허, 허가, 승인 등 행정관청의 행정처분을 득해야 운항할 수 있다.

2. 선박 입출항 관리

바다를 운항하는 선박에 대한 상황을 상시 모니터링하고 운항 현황을 알 필요가 있으며, 이를 위한 제도가 선박 입출항이라 하겠다. 선박 입출항 신고제도는 선박의 유형이나 용도에 따라 다양하다.

여객선은 「해운법」과 법에 근거한 「운항 관리 규정」에 따라 해양수산부의 운항관리자가 담당한다(해운법 제22조). 유선 및 도선은 「유선 및 도선사업법」에 따라 운항 거리가 2해리 이상이거나 운항 시간이 1시간을 초과하는 선박에 대해서 지방자치단체나 해양경찰청에서 입출항을 관리한다(유선 및 도선사업법 제25조). 낚시어선은 승객을 승선하게 하여 항구·포구 등에 출입항을 하려는 경우에 「낚시관리 및 육성법」에 따라 출입항신고기관의 장에게 신고하여야 한다. 항·포구에 출입항하려는 어선의 소유자 또는 선장은 「어선안전조업법」에 따라 신고기관에 신고하여야 한다(어선안전조업법 제8조). 출발항으로부터 10해리 이상 떨어진 곳에서 수상레저활동을 하려는 자는 해양경찰관서나 경찰관서에 신고하여야 한다(수상레저안전법 제19조).

3. 선박교통관제

선박교통관제(VTS: Vessel Traffic Service)란 선박교통의 안전을 증진하고 해양환경과 해양시설을 보호하기 위하여 선박의 위치를 탐지하고 선박과 통신할 수 있는 설비를 설치·운영함으로써 선박의 동정을 관찰하며 선박에 대하여 안전에 관한 정보 및 항만의 효율적 운영에 필요한 항만 운영정보를 제공하는 것을 말한다.

우리나라는 '93년 포항항에 선박교통관제(VTS)를 최초로 도입하였다. 2022년 현재 부산항 등 15개 항만 VTS와 여수 연안 등 5개 연안 VTS 등 총 20개소를 설치하여 운영하고 있다.

2014년 세월호 사고 이후 항만과 연안으로 나누어져 있던 담당 기관을 해양

해우리

경찰청으로 일원화하였다

법령에 따라 선박교통관제 대상 선박은 다음과 같으며, 관제 대상 선박의 선장은 선박교통관제에 따라야 한다(선박교통관제에 법률 제13조).

1. 국제항해에 취항하는 선박
2. 총톤수 300톤 이상의 선박(다만, 「어선법」 제2조 제1호에 따른 어선 중 국내항 사이만을 항행하는 내항어선은 제외한다)
3. 「해사안전법」 제2조 제6호에 따른 위험화물운반선
4. 그 밖에 관할 선박교통관제 구역에서 이동하는 선박의 특성 등에 따라 해양경찰청장이 고시하는 선박

4. 음주 운항 단속

음주 운항은 술에 취한 상태에서 선박을 운항하기 위하여 선박의 조타기를 조작하거나 지시하는 모든 행위를 말한다. 음주 운항으로 처벌받는 경우는 혈중 알코올농도 0.03퍼센트 이상인 상태에서 조타기를 조작하거나 지시하는 행위이다. 음주 운항에 대한 처벌 규정은 여러 법령에 근거가 있는데, 그중에서 「해상교통안전법」 제39조 규정이 대표적인 근거가 된다.

단속 근거는 여러 법률에 규정하고 있다. 술에 취한 상태에 있는 사람은 운항을 하기 위하여 선박의 조타기를 조작하거나 조작할 것을 지시하는 행위 또는 도선을 하여서는 아니 된다(해상교통안전법 제39조). 유선사업자와 도선사업자 및 선원은 음주, 약물중독, 그 밖의 사유로 정상적인 조종을 할 수 없는 우려가 있는 경우에는 유선을 조종하여서는 아니 된다(유선 및 도선사업법 제12조, 제16조). 낚시어선업자 및 선원은 술에 취한 상태에서 낚시어선을 조종하거나 술에 취한 상태에 있는 낚시어선업자 또는 선원에게 낚시어선을 조종하게 하여서는 아니 된다. 누구든지 술에 취한 상태에서 동력수상레저기구를 조종하여서는 아니 된다(수상레저안전법 제27조).

제5절 다중 이용 선박 안전관리

1. 의의

다중 이용 선박은 '불특정 많은 사람이 이용하는 선박'을 말한다. 해상에서 운항하는 선박 중에서 주로 불특정 사람을 다수 운송하는 여객선, 유선, 도선, 낚시어선이 대표적인 다중 이용 선박이라고 할 수 있다.

대형사고 방지를 위한 안전관리 측면에서 다중 이용 선박으로 분류할 수 있는 형태는 다양하다. 「해운법」에 근거한 여객선이나 화객선, 「유선 및 도선사업법」에 의한 유선과 도선, 「낚시관리 및 육성법」에 근거한 낚시어선, 「수상레저안전법」에 근거한 수상레저기구 등은 불특정 다수가 이용하는 다중 이용 선박으로 볼 수 있다.

2. 유·도선 안전관리

유선사업이란 유선 및 유선장을 갖추고 수상에서 고기잡이, 관광, 그 밖의 유락을 위하여 선박을 대여하거나 유락하는 사람을 승선시키는 것을 영업으로 하는 것을 말한다. 우리가 주위에서 흔히 볼 수 있는 유람선이 유선사업에 속한다. 도선사업이란 도선 및 도선장을 갖추고 내수면 또는 바닷목에서 사람을 운송하거나 사람과 물건을 운송하는 것을 영업으로 하는 것을 말한다.

면허 및 신고 관할관청은 영업 구역이 바다일 때 해당 유·도선을 주로 매어두는 장소를 관할하는 해양경찰서장이며, 영업 구역이 하천이나 호소인 경우는 특별자치도지사, 시장·군수·구청장이다.

영업시간은 해뜨기 전 30분부터 해진 후 30분까지가 원칙이다. 유선과 도선은 안전 운항을 위한 여러 가지 의무를 준수하여야 한다. 사고 발생 시 인명구조에 필요한 조치를 하여야 한다. 유·도선은 「해상교통안전법」 제5장 선박의 항법에 따라 운항하는 등 운항 규칙을 준수하여야 한다. 기상특보 발효 시 법령

에 정해진 기준에 의하여 운항이 제한된다.

3. 낚시어선 안전관리

낚시어선업이란 낚시인을 낚시어선에 승선시켜 낚시터로 안내하거나 그 어선에서 낚시를 할 수 있도록 하는 영업을 말하고, 낚시어선이란 「어선법」에 따라 등록된 어선으로서 낚시어선업에 쓰이는 어선을 말한다(낚시 관리 및 육성법 제2조).

낚시어선업을 하려는 자는 낚시어선의 대상·규모·선령 및 설비와 어선번호, 어선의 명칭 등을 작성하여 낚시어선의 선적항을 관할하는 시장. 군수. 구청장에게 신고하여야 한다.

낚시어선은 승선자 전원에게 구명조끼를 착용하도록 하는 등 안전 운항을 위한 여러 가지 의무를 준수하여야 한다. 사고 발생 시 인명구조에 필요한 조치를 하여야 한다. 출항이나 입항하려는 경우에는 해양수산부령으로 정하는 바에 따라 어선의 출입항신고에 관한 업무를 담당하는 기관의 장에게 신고하여야 한다. 기상특보 발효 시 법령에 정해진 기준에 의하여 운항이 제한된다.

4. 여객선 안전관리

일반적으로 여객선이란 여객(기차, 비행기, 배 따위로 여행하는 사람)을 운송하는 선박을 말한다. 여객선에는 사람만을 운송하는 선박 외에도 사람과 화물을 같이 운송하는 선박도 있다. 여객선에 관한 사항은 「해운법」에서 규정하고 있다.

해상여객운송사업을 경영하려는 자는 사업의 종류별로 항로마다 해양수산부장관의 면허를 받아야 한다. 여객운송사업자는 여객선 등의 안전을 확보하기 위하여 운항 관리 규정을 작성하여 해양수산부장관에게 제출하여야 한다. 해양수산부장관은 정기 또는 수시로 점검하여야 하며, 여객선의 안전 운항에 위험을 초래할 수 있는 사항이 있는 경우 출항 정지, 시정 명령 등을 할 수 있다(해운법 제21조).

5. 수상레저 안전관리

가. 의의

수상레저활동이란 수상에서 수상레저기구를 이용하여 취미·오락·체육·교육 등을 목적으로 이루어지는 활동을 말한다(수상레저안전법 제2조 제1호). 수상레저기구란 수상레저활동에 이용되는 선박이나 기구로서 대통령령으로 정하는 것을 말한다. 동력수상레저기구를 조종하려는 자는 해양경찰청장이 발급하는 조종면허를 받아야 한다. 또 무동력 수상레저기구란 동력수상레저기구 외의 수상레저기구로서 대통령령이 정하는 것을 말한다.[21]

나. 동력수상레저기구 조종면허

조종면허의 대상이 되는 것은 최대출력 5마력 이상의 동력수상레저기구이며, 조종면허의 종류는 일반조종면허와 요트 조종면허로 구분된다(수상레저안전법 시행령 제3조). 면허의 유효기간은 면허 발급일로부터 기산하여 7년이다.

---

21) 이 정하는 무동력 수상레저기구의 종류는 다음과 같다(같은 법 시행령 제2조 제2호).
   1. 수상스키(케이블 수상스키를 포함한다. 이하 같다)
   2. 파라세일
   3. 조정
   4. 카약
   5. 카누
   6. 워터슬레이드
   7. 수상자전거
   8. 서프보드
   9. 노보트
   10. 무동력 요트
   11. 윈드서핑
   12. 웨이크보드(케이블 웨이크보드를 포함한다)
   13. 카이트보드
   14. 공기 주입형 고정식 튜브
   15. 플라이보드
   16. 패들보드
   17. 그 밖에 제1호부터 제16호까지의 규정에 따른 수상레저기구와 비슷한 구조·형태 또는 운전방식을 가진 것으로서 해양경찰청장이 정하여 고시하는 수상레저기구

다. 수상레저 안전관리

수상레저 활동자는 활동중 구명조끼를 착용하여야 한다. 수상레저 활동자는 운항에 필요한 운항 규칙을 준수하여야 한다. 출발항으로부터 10해리 이상 떨어진 곳에서 수상레저 활동을 하고자 하는 자는 이를 신고하여야 한다. 해진 후 30분부터 해뜨기 전 30분까지는 수상레저 활동이 금지된다.

주의보 이상의 기상특보가 발효 시 운항이 금지된다. 술에 취한 상태나 마약·향정신성의약품·대마의 영향으로 인하여 정상적으로 조종하지 못할 우려가 있는 상태에서 동력수상레저기구 조종이 금지된다.

Chapter 5 수사론

제5장에서는 해양경찰 수사에 대하여 알아보겠다. 수사는 재판의 전제가 되는 사법절차로서 엄격한 형사소송절차에 따라야 한다. 수사단서, 수사원칙과 절차, 수사 방법 등 급변하는 수사환경 속에서 변화를 맞이한 해양경찰 수사에 대해 살펴보겠다.

제1절 수사 개관

1. 범죄와 수사

수사란 범죄혐의가 있다고 판단되는 때에 이의 유무를 명백히 밝혀서 공소의 제기·유지 여부를 결정하기 위하여 범인을 검거하고 증거를 수집·보전하는 수사기관의 활동을 말한다. 수사 활동은 범죄를 예방하기 위한 활동이 아니고, 이미 발생한 범죄를 조사하여 처벌하기 위한 사법절차이다. 범죄의 수사와 공소의 제기는 궁극적으로 재판을 위한 사전절차로서 「형사소송법」에 근거하여 모든

사법경찰기관이 동일한 형사소송절차에 의한다.

2. 해양 범죄의 특징

해양경찰은 모든 범죄를 수사할 권한을 가진 일반사법기관이지만 관할 상 해양 범죄를 주로 수사한다. 해양 범죄는 '해양과 관련된 법질서 위반행위'를 말한다. 해양 범죄는 ① 공간적으로 해양에서 발생한 범죄, ② 해양에서 발생하여 육상으로 또는 육상에서 발생하여 해양으로 이어지는 범죄, ③ 해양에 영향을 미치는 범죄를 모두 포함한다고 하겠다[22].

해양 범죄는 육상 범죄와 다른 특징을 가진다. 첫째, 국제성이다. 해양 범죄는 범죄 자체나 범죄자 또는 범죄피해자가 여러 국가에 관련된 경우가 많다. 이는 해양 범죄가 일반적으로 선박에서 발생하고 선박은 여러 국가와 관련되기 때문에 나타나는 특성이다.

둘째, 고립성이다. 해양 범죄는 육지와 떨어진 해양이나 선박에서 발생한다. 이처럼 고립된 환경에서 발생하기 때문에 범죄 현장을 보존하기 어렵고 범죄 증거를 확보하기 힘들다.

셋째, 광역성이다. 해양 범죄를 검거하는 해양경찰의 수사 활동은 주로 해양에서 이루어지게 된다. 해양경찰이 범죄장소까지 신속하게 접근하기 어렵고 장시간이 소요되며, 이로 인하여 범인을 검거하고 증거를 확보하데 제약이 많을 수밖에 없다.

넷째, 대형화 경향이다. 해양에서 선박의 충돌, 좌초, 화재 등 사고로 인한 범죄가 발생하는 경우, 선박의 대형화로 인하여 사고 규모가 커지고 피해 범위가 방대해진다.

다섯째, 증거확보의 곤란성이다. 바다라는 넓은 공간에서 행한 범죄는 육상과 비교하여 증거를 인멸하거나 은닉하기 쉬운 환경에 놓여 있다. 넓은 바다에서 범죄와 관련된 증거물을 인멸하거나 은닉한 경우, 그것을 찾기란 거의 불가능하

22) 노호래(2011), "해양 범죄의 유형분석과 대응 방안", 한국공안행정학회보 제42권: 15-16

다고 할 수 있다.

3. 수사의 법적 근거

「대한민국 헌법」 제12조는 누구든지 법률에 의하지 아니하고는 체포·구속·압수·수색 또는 심문을 받지 아니하며, 체포·구속·압수 또는 수색을 할 때는 적법한 절차에 따라 검사의 신청에 의하여 법관이 발부한 영장을 제시하도록 규정되어 있다. 해양에서의 경찰에 관한 사무를 관장하는 해양경찰의 수사와 관련된 근거 법률로 형사소송에 관한 일반적 절차를 규정한 「형사소송법」과 「정부조직법」, 「경찰관직무집행법」, 「해양경찰법」 등이 있다.

제2절 수사기관

수사기관이란 법률상 수사의 권한을 가지고 있는 국가기관을 말한다. 수사기관에는 검사와 사법경찰관리가 있다.

1. 검사

검사는 공익의 대표자로서 범죄를 수사하고 기소를 제기하여 처벌하는 국가기관을 말한다. 검사는 일정한 유형의 범죄 수사로부터 재판의 집행에 이르기까지 형사절차의 모든 단계에 관여하여 형사사법의 정의를 실현하는 국가기관이다.

과거 수사의 주재자로서 모든 수사절차에서 사법경찰관리를 지휘·감독하였으나, 수사권 조정 이후 일부 범죄에 대해서만 수사권을 가지며, 대부분 범죄의 1차 수사권은 사법경찰관리에 있다.

2. 사법경찰관리

사법경찰관리는 두 가지 유형이 있다. 일반사법경찰관리는 원칙적으로 모든 범죄를 수사하여 처리할 수 있는 기관을 말한다. 경찰청과 해양경찰청 소속 경찰공무원이 이에 속한다. 경무관, 총경, 경정, 경감, 경위는 사법경찰관으로서 범죄의 혐의가 있다고 사료하는 때에는 범인, 범죄사실과 증거를 수사한다. 경사, 경장, 순경은 사법경찰리로서 수사의 보조를 하여야 한다.[23].

특별사법경찰관리는 법률로 정해진 일정한 범죄에 대해서만 수사할 수 있는 권한을 일정한 국가기관을 말한다. 이에는 교도, 삼림, 식품 안전, 문화재, 환경, 특허, 위생, 관세, 해사, 전매, 세무, 군 수사기관 등 다양하다.

3. 해양경찰의 수사조직

해양경찰청의 수사 활동은 해양경찰청의 수사국에서 담당한다. 해양경찰청장은 해양경찰의 수사에 관한 사무의 경우에는 개별사건의 수사에 대하여 구체적으로 지휘·감독할 수 없다(해양경찰법 제11조 제5항). 따라서 수사국장은「형사소송법」에 따른 해양경찰의 수사에 관하여 각 지방해양경찰청장과 해양경찰서장 및 수사부서 소속 공무원을 지휘·감독한다.

지방해양경찰청의 수사 활동은 수사과에서 담당한다. 해양경찰서의 수사 활동은 수사과에서 담당한다. 수사과장은 경정 또는 경감으로 보한다.

제3절 수사의 단서

수사기관은 범죄의 혐의가 있다고 사료된 때에는 언제든지 수사를 개사할 수 있다(형사소송법 제195조). 수사는 수사기관의 주관적 혐의에 의하여 개시되는

23) 「형사소송법」 제197조

데, 범죄혐의가 있다고 사료될 만한 근거나 자료가 수사의 단서라고 할 수 있으며, 이는 수사 개시의 원인이 된다. 수사의 단서란 수사기관이 수사를 개시하게 되는 계기이자 수사를 개시할 수 있게 하는 자료를 말한다. 수사의 단서에는 고소, 고발, 자수, 변사자 검시 등 법률에 규정되어 있는 것뿐만 아니라 수사관의 활동을 통한 범죄 첩보 등 법률에 규정되어 있지 않은 형태도 다양하다.

〈표 3-2〉 **수사의 단서**

수사기관의 체험에 의한 단서	타인 체험에 의한 단서
범죄 첩보	고소
현행범인의 체포	고발
변사자의 검시	자수
불심검문	피해자의 신고나 익명의 신고
타 사건 수사 중에 범죄발견	밀고, 투서
신문, 출판물, 소문 등	진정, 탄원 등
자동차 검문	
해상검문 검색	

출처: 노호래(2022), 「해양경찰학개론」

제4절 수사의 절차

범죄의 수사는 다양한 단서에 의해 시작된다. 수사가 범죄사실을 조사하고 범인과 증거를 발견하고 수집하는 활동이라고 볼 때, 수사의 절차를 어디서부터 볼 것인가가 명확지 않다. 일반적으로 범죄의 조사는 ① 입건 전 조사 → ② 수사 개시(입건) → ③ 수사 진행 → ④ 사건송치 ⑤ 송치 후 보완 수사 → ⑥ 수사 종결 순으로 진행된다. 이러한 절차 중에서 수사절차의 시작은 입건을 말하며, 입건 전 조사는 수사단계가 아니라 수사 이전의 단계로 본다.

1. 입건 전 조사

입건 전 조사는 아직 범죄혐의가 확인되지 않은 단계에서 수사기관이 범죄혐의를 확인하기 위하여 입건 전의 단계에서 수행하는 조사 활동을 말하며, 수사가 아니라 수사의 전 단계에서 해당한다(해양경찰 수사 규칙 제19조). 과거 오랫동안 '내사'라고 명명하였다. 입건 전 조사를 받는 자는 수사 개시 절차인 입건으로 피의자로 전환된다.

2. 수사 개시

수사의 개시는 수사기관의 범죄인지를 통해서 개시된다. 절차적으로는 범죄인지서를 작성하고 형사사법정보시스템에 입력하여야 한다. 실무적으로는 범죄인지서를 결재권자가 결재하고 사건번호가 부여되는 시점부터 수사가 개시된다(해양경찰 수사 규칙 제18조). 실무에서는 이것을 입건이라 한다. 입건 이후에 범죄를 저질렀다고 의심되는 용의자 또는 혐의자는 피의자로 신분이 전환된다.

3. 수사 진행

수사기관에서 입건이 이루어지면 본격적인 수사절차가 진행된다. 수사절차는 범죄의 증거를 찾고 실체적 진실을 밝혀 공소를 제기하기 위한 다양한 방법으로 진행된다. 수사에 관하여는 그 목적을 달성하는 데 필요한 조사를 할 수 있다. 피의자나 참고인을 불러 범죄에 관한 신문을 한다거나 범죄 현장을 조사하고 증거물을 찾아 분석한다거나 전문가에게 증거물의 감정을 의뢰하기도 한다. 피의자가 도주나 증거인멸의 우려가 있는 경우는 영장을 발부받아 체포·구속하기도 한다.

4. 사건송치

사법경찰관은 범죄 사건에 대하여 실체적 진실이 밝혀지고 적용할 법리가 정

해져서 더 이상 조사할 사항이 없다고 판단되면 조사를 마무리해야 한다. 사법경찰관이 사건을 수사한 경우에는 다음 각호의 구분에 따라 결정해야 한다.[24].

1. 법원송치
2. 검찰송치
3. 불송치
4. 수사 중지
5. 이송

5. 송치 후 보완 수사

검사는 다음 어느 하나에 해당하는 경우에 사법경찰관에게 보완 수사를 요구할 수 있다[25].

1. 송치사건의 공소제기 여부 결정 또는 공소의 유지에 관하여 필요한 경우
2. 사법경찰관이 신청한 영장의 청구 여부 결정에 관하여 필요한 경우

사법경찰관은 검사의 요구가 있는 때에는 정당한 이유가 없는 한 지체없이 이를 이행하고, 그 결과를 검사에게 통보하여야 한다.

6. 수사 종결

수사의 종결이란 수사기관이 수사를 개시하여 수사의 목적을 달성하였거나 더 이상 수사를 유지할 필요가 없을 때 수사를 종결하는 것으로 사건에 대한 기소·불기소의 결정 권한은 검사에게 부여되어 있으며, 사법경찰은 범죄 수사를 행하였을 경우 당해 사건을 검사에게 송치하는 것으로 수사를 종결한다. 수사의 종결은 사법경찰관의 수사 종결과 검사의 수사 종결이 있다.

24) 「검사와 사법경찰관의 상호협력과 일반적 수사 준칙에 관한 규정」 제51조
25) 「형사소송법」 제197조의2

제5절 수사의 방법

수사의 방법은 수사 강제력 여부에 따라 임의수사와 강제수사로 분류할 수 있다. 임의수사란 강제력을 행사하지 아니하고 상대방의 동의나 승낙을 얻어서 하는 수사 방법을 말한다. 임의수사에는 출석요구, 피의자신문, 참고인조사, 통역·번역·감정의 위촉, 실황 조사, 사실조사, 촉탁 등이 있다. 강제수사는 상대방의 의사를 불문하고 강제로 수사하는 방법을 말한다. 강제수사에는 체포, 구속, 압수·수색, 통신제한조치, 감정유치, 증거보전 등이 대표적인 방법이다.

1. 임의수사

가. 출석요구

검사 또는 사법경찰관은 수사에 필요한 때에 피의자나 참고인에 대해서는 진술을 듣기 위하여 출석을 요구할 수 있다[26]. 검사 또는 사법경찰관이 출석요구를 하려는 경우 피의사실의 요지 등 출석요구의 취지를 구체적으로 적은 출석요구서를 발송해야 한다.

나. 피의자신문

피의자에 대하여는 원칙적으로 피의자신문을 하여야 한다. 피의자신문 시에는 진술거부권을 알려야 하며, 변호인의 참여권이 인정된다. 피의자신문을 할 때 피의자신문조서를 작성하여야 한다.[27].

다. 참고인조사

수사기관은 수사에 필요한 경우 피의자가 아닌 자의 출석을 요구하여 진술을 들을 수 있다.[28] 여기서 피의자 아닌 제삼자를 참고인이라 하고, 참고인의 진술

26) 「형사소송법」 제200조
27) 「형사소송법」 제244조

을 듣는 것을 참고인조사라 한다.

라. 감정·통역·번역

수사기관은 수사에 필요한 때에는 감정·통역 또는 번역을 위촉할 수 있다.[29] 감정위촉이란 특별한 학식·경험이 있는 제삼자에게 그 학식·경험을 토대로 한 실험법칙의 결과나 구체적 사실에 관한 판단의 결과를 알려주도록 요청하는 수사 방법이다.

마. 임의 제출물의 압수

검사 또는 사법경찰관은 피의자, 기타인의 유류된 물건이나 소유자·소지자·보관자가 임의로 제출한 물건을 영장 없이 압수할 수 있다.[30] 실무상 대부분의 압수는 임의제출물의 형식에 의하여 행해진다. 임의로 제출한 물건일지라도 일단 압수되면 그 효과에 있어서는 영장에 의한 압수와 같다.

바. 사실 조회·실황 조사[31]

사실 조회는 수사상 필요한 때 공무소 기타 공사단체에 범죄경력·신원 등 필요한 특정 사항을 조회하는 것을 말한다. 실황 조사는 수사기관이 강제력을 사용하지 않고 범죄 현장 기타 범죄 관련 장소·물건·신체 등의 존재 상태를 오관의 작용으로 실험·경험·인식한 사실을 명확히 하는 수사 활동이다.

2. 강제수사

강제수사는 수사기관이 상대방의 의사를 불문하고 강제로 수사하는 방법이다. 강제수사는 강제수사 법정주의 원칙에 따라 법률에 특별한 규정이 있는 경우에만 허용된다.[32] 강제수사의 경우 영장주의 원칙에 따라 법에서 정하는 예외

28) 「형사소송법」 제221조
29) 「형사소송법」 제221조의3
30) 「형사소송법」 제218조
31) 「해양경찰 수사 규칙」 제41조
32) 「형사소송법」 제199조 제1항 단서

를 제외하고 법관이 발부한 영장이 반드시 요구된다. 강제수사에 대상의 성질에 따라 체포·구속 등 대인적 강제수사와 압수·수색·통신제한조치 등 대물적 강제수사가 있다.

가. 대인적 강제수사

1) 영장에 의한 체포[33]

영장에 의한 체포는 체포 요건에 해당하는 자에 대하여 사전에 검사의 청구로 판사가 발부한 영장으로 체포하는 것을 말한다. 피의자가 죄를 범하였다고 의심할 만한 상당한 이유가 있고, 정당한 이유 없이 출석요구에 응하지 아니하거나 응하지 아니할 우려가 있는 때에는 검사는 관할 지방법원 판사에게 청구하여 체포영장을 발부받아 피의자를 체포할 수 있다. 사법경찰관은 검사에게 신청하여 검사의 청구로 관할 지방법원 판사의 체포영장을 발부받아 피의자를 체포할 수 있다.

2) 긴급체포[34]

긴급체포란 중대한 죄를 범하였다고 의심할 만한 상당한 이유가 있는 피의자를 수사기관이 법관의 체포영장을 발부받지 않고 체포하는 것을 말한다. 현행범인 체포와 함께 체포에 있어서 영장주의의 예외가 인정되는 경우이다.

검사 또는 사법경찰관은 피의자가 사형·무기 또는 장기 3년 이상의 징역이나 금고에 해당하는 죄를 범하였다고 의심할 만한 상당한 이유가 있고, 일정한 사유가 있는 경우에 긴급을 요하여 지방법원 판사의 체포영장을 받을 수 없는 때에는 그 사유를 알리고 영장 없이 피의자를 체포할 수 있다.

3) 현행범인의 체포

현행범인은 누구든지 영장 없이 체포할 수 있다.[35] 즉, 수사기관뿐만 아니라 사인도 체포할 수 있다는 것을 의미한다. 긴급체포와 함께 영장주의의 예외이

33) 형사소송법 제200조의2(영장에 의한 체포)
34) 「형사소송법」 제200조의3
35) 「형사소송법」 제212조

다. 현행범인이 되기 위해서는 범죄를 실행 중이거나 실행 직후이어야 하고, 체포 시에 특정범죄의 범인임이 명백하여야 하며, 도망하거나 도망할 염려가 있을 때 또는 증거를 인멸할 염려가 있어야 한다.

4) 구속[36]

수사기관이 판사가 발부한 구속영장에 의하여 피의자를 비교적 장기간 구인·구금[37]하는 것을 말하며, 체포와 달리 구속에 있어서는 영장주의의 예외가 인정되지 아니한다. 따라서 어떠한 경우라도 피의자를 구속한 후 구속영장을 발부받을 수는 없다.

나. 대물적 강제수사

1) 압수·수색·검증[38]

압수란 증거물 또는 몰수할 것으로 예상되는 물건의 점유를 취득하는 강제처분을 말하며, 수색이란 증거물 또는 몰수할 물건을 발견하기 위해 신체, 물건 또는 주거 기타 장소에 강제력을 행사하는 것이다. 범죄 수사에 필요한 때에는 피의자가 죄를 범하였다고 의심할 만한 정황이 있고 해당 사건과 관계가 있다고 인정할 수 있는 것에 한정하여 지방법원 판사에게 청구하여 발부받은 영장에 의하여 압수, 수색 또는 검증을 할 수 있다.

2) 통신제한조치

통신제한조치는 다음 각호의 범죄를 계획 또는 실행하고 있거나 실행하였다고 의심할만한 충분한 이유가 있고 다른 방법으로는 그 범죄의 실행을 저지하거나 범인의 체포 또는 증거의 수집이 어려운 경우에 한하여 허가할 수 있다[39].

---

36) 「형사소송법」 제201조
37) '구인'은 일정한 장소에 실력 행사하여 인신을 강제 연행하는 것을 말하며, '구금'은 유치장, 구치소, 교도소에 인신을 가두는 것을 말한다.
38) 「형사소송법」 제215조
39) 「통신비밀보호법」 제5조

Chapter 6 정보 외사론

제6장에서 해양경찰 정보활동, 보안 활동, 외사 활동에 대하여 알아보겠다. 정보활동은 해양경찰 활동을 지원하기 위해 사전에 정보를 수집하고 이를 분석하여 필요한 곳에 배포하는 활동이다. 보안 활동은 국가안전보장을 위태롭게 하는 반국가적 세력에 대하여 정보를 수집하고 수사하는 활동이다. 외사 활동과 국제협력 활동은 외국인을 대상으로 하거나 외국과의 관계를 대상으로 하는 활동이다.

제1절 정보 외사 개관

1. 의의

해양경찰은 해양에서 국민의 생명과 재산을 보호하고 공공의 안녕과 질서를 유지하기 위해 다양한 활동을 하고 있다. 그중에서 다른 업무에 비하여 상대적으로 예방적·사전적·탄력적·비공개적 성향이 강한 업무가 정보·보안·외사

관련 업무다. 정보활동은 다양한 해양경찰 활동을 돕거나 뒷받침하기 위하여 사전에 정보를 수집하고 이를 분석하여 필요한 곳에 배포하는 활동이다. 보안 활동은 국가안전보장을 위태롭게 하는 반국가적 세력에 대하여 정보를 수집하고 이에 따른 수사를 하는 활동이다. 외사 활동과 국제협력 활동은 외국인을 대상으로 하거나 외국과의 관계를 대상으로 하는 활동이다.

2. 정보·외사·국제협력 조직

해양경찰청에 국제정보국을 두고, 국제정보국에 국장 1명을 둔다. 국장은 치안감 또는 경무관으로 보한다. 국제정보국에 정보과·외사과·보안과 및 국제협력과를 둔다. 지방해양경찰청은 중부·서해 및 남해지방해양경찰청에서 안전총괄부 아래 정보 외사과를 둔다. 동해 및 제주지방해양경찰청에서 청장 아래 정보 외사과를 둔다. 정보 외사과장은 총경으로 보한다. 해양경찰서에는 정보 외사과를 둔다.

제2절 해양경찰 정보

1. 의의

정보(Intelligence)란 국가의 정책 결정을 위하여 수집한 자료를 실제 문제에 도움이 될 수 있도록 정리한 지식 또는 자료를 말한다. 정보라는 개념 속에는 비밀스럽게 취급되고 가공되어 국가의 목표나 정책, 특히 국가안보에 이바지할 수 있는 분야에 활용되는 의미가 내포되어 있다.

해양경찰청에서 이루어지는 정보활동은 해상을 중심으로 이루어진다. 해상정보활동은 "해상에서 국가안보나 국가이익, 국가정책 결정을 위해 사용자에게 제공할 목적으로 수집·분석한 결과물 또는 그러한 활동"이라고 정의할 수 있다.

종종 정보의 의미에 대해 혼란을 가져오는 경우가 많다. 정보를 구성하게 되는 기초 개념으로 데이터 또는 자료(Data), 첩보(Information), 정보(Intelligence)의 개념을 명확히 이해하여야 한다. 자료(Data)란 특정한 목적에 의해 평가되지 않고 나열된 단순한 여러 사실이나 기호를 말한다. 첩보(Information)는 목적성을 가지고 의도적으로 수집한 자료를 말한다. 정보(Intelligence)라는 특정 목적을 달성하기 위해 첩보를 수집·평가·분석한 후 그 타당성을 검증한 것을 말한다. 따라서 정보는 정제된 자료로서 국가정책이나 안전보장을 위하여 사용할 수 있는 완성된 형태이다.

2. 정보의 순환과정

정보의 순환(Intelligence Cycle)은 최종적인 사용자의 요구에 따라 첩보를 수집하여 분석하고 정보를 생산하여 사용자에게 제공하는 일련의 절차를 말한다. 정보의 순환과정은 ① 정보 요구 → ② 첩보 수집 → ③ 정보분석 및 생산 → ④ 정보 배포의 4단계를 거치며 순환된다.

가. 정보의 요구단계

정보의 요구단계에서는 사용자의 요구에 맞추어 첩보 수집 부서를 결정하고 정확한 시기에 정보가 제공될 수 있도록 전체적인 정보 생산계획을 수립하고 지도하는 단계이다. 정보 요구의 방법으로 다음과 같은 방법이 있다.

1) 국가정보 우선순위(PNIO, Priority of National Intelligence Objectives)

국가적으로 볼 때 정보활동은 정부에서 기획된 국가안전보장이나 연간 기본 정책을 집행하는데 필요한 자료를 수집하는 것이다. 이처럼 국가 전체적인 정책 방향과 관련된 국가 정보목표의 순위를 국가정보 우선순위(PNIO)라고 한다.

2) 첩보 기본요소(EEI, Essential Elements of Information)

국가 전체 차원에서 국가정보 우선순위(PNIO)가 결정되면 부처별로 세부적인 수집 임무가 부여되며, 각 부처 정보기관에서 첩보 기본요소(EEI)를 작성하

여 이에 따라 정보수집을 한다. 해당 부서의 정보활동을 위한 일반적인 지침으로서 계속적·반복적으로 수집할 사항을 요구하는 방법이다.

3) 특별첩보요구(SRI, Special Requirement for Information)

특정 지역이나 특정한 돌발상황에 대한 단기적 해결을 위하여 임시직이고 단편적인 첩보를 요구하는데, 이를 특별첩보요구(SRI)라고 한다. SRI로 요청되는 첩보는 다른 첩보에 비하여 가장 우선하여 수집되어야 할 필요성이 있다.

4) 기타 정보 요구(OIR, Other Intelligence Requirement)

기타 정보 요구(OIR)는 국가정보 우선순위(PNIO)에 포함되지 않았거나 포함되어 있더라도 후순위 요소로 취급되고 있어서 그 우선순위의 상향조정이 필요한 경우의 정보 요구 방법이다. 따라서 기타 정보 요구(OIR)는 국가정보 우선순위(PNIO)에 우선하여 작성되어야 하는 정보목표다.

나. 첩보의 수집단계

첩보 수집은 첩보 수집기관이 다양한 활동을 통하여 필요한 첩보를 입수하여 정보작성 기관에 전달하기는 과정을 말한다. 첩보수집을 위해서는 수집체계와 수집 방법을 선택해야 하며, 수집의 우선순위를 결정하고, 수집 출처와 수집 방법 보호 방안을 검토하는 등의 준비가 필요하다. 첩보를 수집하는 출처는 신문, 장송, 인터넷 등 공개적인 출처일 수도 있다. 정보관, 외국 주재관, 공작원, 협조자 등 비밀 출처일 수도 있다.

다. 정보의 분석 및 생산단계

정보분석이란 국가적 현안 해결을 위해 수집된 첩보를 분석하여 사실관계를 파악하고 향후 전망과 파급영향을 예측하며 필요한 대응 방안을 마련하는 활동을 말한다. 국가정보에 있어 정보분석은 국가의 현안문제와 관련하여 정책결정자의 의사결정에 활용할 수 있는 지식을 제공하는 것을 목적으로 한다.

정보를 보고하는 수단은 구두보고, 영상자료 등에 의한 특수매체 보고도 있으나 서면으로 보고하는 정보보고서가 일반적이다. 완성된 보고서는 소요 기한을

넘기지 말고 적시에 전달되어야만 빛을 볼 수 있다.

라. 정보의 배포단계

정보의 배포란 생산된 정보를 필요로 하는 사용자에게 적합한 형태를 갖추어 적시에 전달하는 과정을 말한다. 정보 배포의 주된 목적은 사용자가 정보를 바탕으로 건전한 의사결정을 하도록 하는 데 있다. 정보 배포의 수단으로는 대화, 브리핑, 메모, 문자메시지, 일일정보보고, 간행물, 전화, 특별보고서 등 다양한 방법이 있다.

제3절 해양경찰 보안

1. 의의

보안경찰이란 국가안전보장을 위태롭게 하는 간첩 활동과 모든 반국가 활동 세력 등에 대한 첩보를 수집·분석하여 보안 사범을 수사하고, 국가안보와 관련된 업무를 담당하는 경찰을 말한다. 보안 활동은 일차적인 목적이 국가의 안전보장에 있으며 사전적·예방적 특성이 있다. 보안업무의 특성상 활동에 있어 비공개성과 비노출성을 특징으로 한다.

해양경찰청 보안 활동은 국제정보국에서 담당하고 있다. 국제정보국에 국장 1명을 둔다. 국장은 치안감 또는 경무관으로 보하고, 보안경찰 업무의 기획·지도 및 조정을 담당한다. 국제정보국에 보안과를 두며 총경으로 보한다. 지방해양경찰청 보안 활동은 정보 외사과에서 담당한다. 지방해양경찰청에 정보 외사과를 둔다. 해양경찰서 보안 활동은 정보 외사과에서 담당한다.

2. 방첩 활동

방첩(Anti-espionage)의 일반적인 개념은 적의 정보활동에 대비하여 자기편

을 보호하는 노력으로서 우리 측에 대한 간첩, 전복, 태업행위 등을 적발하고 미리 방지하기 위한 조직된 활동을 말한다[40].

방첩에 관한 업무를 수행하는 방첩 기관은 국가정보원, 법무부, 관세청, 경찰청, 해양경찰청, 국군 방첩사령부의 6개 기관이 있다. 국가정보원장은 방첩 업무에 관한 정책을 기획하고, 방첩 업무를 통합적으로 수행하는 데 필요한 경우 법령으로 정한 범위에서 방첩 기관 등의 방첩 업무를 합리적으로 조정한다.

방첩의 수단으로 적극적 수단과 소극적 수단이 있다. 적극적 방첩 활동이란 적대세력의 정보활동에 대응하는 능동적인 방첩 활동을 의미하는 것으로서 자국을 겨냥한 적대세력에 대해 정보수집을 하고, 적대세력의 간첩 활동을 견제하거나 색출하며, 상대 정보기구에 침투 및 허위 정보를 제공하여 대상 기관의 정보활동을 교란하는 공격적 활동을 포함한다.

소극적 수단은 보안을 의미한다. 보안이란 일반적으로 개인, 단체, 또는 국가가 자신의 생존과 이익증진을 위해 꼭 필요한 요소를 찾아 그것을 보호하는 것을 말한다. 보안에는 인원보안, 문서보안, 시설보안, 사이버보안, 통신보안 등이 있다.

3. 보안 수사

정보 사범 등이란「형법」 제2편 제1장 및 제2장의 죄,「군형법」 제2편 제1장 및 제2장의 죄, 같은 법 제80조 및 제81조의 죄,「국가보안법」과「군사기밀보호법」에 규정된 죄를 범한 자와 그 혐의를 받는 자를 말한다. 이러한 정보 사범에 대한 수사를 보안 수사라 한다.「국가보안법」상 주요 정보 사범으로 반국가단체 구성(법 제3조), 목적수행(법 제4조), 잠입·탈출(법 제6조), 찬양·고무(법 제7조) 등이 있다.

40) 네이버, 경찰학 사전

4. 대공 상황 분석·판단

대공 상황이란 국가안보와 관련된 새로운 제반 사태 중 보안경찰의 업무영역에 해당하는 상황을 말한다. 대공 상황의 종류로는 ① 간첩(무장 공비) 및 거동 수상자 출현, ② 간첩선 출현 및 수상한 선박 발견, ③ 간첩 장비 및 적성 물품 발견·습득, ④ 경찰관 및 주민 등 피랍·납북 사건, ⑤ 월북자 및 귀순자 발생, ⑥ 적기·적함 출현 및 적정 발생, ⑦ 불온 태업·파업 및 국가 전복 기도, ⑧ 이적 표현물 및 북한 선전물 발생, ⑨ 월선 조업 어선 발생, ⑩ 폭발물, 탄약, 무기 등 피탈 및 도난 사건 등이 있다.

대공 상황 발생 시 조치요령으로 신속한 출동, 목격자 및 현장 조사, 상황 보고 및 전파 등이 있다.

제4절 해양경찰 외사

1. 의의

외사경찰이란 대한민국의 안전과 사회공공의 안녕 및 질서 보호를 목적으로 외국인, 외국과 관련된 기관, 단체 등 외사 활동 대상에 대하여 이들의 동정을 관찰하고 이들과 관련된 범죄를 예방·단속하는 것을 주된 임무로 하는 경찰 활동을 말한다. 외사경찰은 외국인과 관련 있는 범법행위 및 내국인의 외국 관련 범죄를 주 단속 대상으로 한다는 점에서 일반경찰 활동과 구별된다.

해양경찰 외사 활동을 위한 조직으로서 해양경찰청에 국제정보국을 두고 국장 1명을 둔다. 국장은 치안감 또는 경무관으로 보한다. 지방해양경찰청 외사 활동 조직으로서 중부·서해 및 남해지방해양경찰청에 안전총괄부를 두고 안전총괄부에 정보 외사과를 둔다. 동해 및 제주지방해양경찰청에 정보 외사과를 둔다(해양경찰청과 그 소속기관의 직제 시행규칙 제20조).

2. 외사 활동의 대상

가. 외국인

외국인이란 대한민국의 국적을 가지지 아니한 사람을 말한다(출입국관리법 제2조 제2호). 외국인은 국민과 외국인을 구별하지 않고 개인으로서 누릴 수 있는 권리를 누린다. 한편, 외국인은 대한민국 영토 안에 체류하게 되면 대한민국 통치권에 복종하게 되므로 우리나라 재판권, 경찰권, 납세권에 복종해야 한다. 외국인은 해양경찰 외사 활동의 대상이 된다.

나. 외교사절

외교사절이란 외교교섭 및 기타 직무를 수행하기 위하여 외국에 파견되는 국가기관을 말한다. 외교사절은 국제 협약에 따라 일정한 특권과 면제를 누린다. 신체의 불가침으로서 어떠한 형태의 체포 또는 구금당하지 아니하며, 접수국은 외교사절이 신체·자유·품위가 침해되지 않도록 적절한 조치를 해야한다.

외교사절의 공관은 불가침이다. 접수국은 공관 지역을 어떠한 침입이나 손해로부터 보호해야 한다. 아무리 긴급사태라 할지라도, 공관장의 동의 없이 공관 지역에 들어가지 못한다.

공관의 서류와 문서는 언제든지 불가침이다. 이외에도 사저·개인재산 등에도 불가침이다. 외교사절은 직무수행 기간 중 현지 사법절차로부터 면제된다.

다. 영사

영사는 외교사절과 달리 본국을 대표하지 않는다, 영사도 일정한 특권과 면제를 누린다. 하지만, 영사는 외교사절에 비하여 불가침권 인정 범위가 좁다.

3. 외사 활동의 유형

가. 불법조업 외국 어선 수사

외국선박이 영해에서 어로행위 등 법령을 위반한 혐의가 있다고 인정될 때는

관계 당국은 정선·검색·나포, 그 밖에 필요한 명령이나 조치를 할 수 있다.

사법경찰관은 배타적 경제수역에서 불법 어업 활동 혐의가 있는 외국선박에 정선 명령을 할 수 있다. 사법경찰관은 이 법, 이 법에 따른 명령 또는 제한이나 조건을 위반한 선박 또는 그 선박의 선장이나 그 밖의 위반자에 대하여 정선, 승선, 검색, 나포 등 필요한 조치를 할 수 있다.

나. 출입국 사범 수사

대한민국에 입국이나 출국에 대한 불법이 있는 경우 출입국 사범으로 수사할 수 있다. 출입국 사범에 관한 사건은 지방 출입국·외국인 관서의 장의 고발이 없으면 공소(公訴)를 제기할 수 없다. 해양경찰이 출입국 사범을 검거하였을 경우 즉시 지방 출입국·외국인 관서의 장에게 인계하여야 한다.

다. 밀항 사범 수사

밀항(密航)이란 대한민국 국민이 관계기관에서 발행한 여권, 선원수첩, 그 밖에 출국에 필요한 유효한 증명 없이 대한민국 외의 지역으로 도항하거나 국경을 넘는 것을 말한다. 이선(離船)·이기(離機)란 대한민국 외의 지역에서 승선한 선박이나 탑승한 항공기로부터 무단으로 이탈하거나 선장 또는 기장, 그 밖의 책임자가 지정한 시간 내에 귀환하지 아니하는 것을 말한다.

Chapter 7 해양오염 방제론

제7장에서 해양경찰의 대표적인 서비스 기능으로서 해양오염 방제에 대하여 알아보겠다. 해양에서 재난이라는 관점에서 해양오염에 대한 예방-대비-대응-복구 순으로 살펴보겠다.

제1절 해양오염 방제 개관

1. 해양오염 개념

해양오염이란 해양에 유입되거나 해양에서 발생하는 물질 또는 에너지로 인하여 해양 환경에 해로운 결과를 미치거나 미칠 우려가 있는 상태를 말한다. 해양오염은 다양한 오염물질에 의해 이루어지고 다양한 원인에 의해 유발되므로 광범위하고 추상적인 개념이다.

오염물질이란 해양에 유입 또는 해양으로 배출되어 해양 환경에 해로운 결과를 미치거나 미칠 우려가 있는 폐기물·기름·유해액체물질 및 포장유해물질을

말한다(해양환경관리법 제2조). 해양오염 방제는 '해양오염을 미리 예방하거나 이미 발생한 해양오염을 없애는 활동'으로 정의할 수 있다.

2. 해양오염사고 현황

우리나라 대표적인 해양오염 사고는 1995년 7월 전남 여수시에서 발생했던 시프린스호 사고, 같은 해 9월 부산에서 발생했던 제1유일호 사고, 2007년 12월 태안에서 발생했던 허베이스피리트호 사고 등이 있다. 최근의 우리나라 해양오염사고 현황을 살펴보면, 2017년~2021년까지 5년간 연평균 271건 발생하여 342kℓ 유출되었다.

〈표 3-3〉 **해양오염사고 현황**

구분	계	'17년	'18년	'19년	'20년	'21년	'22.7월
건수	1,356	271	288	296	254	247	121
유출량(kℓ)	1,712	229.9	250.9	147.9	770.3	312.8	100.8

3. 해양오염 방제조직

해양오염 방제업무는 1978년 8월 해양오염에 대한 감시 및 방제업무를 해양경찰대가 맡고 이를 위해 해양오염관리관 직제를 신설함으로써 시작되었다. 본부에 해양오염관리관을 두었고, 전국 9개 지구해양경찰대에 해상공해과를 두었다.

해양오염방제국에 국장 1명을 둔다. 국장은 고위공무원단에 속하는 일반직공무원으로 보한다. 해양오염방제국에 해양오염방제국 사무를 분장하기 위하여 방제기획과·기동방제과 및 해양오염예방과를 둔다. 중부·서해 및 남해지방해양경찰청에 안전총괄부를 두고 그 아래 해양오염방제과를 둔다. 동해 및 제주지방해양경찰청에 청장 아래 해양오염방제과를 둔다. 해양경찰서에 해양오염방제과를 둔다.

해누리

공단 조직으로 해양오염 방제사업을 행하는 해양환경공단이 있다.해양환경공단은 ① 해양오염 방제업무 및 방제선 등의 배치·설치, ② 해양오염 방제에 필요한 자재·약제의 비치 및 보관시설의 설치 등을 행한다.

제2절 해양오염 원인과 오염물질

1. 해양오염 발생원인

해양오염을 발생시키는 원인은 대부분 인간의 활동에서 기인한다. 인간이 자연을 적극적으로 개발하거나 다양한 경제활동을 영위하는 과정에서 부수적으로 발생한다. 그중에서 급격하고 대량의 피해가 발생하는 해양오염은 해양 사고에 의한 것이 대부분이다.

첫째, 육상에서 기인한 오염이다. 해양오염 대부분을 차지하는 근원으로서 육지로부터 산업활동과 농업 활동의 부산물이 하천을 통하여 유입되거나 연안 또는 항구 시설물에서 바다로 유입되는 오염을 말한다. 생활오수, 산업폐수, 농약, 비료, 축산 분뇨, 발전소 온배수 등 오염물질의 유형은 다양하다.

둘째, 선박으로부터 기인한 오염이다. 선박 기인 오염은 선박으로부터 고의 또는 사고에 의해 기름과 유해액체물질 등이 바다로 흘러 들어가는 것을 말한다. 선박 운항에 따른 유출은 선박 운항 중에 해양으로 유출되는 유성 혼합물과 유창 청소에 따른 혼합물 배출이나, 선저폐수, 연료 슬러지 배출이 있고, 해수 밸브로부터 기름유출, 기름 적하 시 유출 등 다양한 형태로 이루어진다.

셋째, 폐기물 투기에 의한 오염이다. 산업폐기물, 고체 폐기물, 산업활동에 기인한 폐기물, 핵폐기물 등과 준설물, 오수 슬러지, 음식쓰레기, 농축산 분뇨 등 인간 활동에 따른 처치 곤란한 폐기물을 선박이나 항공기를 이용하여 바다에 투기하는 것을 말한다.

넷째, 이외에도 해저에 부존된 자원을 탐사 또는 개발하는 과정에서 발생하거

나 육상에서 발생하는 오염물질이 대기를 타고 바다로 유입되어 발생하기도 한다.

2. 해양오염 물질

가. 기름

일반적 개념으로서 기름은 석유나 석유를 증류하여 얻게 되는 휘발유, 등유, 경유, 중유 따위의 공업용, 난방용 연료를 통틀어 이르는 말이다. 기름은 불에 타기 쉽고 물에 쉽게 용해되지 않으며, 물보다 가벼워서 수면에 엷은 층을 이루어 퍼지며 약간 끈끈하고 미끈미끈한 성질을 가진다. 법률적 측면에서 기름의 종류를 구체적으로 정하고 있다.

1. 원유
2. 중유
3. 선용 연료유
4. 윤활유
5. 제1호부터 제4호까지의 유류 외에 「산업표준화법」 제12조에 따른 한국산업표준의 석유제품 증류시험 방법에 따라 시험하였을 때 섭씨 340도 이하에서는 그 부피의 50퍼센트를 초과하는 양이 유출되지 아니하는 탄화수소유

나. HNS

HNS(Hazardous and Noxious Substances)는 위험·유해 물질을 말하는데, 유출될 경우, 인간과 해양 생명체에 중대한 위해를 미치거나 장애를 일으키는 물질을 총칭하는 개념이다. 선박에 적재하여 해상으로 이동하는 물질 중에서 유출되면 치명적인 물질을 별도로 지정하고 관리하는데, 수백 종에 이른다.

제3절 해양오염 예방

1. 의의

해양오염 사고가 발생하기 전에 사고가 발생하지 않게 예방적 조치가 중요하다. 이처럼 사고가 발생하기 전에 해양오염사고를 일으킬 수 있는 다양한 원인을 찾아내서 없애거나 감소시키는 활동이 해양오염 예방 활동이다.

해양오염 예방 사무는 「해양환경관리법」에 규정되어 있다. 해양오염 예방 사무는 해양오염 방지를 위한 예방 활동, 선박·해양시설을 대상으로 한 지도·점검, 방제자재·약제 형식승인 등이 있다.

2. 일반적 예방 활동

첫째, 파출장소에서 항만, 부두, 해수욕장 등 도보 순찰을 통하여 해양오염 물질 유출을 감시하고 불법적인 배출을 적발하고 있다. 해상에서는 경비함정에서 해양오염 물질 불법 배출이나 기름유출을 감시하고, 헬기나 비행기를 이용하여 정기적인 예방 순찰을 하기도 한다.

둘째, 전국의 방제사고 취약지역 중심으로 방제선을 배치하여 순찰하고 해양오염사고 발생 시 즉시 대응하도록 하고 있다.

셋째, 해양오염사고 발생 시 즉각적으로 대응하기 위해서 방제자재·약제를 해양시설 및 선박에 미리 비치하도록 하고 있다. 해양경찰은 경비함정에 유흡착재나 유처리제 등을 적재하고 경비 활동에 임하고 있다. 대규모 해양오염 사고에 대비한 원활한 방제자재·약제 수급에 대비하여 주요 원유비축기지가 있는 대산·울산·광양 3개소에 방제 비축기지를 별도로 운영하고 있다.

넷째, 해양경찰청 소속 공무원을 해양환경감시원으로 지정하여 서류를 확인·점검하거나 시설·장비를 검사하는 직무를 수행하게 할 수 있다. 민간인을 명예 해양환경감시원으로 위촉하여 해양오염 물질의 불법적인 배출을 감시하고

해안가 또는 해역에 방치된 폐기물의 수거하기도 한다. 등 효율적인 해양 환경 관리를 위해 국민이 참여시켜 운영하는 제도이다.

3. 선박 및 해양시설 지도·점검

첫째 출입검사는 해양환경감시원이 선박과 해양시설을 대상으로 해양오염비상계획서의 비치, 오염물질 방지설비·시설의 적정 운영, 오염물질 수거처리 등 해양오염 예방을 위한 사항을 점검하는 것을 말한다[41].

둘째, 해양경찰청장은 선박에서 해양오염이 발생하거나 우려가 있는 경우 등에 있어 소속 공무원에게 그 선박에 출입하여 확인·점검하거나 관계 서류나 시설·장비를 검사하게 할 수 있다.

셋째, 선박을 해체하고자 하는 자는 선박의 해체작업 과정에서 오염물질이 배출되지 아니하도록 작업계획을 해양경찰청장에게 신고하여야 한다. 선박 해체 시 오염물질 사전 제거 및 유출 사고 대비하기 위한 것이다.

기타 오염물질을 방제하는 사업인 해양오염방제업과 선박의 유창을 청소하거나 선박 또는 해양시설에서 오염물질을 수거하는 사업인 유창청소업(油艙淸掃業)을 영위하려는 자는 해양경찰청장에게 등록하여야 한다.

4. 방재 자재·약제 형식 승인

각종 공산품의 안전성과 사용의 편리성을 확보하기 위해, 국가가 인정한 시험기관의 승인을 받아야만 판매할 수 있도록 하는 제도인 형식승인이 있다. 오염물질의 방제·방지에 사용하는 자재·약제를 제작·제조하거나 수입하려는 자는 해양경찰청장의 형식승인을 받아야 한다. 형식승인을 받아야 하는 자재·약제의 종류는 다음과 같다.

1. 해양 유류 오염확산 차단 장치(오일펜스, Oil Fence)

41) 「해양환경관리법」 제115조, 제116조, 「같은 법 시행령」 제94조, 「해양오염 지도점검 규칙」

2. 유처리제
3. 유흡착재
4. 유 겔화제
5. 생물정화제제(生物淨化製劑)

제4절 해양오염 대비

1. 해양오염 방제체계

해양오염사고 발생 시 효과적으로 오염방제 계획을 수립하고, 방제조직을 구성하고 방제 인력과 장비를 동원하여 신속한 대응이 이루어지기 위해서 미리 준비가 필요하다. 국제 협약으로 유류오염 사고에 즉각적이고 효과적으로 대처할 수 있도록 국가적인 방제체제를 구축하도록 요구하고 있다. 각국은 기름오염의 대비 및 대응을 위한 국가긴급방제계획(National Contingency Plan)을 준비해야 하며, 중대한 오염사고가 발생했을 경우 협약에 가입한 국가는 국제기구나 주변국에 지원을 요청할 수 있도록 하고 있다.

가. 국가 긴급방제계획

국가긴급방제계획(NCP: National Contingency Plan)은 정부 차원의 방제체계, 관계기관의 임무와 역할 및 방제 실행 등을 규정한 해양오염사고 대비·대응 및 협력에 관한 법정 계획이다. 1995년 시프린스호 사고 후 해양오염 사고에 대비하기 위하여 국가긴급방제계획을 최초로 수립하였고, 2007년 허베이스피리트호 사고 수습과정에서 지휘체계 및 임무를 명확히 하기 위하여 개정하였다.

국가 긴급방제계획은 해양에서 발생하는 기름 또는 위험·유해 물질 해양오염 사고에 범국가적 대응 체제를 구축하고, 사고 대비에서 방제 조치, 피해조사 및 복구까지 오염사고 처리와 관련된 업무를 체계화하는 데 목적이 있다.

나. 방제대책본부

대형 해양오염사고 발생 시 방제 현장의 지휘·통제체계를 확립하여 신속하고 효율적인 방제 조치를 실시하기 위하여 방제대책본부를 설치·운영한다. 방제대책본부 설치 기준은 다음과 같다.

1. 지속성기름이 10㎘ 이상이 유출되거나 유출될 우려가 있는 경우
2. 비지속성기름 또는 위험·유해 물질이 100㎘ 이상이 유출되거나 유출될 우려가 있는 경우
3. 제1호 및 제2호에서 규정한 사고 이외의 경우라도 국민의 재산이나 해양환경에 현저한 피해를 미치거나 미칠 우려가 있어 해양경찰청장이 방제대책본부의 설치가 필요하다고 인정하는 경우

2. 해양오염 방제장비

가. 방제정

해양에 유출된 기름의 확산을 방지하거나, 확산한 기름을 포집하여 수거하는 등 해양오염 방제에 전용으로 사용되는 함정을 방제정이라 한다. 방제정은 사용목적에 따라 일반방제정과 화학 방제정으로 구분할 수 있다. 형태에 따라서 단동선과 쌍동선으로 구분할 수 있다. 방제정에는 해양오염 방제와 관련된 오일펜스, 유흡착제, 유회수기, 유처리제 등 다양한 장비가 실려있어 유사시 사용이 가능하다.

[그림 3-2] 방제정

나. 오일펜스

오일펜스(Oil Fence)는 해양에 유출된 오염물질의 확산을 방지하거나 오염물질로부터 피해를 예방하기 위하여 사용한다. 오일펜스의 용도로 ① 해상에 유출된 오염물질의 확산 방지, ② 해양 환경 민감 해역 보호, ③ 확산한 오염물질을 포집 등에 사용된다.

[그림 3-3] 오일펜스

다. 유회수기

유회수기(Oil skimmer)는 해상 또는 해안에 유출된 기름의 물리적, 화학적 특성을 변화시키지 않고 유출유를 회수할 수 있도록 고안된 기계장치를 말한다. 회수 원리는 물과 기름의 비중 차, 기름의 점성 및 유동하는 특성을 이용한다.

유회수기는 기본적으로 동력부·회수부·이송부(펌프와 호스)로 구성되어 있다. 동력부는 유회수기를 구동할 수 있는 동력을 발생하는 부분이다. 회수부는 기름을 회수하는 부분으로, 해상에서 뜰 수 있는 충분한 부력체를 갖추어야 한다. 이송부는 회수부에서 회수한 기름을 저장탱크로 이송하는 부분이다.

라. 유흡착제

유흡착재는 해상에 유출된 오염물질을 흡수 또는 흡착하여 회수하는 물질을 말한다. 유흡착제 유형은 ① 매트형, ② 롤형, ③ 쿠션형, ④ 펜스형 등이 있다.

마. 유처리제

유처리제는 해상에 유출된 기름을 미립자화하여 해수와 섞이기 쉬운 상태를 만들어 자연적인 정화작용을 촉진하는 약품을 말한다. 즉 박테리아에 의한 미생물분해, 일조에 의한 증발·산화작용 등을 촉진하여 기름을 소멸시키는 약품이다. 유처리제의 사용은 대단히 민감한 문제이므로 살포 방법 및 해양 환경 조건에 특히 유의하여 사용해야 한다.

3. 해양오염 대비사항

해양오염 사고에 대비해 미리 준비하여야 할 사항은 여러 가지 이다.

첫째, 지역 실정에 맞는 지역 방제 실행계획을 수립 시행해야 한다. 해안에 붙은 기름은 시군구에서, 항만시설에 대해서 관할관청이 조치계획을 세워야 한다.

둘째, 관련 정보를 미리 수집하여 해양경찰청, 관계 행정기관, 지자체가 공유하여야 한다. 관련 정보에는 어장, 양식장, 취수시설, 해수욕장, 갯벌, 포유동물의 서식지, 유적지 등 민감하고 중요한 정보가 포함되어야 한다.

셋째, 사고 발생 시 방제 정보지도를 이용하여 신속하고 정확한 결정이 가능하도록 미리 방제정보지도 작성해 두어야 한다.

넷째, 방제에 필요한 방제정, 방제장비, 기자재 등을 미리 확보하고, 동원 태세를유지하여야 한다.

다섯째, 그 외에도 평소 방제 교육훈련을 통해 방제 능력을 향상시키고, 국제 협력체제를 구축해 놓아야 한다.

제5절 해양오염 대응

1. 의의

해양오염 대응 단계는 해양오염 사고가 발생한 이후 이미 배출된 오염물질을 제거하여 원상을 회복시키는 제반 활동을 말한다. 신고가 접수되면 긴급히 초동 조치하고, 방제전략을 수립하고, 이에 따라 긴급방제계획을 실행하고 유출유 확산을 막는다. 유출유를 회수하거나 분산시키는 방제 조치는 해상방제와 해안방제로 나누어진다. 최종적으로 회수된 기름이나 폐기물 처리하는 과정을 거친다.

2. 초동 조치

초동 조치란 해양오염사고 접수 시 빠른 시간 내 필요한 응급조치를 취하는 것을 말한다. 해양오염 발생 시 방제전략을 수립하고 본격적인 방제작업을 시작하려면 상황을 전파하고 필요한 방제자원을 동원하고 방제전략을 수립하고 나서야 비로소 가능하다. 그 전에 일정한 응급조치가 필요한데, 현장 상황조사, 오염사고 발생 보고 및 전파, 응급조치 등이 이에 해당한다.

해양오염사고 신고 접수 시 즉시 종합상황실에 전파하고, 항공기 및 사고해역과 가장 가까운 곳의 함정, 방제정 및 파출소 요원을 출동시켜 현장 상황을 파

악하고 파악한 내용을 신속하게 보고한다.

사고 신고를 받은 종합상황실은 필요한 곳으로 상황을 전파한다. 보고 방법은 종합상황실을 통하여 초기 상황 보고 후 진행 상황을 지속해서 보고한다. 지방해양수산청, 지방자치단체, 군부대, 경찰, 해양환경공단 등 유관기관 및 단체 등에 전파한다.

다음으로 응급조치가 필요하다. 필수 부서부터 비상 소집을 시행한다. 응급조치 시 중요한 것은 오염원으로부터의 지속적인 유출을 방지하기 위한 신속한 조치를 하는 것이다. 응급조치 내용으로 ① 선체 상태 파악 및 안전조치 방안, ② 기름 등 오염물질 유출구 봉쇄, ③ 탱크 내의 기름 등을 다른 탱크 또는 다른 선박에 이적 조치 등이다.

3. 방제전략 결정 및 시행

초동 조치 이후 방제전략 결정을 결정하고 시행하게 된다. 방제대책본부장은 사고 현장 조사, 유출유 확산상황 파악, 유출유 확산예측 결과, 방제정보지도 등을 참조하여 사고 현황과 유출상황을 종합적으로 평가한다. 이를 토대로 방제대책본부장은 방제 대책 회의를 개최하여 최적의 방제전략을 결정하고 이에 따른 방제계획을 수립한다. 최선의 방제전략이 결정되면 방제 조치를 시행한다.

4. 해상방제 조치

유출유 확산을 방지하기 위하여 해양오염사고 해상조건에 맞는 적절한 오일펜스 선택 등 확산 방지 전략을 수립하여 시행하여야 한다. 유출유가 어떻게 확산할지 예측하는데 유출유 확산예측 시스템을 활용하는데, 이는 해양오염 발생 초기 유출량 정보와 실시간 해양 환경 정보를 활용하여 기름의 이동 경로를 예측하는 도구이다.

해상조건과 유출유 상태에 따라 방제선을 이용하거나, 오일펜스와 유회수기를 연계하여 포집·회수할 수 있도록 방제팀을 구성, 운용하여 기름을 회수하여

야 한다. 유출유는 유흡착재를 사용하여 회수하기도 한다.

기름 회수가 완료되었거나 불가능할 때 유처리제 사용을 검토한다. 유처리제 사용은 환경에 미치는 영향이 크므로 신중하게 고려해야 한다. 유처리제 사용 여부는 해양 환경 민감 해역을 파악한 후 해양 환경 민감 인자, 유출유 피해 회복 속도, 경제적 이익 등을 고려하여 경제적 환경이득 분석을 실시한 후 결정하여야 한다.

5. 해안방제 조치

해안방제는 해안가 모래사장, 갯바위, 자갈, 펄 등에 부착된 유출유를 제거하는 과정이며, 대부분 수작업이므로 인력, 장비, 시간이 많이 소요된다. 유출유 회수작업을 실시하기 전에 방제 우선순위를 결정하고 양식장, 해수욕장, 관광지 등 경제적 민간지역과 서식지, 철새 도래지 등 환경 민감 등급이 높은 해역부터 방제를 실시한다. 해안 방제계획의 수립 및 시행 책임자는 지방자치단체의 장 또는 행정기관의 장이다.

6. 방제 종료

방제가 어느 정도 이루어지면 방제 종료 여부를 결정해야 한다. 방제 종료 절차로 먼저 해양경찰청, 지방자치단체, 오염행위자, 보험사, 환경단체, 지역주민 등 이해관계자를 포함하여 오염평가팀을 구성한다. 평가 결과에 따라 방제대책본부에 방제작업 종료를 권고하고, 방제대책본부는 권고안을 검토하여 최종적으로 방제 종료 여부를 결정한다.

방제 종료 여부의 판단기준은 ① 방제를 계속 진행하여도 환경적, 경제적 영향이 없는지, ② 환경 민감 해역 등에 피해를 줄 만한 오염물질이 남아있는지, ③ 경제활동을 방해하거나 중단시킬 위험은 있는지, ④ 해안의 여가 활동에 시각적 쾌적성을 방해하는지 등이다.

PART

4

해양경찰과 항해

해양경찰은 해양에서의 경비·안전·오염방제 및 해상에서 발생하는 모든 사건에 대한 수사사무를 담당하므로 해상에서 이동 및 오염방제 설비를 운용하기 위하여 선박을 이용하여야 한다. 선박을 효과적으로 운용하기 위하여 제4편에서는 항해, 항해계기, 선박 운용, 해상교통관련법규에 관한 개론을 기술한다.

해양경찰의 이해

Chapter 1 항해

항해란 선박뿐만 아니라 항공기, 우주선 등의 교통수단을 이용하여 한 지점에서 다른 지점으로 가장 안전하고 정확하게 이동시키기 위한 이론 및 기술을 말한다. 즉, 선박을 안전하고 경제적으로 이동시키기 위한 지식과 기술로써 지구과학에 대한 이해, 물체 이동에 대한 과학적 이론, 천체에 대한 학문적 지식을 바탕으로 선박이 이동하는 항로를 만들고, 선박에 설비된 각종 항해 장비에 대한 운용 기술 등을 종합적으로 활용하는 응용학문이다.

영국 왕립항법학회에서는 항법을 넓은 의미에서는 「생물이나 이동체를 움직이기 위해 필요한 정보를 얻는 기술」이라고 정의하였고, 좁은 의미에서는 「배를 목적지까지 안전하게 도착시키기 위해 위치/침로/속력 등을 구하는 방법」이라고 정의하였으며, 선박의 위치를 결정하는 데 이용하게 되는 관측의 대상이나 수단에 따라서 다음과 같이 구분할 수 있다.

지문항법은 선박을 운항하는 기본 항법으로 육지 및 항로표지 등에 가까이 있는 경우, 지상의 가시목표를 이용하여 위치선이나 선위를 구하고, 이들 정보를 활용하여 목적지에 이르는 침로를 정하는 항법으로, 정확도가 높으며 주로 연안항법에 이용되고 있다.

천문항법은 육지와 멀리 떨어져서 대양을 항해할 때에 지상 물표의 관측이

불가능하므로, 천체(태양, 달, 항성 및 혹성)의 고도와 방위를 요소로 천측표를 활용하여 선위를 측정하는 항법을 천문항법이라 한다. 오늘날에는 전파 항해계기와 위성 항법의 발달로 거의 사용하지 않지만, 항해 장비 등의 고장으로 선위 측정이 불가능한 경우 비상시에 이용할 수 있는 유일한 항법이므로 이해할 필요가 있다.

항해의 안전성이 높아지고 항법이 다양하게 발전하게 된 것은 전파를 이용한 항해계기가 발달하면서부터이다. 전파항법의 도입으로 밤이든 낮이든 자연적인 조건과 상관없이 항상 선박의 위치를 측정할 수 있었기에 항법은 비약적으로 발전하게 되었다. 전파항법의 초기, 무선방위측정기가 사용되었는데 무선방위측정기는 전파의 직진성과 공중선의 지향성을 이용하여 전파원으로부터 날아오는 전파의 방위를 측정하는 계측기이며, 선박에 설치하여 해안 무선국에서 발사하는 전파의 방위를 측정하면, 방위선을 해도 위에 그릴 수 있고, 2개의 무선국의 방위를 측정하면 교차방위법과 같이 선위를 구하는 방법이다. 그러나 현재는 위성에서 보내는 전파를 자동으로 계기가 측정하여 선박의 위도와 경도를 실시간으로 계산해 주는, 정밀한 계기가 개발되어, 선위 측정 시에 발생하는 오차요소들을 거의 제거함으로써 매우 편리하고 정밀한 항해가 가능하도록 발전하였다.

제1절 지구의 모양과 크기 및 용어

1. 지구의 모양과 크기

지구의 표면에는 산이나 바다가 있어서 편평하지 않기 때문에 지구 표면의 크기를 결정하기가 매우 어렵다. 따라서, 평균 수면상의 육지에 긴 도랑을 파서 해수를 끌어들인다고 상상할 때, 지구 표면은 전체가 해수로 덮인 것처럼 될 수 있다. 이와 같이 전체가 해수로 덮인 지구의 표면을 지오이드(geoid)면이라고

한다.

이 지오이드면은 타원의 짧은 남북측을 회전대로 하여 180°회전하여 생기는 회전타원체의 면과 비슷하기 때문에 지오이드면에 가장 가까운 회전타원체를 정하고, 이것에 의해 지구의 모양과 크기를 정한다. 1924년 국제측지학회에서 채택한 타원체의 각종 파라미터는 다음과 같다.

- 적도 반지름: a=6378.38880km
- 극 반지름: b=6356.9119km
- 평균 반지름: $\frac{2a+b}{3}$=6371.229315km
- 타율: $\frac{a-b}{a}=\frac{1}{297.0}$=0.003367

위에서 알 수 있는 것과 같이 지구의 적도 반지름은 극 반지름보다 약 21km 크다. 그러나 평균 반지름에 비하면 대단히 짧은 길이이기 때문에 특별한 경우가 아니면 지구를 평균 반지름을 갖는 구로 취급할 수 있다.

2. 지구상의 위치에 관한 용어

지구상의 위치를 나타내기 위한 기초 용어는 다음과 같다.

(1) 지축(axis of the earth)과 지극(pole)

지축은 지구의 자전축을 말하며, 지극은 지구의 양쪽 끝을 말하는 것으로, 북쪽의 점은 북극(north pole), 반대쪽은 남극(south pole)이 된다.

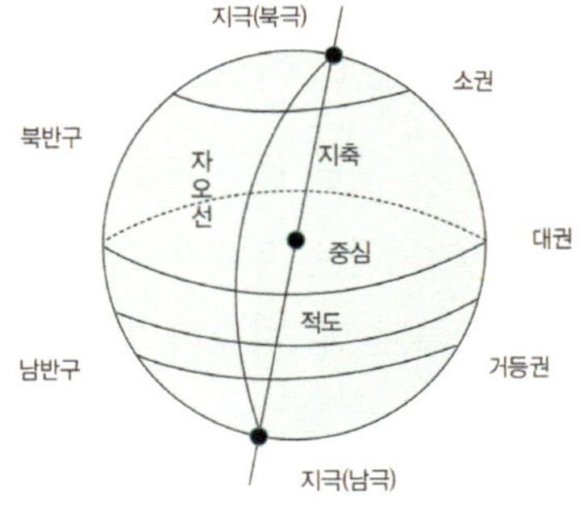

[그림 4-1] 지구상의 위치

(2) 대권(great circle)과 소권(small circle)

지구의 중심을 지나도록 자른다면 지구의 원둘레만큼 큰 원이 생기고, 중심을 지나지 않도록 지구를 평면으로 자른다면 멀리 떨어질수록 작은 원이 생기게 된다. 중심을 지나는 큰 원을 대권이라 하고, 중심에서 벗어난 작은 원을 소권이라 한다.

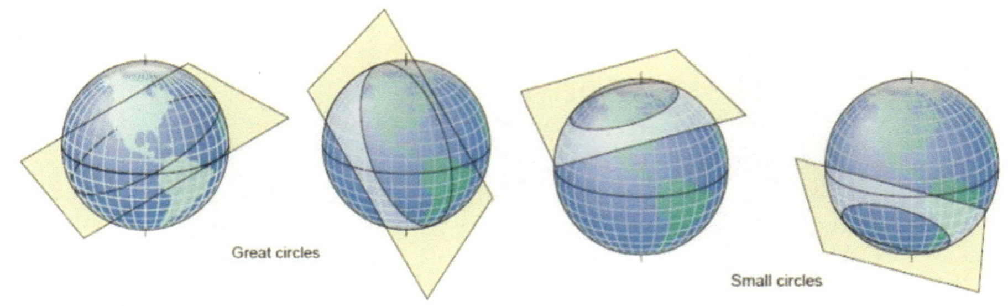

[그림 4-2] **대권과 소권**

(3) 적도(equator)와 거등권(parallel of latitude)

지축에 직교하는 대권, 즉 자오선에 직교하는 대권을 적도라고 하며, 위도 0°로 위도 측정의 기준으로 삼는다. 적도는 지구상에 단 하나만 존재하며, 적도를 기준으로 위쪽을 북반구, 아래쪽을 남반구라고 한다.

무수히 많은 소권 중에서 적도와 평행한 소권을 거등권이라고 하는데, 위도를 나타낼 때 사용한다.

(4) 자오선(meridian)

수많은 대권 중 양극(또는 지축)을 지나는 모든 대권을 자오선이라고 한다. 즉 지축을 품는 평면이 지구의 표면과 만나서 이루는 대권이다. 따라서 모든 자오선은 적도와 직교한다.

자오선 중 영국의 그리니치(Greenwich) 천문대에 있는 자오선의 중심을 지나는 자오선을 본초 자오선(prime meridian)이라 하고, 경도 0°로 하여 경도 측정의 기준으로 삼는다.

(5) 항정선(rhumb line, loxodrome)과 동서거(departure, Dep.)

지구의 표면에 있는 모든 자오선과 같은 각도로 만나는 곡선을 항정선이라고 한다. 즉 선박이 일정한 침로를 유지하면서 항행할 때 지구 표면에 그리는 항적을 말한다. 적도는 대권이기도 하지만, 어느 자오선과도 같은 각도로 만나기 때문에 항정선이며, 거등권 및 자오선도 항정선이다. 그러므로 선박이 정동 또는 정서가 아닌 방향으로 어느 자오선과도 같은 각을 유지하면서 항행을 계속한다면 나선형 곡선을 그리면서 극을 향한다.

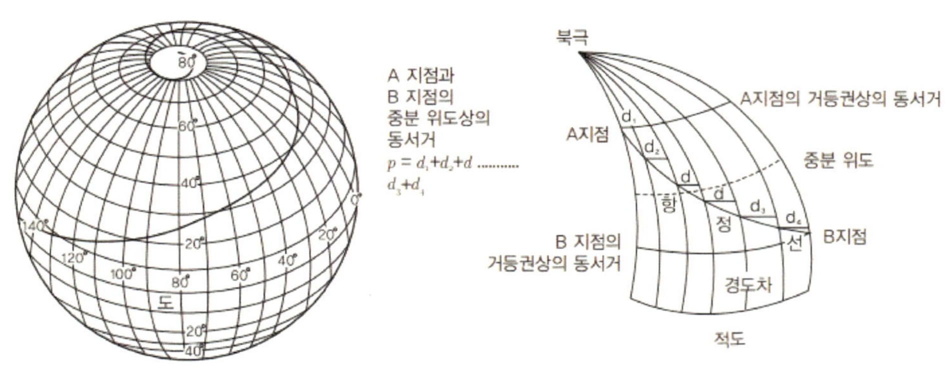

[그림 4-3] **항정선과 동서거**

두 지점을 지나는 항정선을 무수한 자오선으로 등분하고, 이들 각 등분점을 지나는 거등권이 서로 이웃하는 자오선 사이에 끼어서 생긴 미세한 거등권의 호의 길이를 모두 합하여 마일로 표시하는 것을 동서거라고 한다. 동서거는 배의 항행 거리를 남북 방향과 동서 방향으로 분해했을 때 동서 방향의 거리를 표시한 것이라고 할 수 있다. 따라서 두 지점이 같은 자오선상에 있으면 동서거는 0, 같은 거등권상에 있으면 동서거는 그 항정과 같게 된다.

(6) 위도와 경도

위도와 경도는 해도에서 선위를 구할 때 사용되며, 위도 한 줄과 경도 한 줄을 그려 나타낼 수 있다. 위도와 경도의 특정 위치는 도, 분, 초, 그리고 소수점

을 이용한 좌표로 나타낼 수 있다.

① 위도(latitude, Lat.)

어느 지점을 지나는 거등권과 적도 사이의 자오선상의 호의 길이 또는 이 호가 지구 중심에서 이루는 각을 그 지점의 위도라고 한다.적도를 0°로 하여 남북으로 각각 90°로 표현되고, 북쪽은 북위(N), 남쪽은 남위(S)라고 한다.

② 변위와 위도차(difference of latitude, D.Lat.) 계산법

두 지점을 지나는 거등권 사이의 자오선상의 호의 크기, 즉 위도가 변한 양을 변위라고 하며, 두 지점의 위도가 같으면(동명) 빼고 다르면(이명) 더한다. 그리고 도착지가 출발지보다 더 북쪽이면 N, 남쪽이면 S를 붙인다.

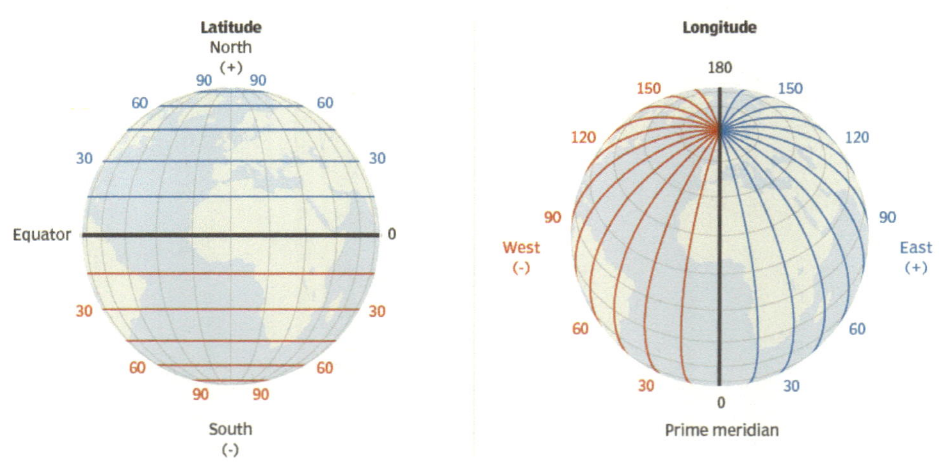

[그림 4-4] 위도와 경도

③ 경도(longitude, Long.)

어느 지점을 지나는 자오선과 본초 자오선 사이의 적도상의 호 또는 그 호가 지구 중심에서 이루는 각을 그 지점의 경도라고 한다. 본초 자오선을 0°로 하여 동서로 각각 180°씩 잰다. 이때 동쪽으로 잰 것을 동경(E), 서쪽으로 잰 것을 서경(W)이라고 한다.

④ 변경과 경도차(difference of longitude, D.Long.) 계산법

두 지점을 지나는 자오선 사이의 적도상의 호, 즉 출발지와 도착지 간의 경도가 변한 양을 변경이라고 하며, 두 지점의 경도가 같으면(동명) 빼고 다르면(이명) 더한다. 여기서 합이 180°를 초과하면 360°에서 빼고 부호를 반대로 한다. 그리고 출발지보다 도착지가 더 동쪽이면 E, 더 서쪽이면 W 부호를 붙인다.

3. 거리와 속력에 관한 용어

해상에서 거리와 속력에 관한 기초 용어는 다음과 같다.

(1) 거리의 단위

해상에서 사용하는 거리의 단위로는 지리 위도 45°에서 위도 1′의 길이를 나타낸 해리(nautical mile 또는 sea mile, M) 또는 마일(mile)을 사용한다. 해리는 위도 1′의 길이를 기준으로 하지만, 지구의 모양이 완전한 구가 아니라 회전타원체이므로 위도에 따라 그 거리가 달라진다. 즉, 위도 0°에서는 1,842.7m이고 위도 90°에서는 1,861.2m로 위도에 따라 1마일의 길이가 조금씩 다르지만 그 차이가 실용상 지장을 줄 만큼 큰 것이 아니므로 1929년 국제수로국에서는 지리상 위도 45°에서의 1′에 대한 자오선의 길이와 같은 1,852m를 1해리로 정하였으며, 현재 대부분의 국가에서 사용하고 있다. 한편 육상에서 쓰는 마일은 육리(land mile 또는 statute mile)라고 하며, 1육리는 1,609.3m이다. 이것은 해리와 전혀 다른 것으로 해상에서는 쓰지 않는다.

(2) 속력의 단위

선박의 속력 단위는 노트(knot, kt 혹은 kn)로 나타낸다. 1노트는 1시간에 1해리를 항주할 때의 속력으로, 1,852m/h와 같다. 그러므로 10노트의 선박이라고 하면 1시간에 10해리를 항주하는 선박이라는 뜻이다.

(3) 대지속력과 대수속력

선박은 물 위에 떠서 항해하므로 바람이나 조류 및 해류의 영향을 받아 물 위에서 항주하는 속력과 지표면에 대한 속력이 차이가 나는 경우가 있는데, 전자를 대수속력(speed through the water), 후자를 대지속력(speed over the ground)이라고 한다. 목적지의 도착 예정 시각을 구할 때는 대지속력으로 계산한다.

(4) 항정과 직항 거리

출발지에서 도착지까지의 항정선상의 거리 또는 양 지점을 잇는 대권상의 호의 길이를 마일로 표시한 것을 항정이라고 한다. 즉, 항정선 항로나 대권 항로를 해리로 나타낸 것으로 다음에 말하는 항정선과는 다르다. 또한 여러 항구에 기항했을 때 처음 출발지에서 최종 도착지까지 곧바로 항해했다고 가정했을 때의 항정선상의 거리를 직항 거리라고 한다.

4. 방위와 침로에 관한 용어

해상에서 방위와 침로에 기초 용어는 다음과 같다.

(1) 컴퍼스 오차

자침을 자유롭게 회전할 수 있도록 그 중심점을 떠받치면 자침은 자력선의 방향과 일치한 채 정지하게 된다. 이러한 현상은 지구가 하나의 거대한 자성체이기 때문에 일어난다. 지구의 자극은 남극과 북극에 가까운 곳에 있는데, 이 극을 지자극(geomagnetic poles)이라고 한다.

지구 표면에서 지구의 자극을 지나는 자력선의 방향은 대권이 되며, 이것을 자기 자오선(magnetic meridian)이라고 한다. 컴퍼스(나침의, 羅針儀)의 자침이 가리키는 남북선이 자기 자오선과 일치하지 않기 때문에 선박의 침로와 방위에 영향을 끼칠 수가 있다.

① 편차(variation, Var.)

지자기의 극은 지구 자전축의 남·북극과 일치하지 않는다. 즉, 진자오선과 자기 자오선이 일치하지 않으며, 이때 생기는 교각을 편차라고 한다.

이 편차는 지구상의 장소에 따라 그 양이 다르며, 같은 장소라도 시일이 경과하면 달라지는데, 이것은 지구의 자극이 주기적으로 이동하기 때문이다. 1년 동안에 그 지점에서 편차가 변화하는 양을 연차(annual change)라고 한다.

[그림 4-5]와 같이 자북(지자기의 극)이 진북(지구 자전축)의 오른쪽에 있을 때를 편동 편차(easterly variation), 왼쪽에 있을 때를 편서 편차(westerly variation)라고 하며, 각각 E, W를 붙여 표시한다.

편차를 구하려면 해도에 그려져 있는 나침도에서 그 중앙에 기재된 편차에 연차를 가감하여 구한다. 이 방법은 주로 연안 항해 시에 이용하며, 대양 항해 시에는 자침 편차도(variation chart)를 이용한다.

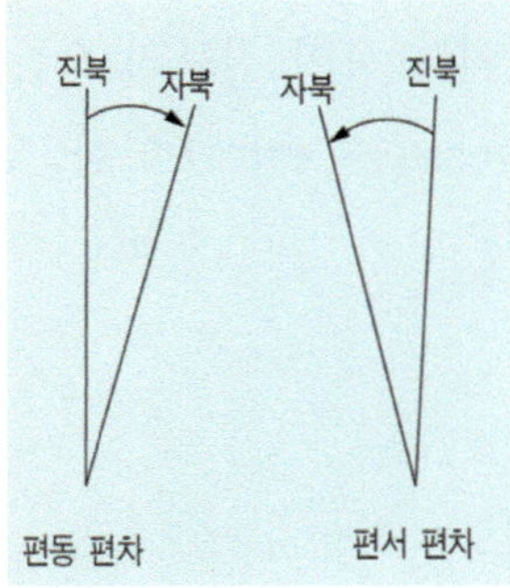

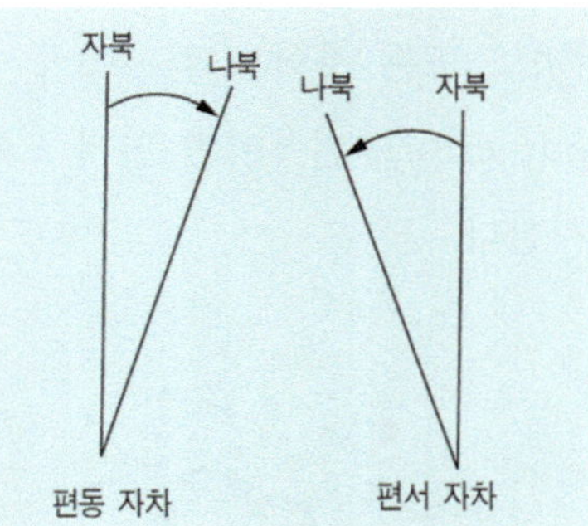

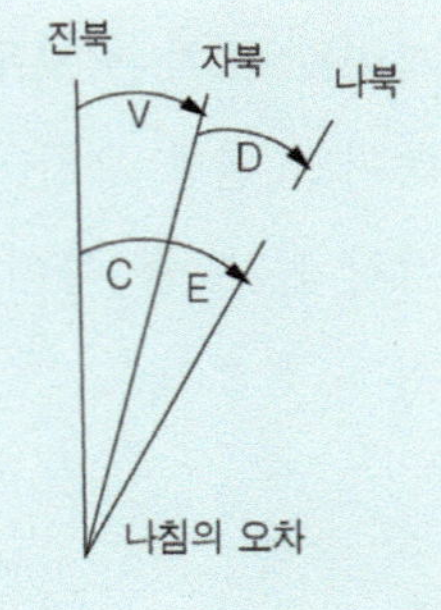

[그림 4-5] **편차, 자차 및 나침의 오차**

② 자차(deviation, Dev.)

자기 컴퍼스는 원래 자기 자오선의 방향을 가리켜야 하지만, 선체, 선내 철기류 등의 영향을 받아 지자기의 극(자북)의 방향을 가리키지 못하고 자기 자오선과 선내 컴퍼스의 남북선과 약간의 교각을 이루는데, 이 교각을 자차라고 한다.

자차도 편차의 경우와 마찬가지로 컴퍼스의 북(나북)이 지자기의 북(자북)의

오른쪽에 있으면 편동 자차(easterly deviation), 나북이 자북의 왼쪽에 있으면 편서 자차(westerly deviation)라고 하는데, 각각 E, W를 붙여 표시한다. 자차는 선박마다 다를 뿐만 아니라 선수의 방향, 지구상의 위치, 시일의 경과 등에 따라서도 변화하므로 천체를 관측하거나 지상의 물표를 이용하여 항상 최신의 자차를 측정하고, 이것으로 자차표 또는 자차 실용 공식을 만들어 임의의 선수 방향에 대한 자차를 구할 때 편리하게 활용할 수 있도록 한다.

③ 컴퍼스 오차(compass error, C.E.)

선내 자기 컴퍼스의 남북선과 진북(진자오선)이 이루는 교각을 컴퍼스 오차라고 하며, 자차와 편차의 부호가 같으면 합을 구하고, 부호가 다르면 차를 구한 것과 같다.

자이로 컴퍼스는 지자기와 관계가 없으므로 자차나 편차는 생기지 않는다. 그러나 계기의 조정 불량으로 진북과 약간의 교각을 이루는 방향을 가리키는 수가 있는데, 이 교각을 자이로 오차(gyro error, G.E)라고 한다. 컴퍼스 오차와 자이로 오차는 모두 컴퍼스 또는 자이로 컴퍼스가 가리키는 북이 진북의 오른쪽이면 편동 오차(easterly error), 왼쪽이면 편서 오차(weasterly error)라 하고, 각각 E, W를 붙여 표시한다.

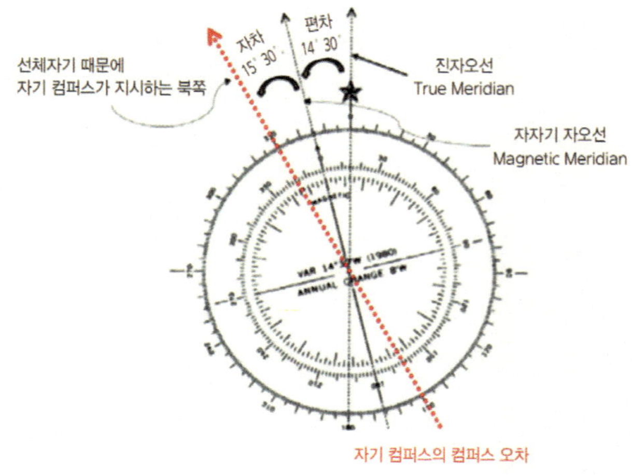

[그림 4-6] 자기 컴퍼스의 컴퍼스 오차

(2) 방위와 방위각

어느 기준선과 관측자 및 물표를 지나는 대권이 이루는 교각(북을 000°로 하여 시계 방향으로 360°까지 측정한 것)을 방위(bearing, Bn)라 하고, 북 또는 남을 0°로 하여 동쪽 또는 서쪽으로 180° 이내의 각으로 표시한 것을 방위각(bearing angle, B)이라고 한다. 방위는 기준선을 무엇으로 정하느냐에 따라 다음과 같이 구별한다.

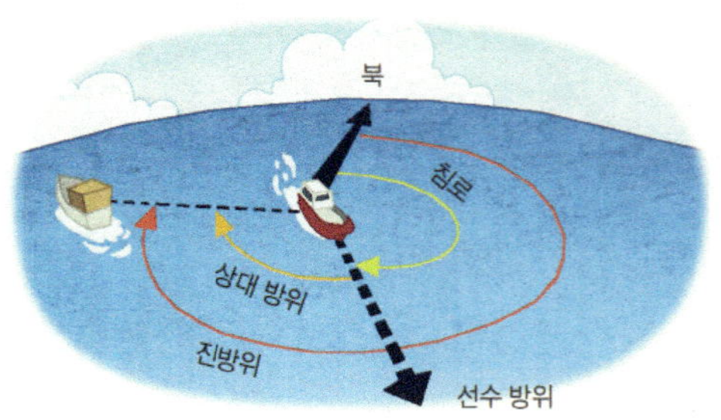

[그림 4-7] 진방위와 상대 방위

① 진방위(true bearing, T.B)

진자오선과 물표 및 관측자를 지나는 대권이 이루는 교각을 진방위라고 한다.

② 자침방위(magnetic bearing, M.B)

자기 자오선과 물표 및 관측자를 지나는 대권이 이루는 교각을 자침방위라고 한다.

③ 나침방위(compass bearing, C.B)

컴퍼스의 남북선과 물표 및 관측자를 지나는 대권이 이루는 교각을 나침 방위라고 한다.

④ 상대 방위(relative bearing, R.B)

자선의 선수미선을 기준으로 선수를 0°로 하여 시계 방향으로 360°까지 재거나 좌현, 우현으로 180°씩 측정한다.

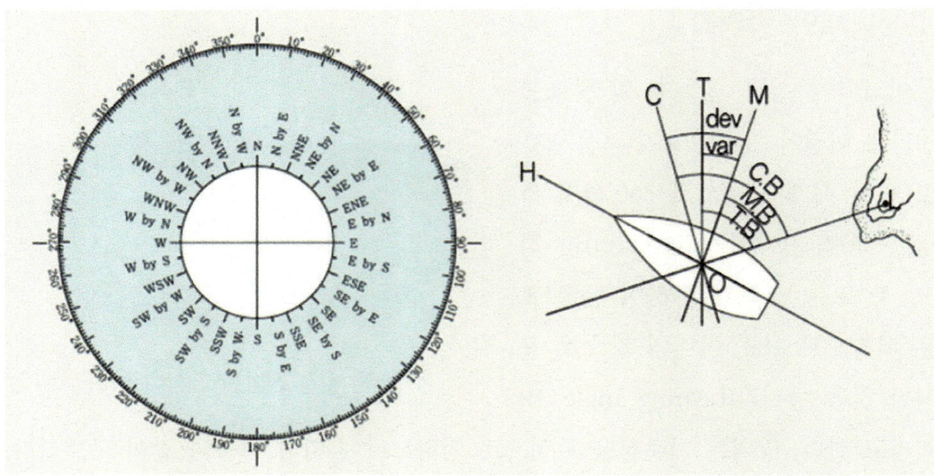

[그림 4-8] **방위와 방위 표시법**

(3) 방위 표시법

방향을 측정하는 일반적인 방법은 세 자리의 도수로 나타내며, 북을 000°로 하여 360°까지 시계 방향으로 측정한다. 방위를 표시하는 방법은 다음과 같으며, 침로도 이와 같은 방법으로 표시한다.

① 360°식

북을 000°로 하여 시계 방향으로 돌아가면서 360°까지 측정하는데, 반드시 세 자리 숫자로 표시하며, 진방위나 진침로를 표시하는 경우에 많이 쓰인다. 이 방식에서 동은 090°, 남은 180°, 서는 270°와 같이 표시한다.

② 180°식

북 또는 남을 기준으로 동쪽 또는 서쪽으로 180°까지 측정하는 방식이며, 측정각의 앞에는 기준이 북이면 N을, 남이면 S를 붙이고, 뒤에는 측정 방향이 동쪽이면 E를, 서쪽이면 W를 붙여 N5°E, S135°W 등과 같이 표시한다.

③ 90°식

180°식과 같이 북 또는 남을 기준으로 동쪽 또는 서쪽으로 측정하되, 측정각

을 90° 이내의 각으로 표시하는 방식이다. 180°식의 N5°E는 90°식으로 표시하면 N5°E이고, 180°식의 S135°W는 90°식으로는 N45°W가 된다.

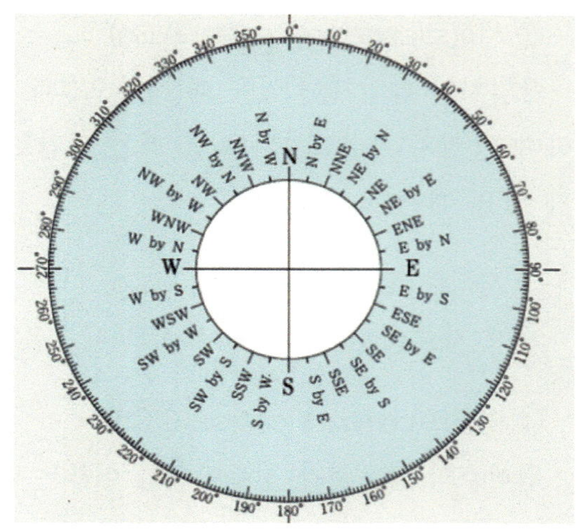

[그림 4-9] 360° 식과 포이트식

④ 포인트식

원주(360°)를 32등분할 때 한 등분을 1포인트(point) 또는 1점이라고 하며, 1포인트는 11°15′이 된다.

(4) 침로

선수미선과 선박을 지나는 자오선이 이루는 각을 침로(course, Co.)라고 하며, 북을 000°로 하여 360°까지 측정한다. 북 또는 남을 기준으로 동쪽 또는 서쪽으로 180°까지의 각으로 표시하거나 90°까지의 각으로 표시한 경우에는 이를 침로각(course angle)이라고 하여 침로와 구별한다. 침로는 기준이 되는 자오선에 따라 다음과 같이 구별한다.

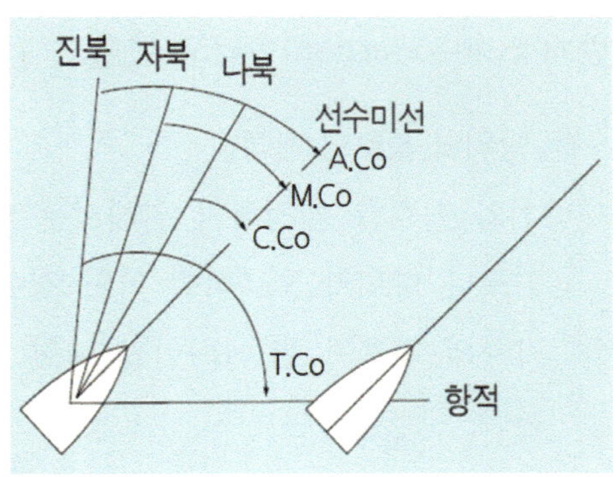

[그림 4-10] 침로

① 진침로(true course, T.Co)

진자오선과 항적이 이루는 각을 진침로라고 한다. 풍압차나 유압차가 없을 때에는 항적과 선수미선이 일치하므로 진자오선과 선수미선이 이루는 각이 진침로이다.

② 시침로(apparent course, A.Co)

풍압차나 유압차가 있을 때 진자오선과 선수미선이 이루는 각을 시침로라고 하며, 풍압차나 유압차가 없을 때는 진침로와 같다. 시침로는 풍압차나 유압차가 있을 때만 쓰인다.

③ 자침로(magnetic course, M.Co)

자기 자오선과 선수미선이 이루는 각을 자침로라고 한다.

④ 나침로(compass course, C.Co)

컴퍼스의 남북선과 선수미선이 이루는 각을 나침로라고 한다.

(5) 방위와 침로 개정

나침로(나침 방위)를 진침로(진방위)로 고치는 것을 침로(방위) 개정(correction)이라고 하며, 반대로 진침로 또는 진방위를 나침로나 나침 방위로 고치는 것을 반개정(uncorrection)이라고 한다.

① 방위와 침로의 개정법

방위와 침로를 개정하기 위해서는 다음과 같은 방법과 순서를 따른다.

- 침로나 방위가 360°식이 아닌 경우는 모두 360°식으로 바꾸어 준다.
- 자차의 부호가 편동(E)이면 나침 방위(나침로)에 더하고, 편서(W)이면 빼 준다.
- 편차도 자차와 같이 부호가 편동(E)이면 자침 방위(자침로)에 더하고, 편서(W)이면 빼 준다.
- 방위 개정은 바로 위 과정까지 계산하면 진방위를 얻을 수 있다. 침로 개정은 위 과정까지의 계산으로 시침로를 얻을 수 있으나, 풍압차가 있을 때는 이를 계산해 주어야 한다.
- 풍압차에 의해서 선박이 우현으로 밀리면 풍압차에 E 부호를 붙여 주고 시침로에 더한다. 선박이 좌현으로 밀리면 W 부호를 붙여서 시침로에서 빼 주면 진침로가 된다.

② 방위와 침로의 반개정법

침로나 방위의 반개정은 개정법의 정반대이기 때문에 개정의 반대 순으로 한다. 다만 계산할 때는 편동(E)은 빼 주고, 편서(W)는 더해 준다.

(6) 풍압차

선박이 항행 중 바람이나 조류의 영향을 받아서 풍하 쪽으로 떠밀려 실제로 선박이 지나온 항적이 선수미선 방향과 일치하지 않고 교각을 나타내는 것을 말하는데, 이 교각을 풍압차(leeway, LW)라고 한다.

또한 해류나 조류의 영향으로 항적과 선수미선 사이에 교각이 생기게 되는데, 이 교각을 유압차(tide way)라고 한다. 그러나 일반적으로 풍압차와 유압차의 구별 없이 이들을 풍압차라고 하는 경우가 많다.

풍향은 바람이 불어오는 방향을 말하고, 유향은 해류나 조류가 흘러가는 방향을 뜻한다. 바람을 우현에서 받을 때는 풍압차 R, 좌현에서 받을 때는 L의 부호를 붙인다.

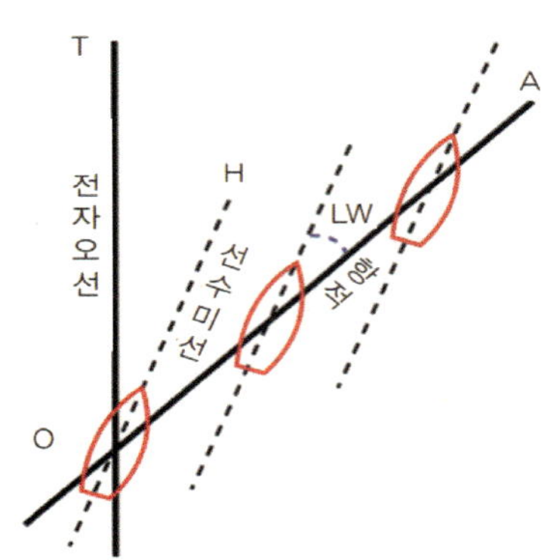

[그림 4-11] 풍압차

제2절 해도

해도는 선박이 안전하고 신속하게 목적지에 도달할 수 있도록 항로에 관한 정보를 제공하여 주거나 정박할 때 필요한 해상의 여러 가지 지식을 우리에게 주는 바다의 안내도이기 때문에, 이것이 없이는 안전한 항해를 기대하기 어렵다. 충분히 익숙한 바다에서도 때로는 선위가 불명확하여 불안에 떨 수 있다. 이와 같은 때에 해도가 있으면 그것을 금방 떨쳐버리게 한다든지, 불안을 해소

하는 역할 등 항해의 안전에 대한 확신을 얻을 수 있다.

1. 해도의 종류

해도는 도법(제작법), 사용 목적 및 전자 해도 등에 따라 다음과 같이 분류할 수 있다.

(1) 해도의 도법

지구는 거의 구(sphere) 형태에 가까운 회전타원체이기 때문에 어떠한 방법으로 평면상에 표현하여도 원래의 거리, 넓이를 그대로 나타내기에는 어려움이 많다. 그러므로 실용상 해도의 사용에 문제가 되지 않는 정도의 오차를 최소화하여 경도와 위도를 평면에 표현하는 일이 중요한데, 이것을 도법(projection)이라고 한다.

① 평면도법(plan projection)

평면도는 지구 표면의 좁은 한 부분을 평면으로 간주하여 그리는 방법으로, 이 경우에는 좁은 구역을 범위로 하므로 해도상의 거리, 방위의 오차가 극히 작아 무시할 수 있는 수준이다. 그럼에도 불구하고 평면도는 제작 방법이 간단하고, 해도상의 선박 위치가 실제 지구상의 위치와 매우 비슷하게 표시할 수 있다. 따라서 항만을 표현한 항박도(harbour plan)에 많이 사용된다.

② 점장도법(mercator projection)

실제 지구는 구면 타원체이다. 따라서 인접한 자오선 사이의 간격은 적도에서 양극으로 갈수록 좁아지고 결국 극점에서 모두 모이게 된다. 선박이 침로를 090° 또는 270°를 유지하는 경우, 모든 자오선과 직교하며 항해하게 된다. 하지만 이 외의 일정 침로로 항해하는 경우에는 자오선과 일정 각을 유지하며 항해하게 되고 결국 선박의 위치는 지구 표면상에서 나선형을 띄며 항해하다가 점차 극에 가까워지는 형태가 된다. 또한 인접한 자오선 간의 간격은 적도에서 극으로 갈수록 그 사이의 거리가 좁아지게 되는데, 적도에서의 자오선 간격과 같

이 극에서도 동일하게 거리를 늘려 곡면을 평면으로 나타낼 수 있게 된다. 늘어난 자오선 간격만큼 위도 간격도 늘리게 되면 지형 자체의 모습을 정확하게 표시하고 자오선을 평행으로 나타낼 수 있게 된다. 위와 같은 방법을 통해 자오선과 거등권이 서로 직교하도록 하여 점장도 안에서는 거등권 사이의 간격이 일정하지 않고 위도가 올라갈수록 거리가 늘어나 면적이 달라지는 단점이 있다. 그러나 점장도에서 항정선은 모든 자오선과 같은 각도를 이루어 항해사가 어느 자오선을 이용하여도 침로와 방위를 동일하게 활용할 수 있다.

[그림 4-12] 점장도 제작 원리

③ 대권도법(great circle projection)

이 도법은 지구의 중심을 바라보는 시점을 기준으로 표면을 관측할 때 지구 표면 위의 한 점에 접하는 평면에 지구 표면을 투영해서 나타내는 방법으로 심사 도법(gnomonic projec- tion)이라고도 한다.

대권도법으로 작성된 해도상에서는 [그림 4-13]과 같이 두 지점을 지나는 대권이 직선으로 표현되므로 두 점 사이의 최단 거리를 구하기가 편리하여 항해사가 원양 항해 계획을 수립할 때 이용된다.

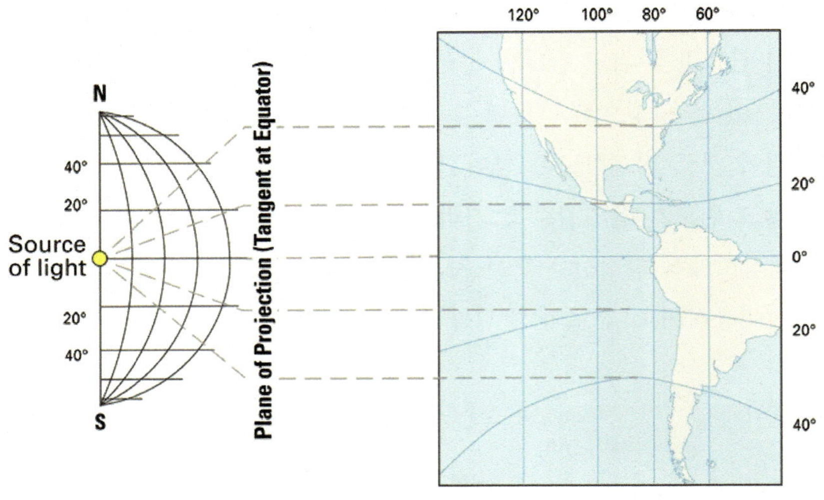

[그림 4-13] 대권도법

특히 거리가 먼 대양 항해의 경우에는 대권 거리가 항정선 거리보다 훨씬 짧아지게 된다. 따라서 [그림 4-14]와 같이 대권도상에서의 대권을 점장도상에 표현하면 곡선으로 나타나게 된다. 항정선보다 길어 보이지만 이는 점장도법의 원리 때문에 그렇게 보일 뿐 실제로는 타원형 구면체 표면에서 두 지점을 연결하는 가장 가까운 거리이므로 연안에서 멀어질수록 먼 거리를 항해할 경우, 대권 위를 항해하는 것이 경제적이다.

[그림 4-14] 점장도와 대권도에서 대권

(2) 해도의 사용 목적

해도는 그 사용 목적에 따라 항해용으로 사용되는 항해용 해도(nautical chart)와 항해 참고용 또는 학술, 생산 및 자원 개발 등에 이용되는 특수도(miscellaneous chart)로 구분한다.

① 항해용 해도

〈표 4-1〉 **항해용 해도**

종류	축척	내용
총도 (general chart)	1/400만 이하	세계 전도와 같이 넓은 구역을 나타낸 것으로 원거리 항해와 항해 계획수립 시 거리 확인에 사용함
항양도 (sailing chart)	1/100만 이하	원거리 항해에 사용되며, 원양의 수심, 주요 등대, 부표, 원양에서 최초 관측되는 육상의 물표가 표시됨
항해도 (coastal chart)	1/30만 이하	육지를 바라보면서 연안 항해를 할 때 사용되며, 육지 물표를 활용한 선위 측정이 가능하도록 육상 물표, 등대, 등부표가 상세히 표시되어 있음
해안도 (approach chart)	1/3만 이하	연안 항해에 사용되며, 연안에 위치한 등대의 성질을 포함한 상황이 상세하게 표시되어 있음
항박도 (harbour chart)	1/3만 이상	연안 항해에 사용되며, 연안에 위치한 등대의 성질을 포함한 상황이 상세하게 표시되어 있음

② 특수도

〈표 4-2〉 **특수도**

종류	내용
해저 지형도 (bathymetric chart)	해안의 저조선을 포함한 해저면의 지형을 그린 해도로 어장 개발, 자원 개발, 해저 통신선 부설, 침몰선 관련 해양오염 방제, 군사 작전, 해양의 과학적 이용 및 환경 보전 등에 중요한 자료로 활용됨
어업용 해도 (fishery chart)	일반 항해용 해도에 각종 어업에 필요한 제반 자료(예: 인공 어초 투하 위치 등)를 포함한 해도로, 해도 번호 앞에 'F' 표시를 함
해류도 (ocean current chart)	일정한 방향과 유속을 가진 해수의 흐름을 나타냄
조류도 (tidal current chart)	달과 지구에 기인한 조석 현상에 따라 발생하는 해수의 수평적인 흐름인 조류 상황을 그림으로 표현한 것으로, 창조류 및 낙조류 등 시간대별 조류의 방향과 유속을 표기함
해도 도식 (chart symbols and abbreviations)	해도상에 그림, 문자 형태로 표현된 다양한 정보(건물, 항만 시설물, 등부표, 수중 장애물, 조류, 해류, 해안선의 형태, 등고선, 연안 지형 등)의 기호 및 약어를 표기하고 해설함
기타 특수도 (special charts)	위치 기입도, 영해도, 세계 항로도 등이 있음

(3) 전자 해도

전자 해도란 지금까지 사용해 온 종이 해도의 모든 정보. 즉, 수심, 육지의 각종 물표, 부표를 포함한 해상 물표, 해저 등심선, 항로상의 항로 표지, 위험물, 출·입항 및 연안 항로 등 선박의 안전과 관련된 모든 정보를 국제수로기구(IHO)의 표준 규격(S-57)에 따라 제작한 디지털 해도이다.

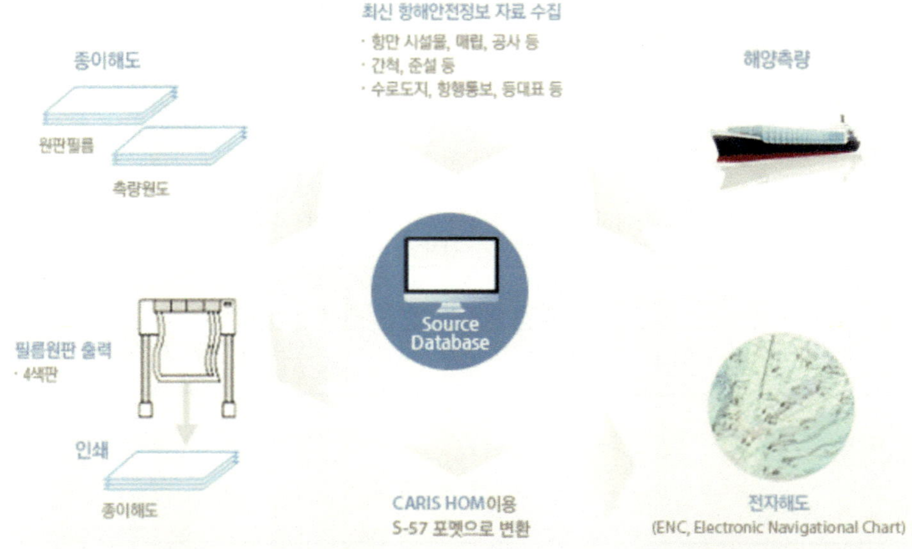

[그림 4-15] **전자 해도 제작 과정**

전자 해도(ENC) 카탈로그는 선박에서 이용할 전자 형태 개별 해도의 목록을 확인하고 조회, 항해 계획에 활용할 수 있도록 만들어진 시스템이다. 전자 해도는 선교에 설치되는 전자 해도 표시 장치(eletronic chart display and information system, ECDIS)를 통해 컬러로 표시된다. 선박의 위치는 GPS 등 선위 측정 장치와 연동되어 ECDIS 상에 표시되므로 항해사는 본선 선위 확인 및 주변 위험물을 편리하게 확인할 수 있다. 더불어 레이더(radar) overlay 기능을 통해 원거리 전파 측정 물표까지 확인이 가능하다.

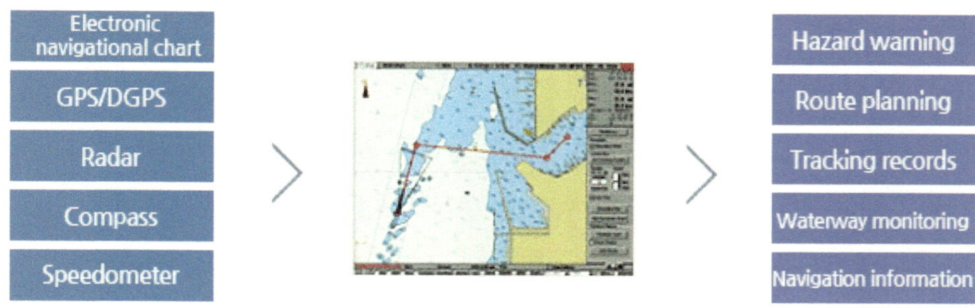

[그림 4-16] ECDIS 모식도

2. 해도상의 정보

해도는 바다의 실제의 지형을 기호나 약어로써 나타낸 것이며, 해도에 기입되어 있는 여러 가지 기호, 부호, 약어 등을 총칭하여 해도도식이라 한다.

(1) 해도의 축척

두 지점 사이의 실제 거리와 해도에서 이에 대응하는 두 지점 사이 거리의 비를 축척이라고 한다.

(2) 해도의 분류 번호와 내용

모든 해도는 분류 번호와 해도의 내용을 일목요연하게 표시한 표제가 기록되어 있고, 이는 임의로 변경할 수 없다.

① 해도 번호

해도를 분류, 정리할 때의 참조 번호로 해도의 상부 왼쪽 및 하부 오른쪽에 표시한다. 국립해양조사원의 해도는 번호별로 구분되어 있다.

② 간행 연월일, 소개정

해도의 아랫부분 중앙에는 간행 연월일이 기재되어 있다. 만일 이 일자가 항해서지 목록에 있는 간행 연월일과 비교하여 오래된 것은 폐간된 것이므로 새로 구입하여야 한다. 아랫부분 좌측 부분에는 해도의 소개정(small correction)

에 관한 내용이 표시되어 있다.

③ 지명

해도에는 항해자가 위치 측정을 할 때 필요한 갑(岬), 섬, 산 등의 지명과 항해에 장애가 되는 천소(淺所)나 암초의 명칭, 항만, 해협 등이 기재되어 있다.

④ 나침도

나침도의 바깥쪽은 진북(true north)을 가리키는 진방위권을, 안쪽은 자기 컴퍼스(magnetic compass)가 가리키는 나침 방위권을 각각 표시한 것이다. 나침도 안에는 지구 표면 및 그 주위의 공간에 만들어지고 있는 자기장에 따른 자침 편차와 1년간의 변화량인 연차가 함께 기재되어 있다.

⑤ 경위도 표시

해도의 안쪽 윤곽선의 눈금 구획을 보면 도수, 분수가 기재되어 있는데, 축척에 따라 분할의 방법이 다르므로 경위도의 수치를 읽을 때는 어떻게 분할되어 있는지 확인해야 한다.

⑥ 바다의 표시

- 수심: 바다에 쓰여 있는 많은 아라비아 숫자는 수심을 나타내며, 수심의 단위로 우리나라는 미터(m)를 사용하고 있다. 그러나 패덤(fathom, 1 fathom=6ft=1.83m)이나 피트(ft)를 사용하는 해도도 발간되고 있으므로 해도 사용 시에는 수심의 단위를 확인해야 한다.
- 저질: 해저면을 이루고 있는 표층 퇴적물로 규정된 약어로 되어 있다. 저질에 관한 정보는 투묘지로서의 적합성 여부를 판단하거나 해저 퇴적물 및 해양 환경 조사 시 중요하다.
- 등심선: 해저의 지형, 즉 높낮이에 따라 수심이 동일한 구역을 얇은 실선으로 연결하여 나타낸다.
- 항로 표지: 등대, 등표, 등주, 등부표, 무선 표지국 등 규정된 기호와 약어로 표시되어 있다. 소축척 해도는 약어로 표기되어 간략하기 때문에 상세

한 것은 대축척 해도를 참고하는 것이 좋다.

- 조류 화살표: 조류의 방향과 대조기의 최강 유속을 나타낸다.
- 해저 위험물: 간출암, 침선, 어초, 해저선, 수중 장애물 등이 기록되어 있다.
- 해상 구역: 항계, 검역 묘지, 사격 훈련 구역, 투묘 금지 구역, 항박 금지 구역, 항로 등이 기재되어 있다.

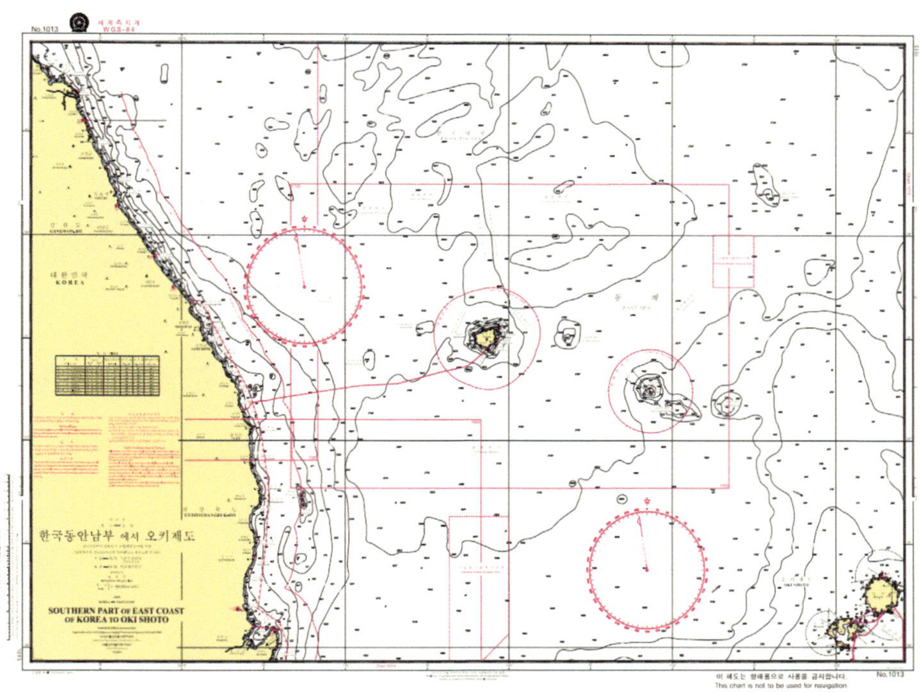

[그림 4-17] 해도의 표제 및 기사

⑦ 육지의 표시

- 높이: 평균 수면으로부터의 높이로 표시한다. 우리나라는 육지 높이의 단위를 미터(m)로 표시하고 있으나 패덤(fathom) 또는 피트(ft)로 표시된 해도도 있으므로 해도 사용 시에는 단위에 유의해야 한다.
- 해안선: 약최고고조면은 조석으로 인하여 가장 높아진 해수면 높이를 말

한다. 우리나라는 약최고고조위 높이를 해안선으로 하고 있으며, 기상 등의 영향으로 그 이상의 해수면 높이도 관측되는 경우가 있다.

- 지형: 기복을 표현하기 위해 육도 등을 자료로 하여 등고선처럼 기재되어 있다.
- 지물: 연안 부근으로 도로, 철도, 다리 등이 기재된다.
- 건조물: 항만 시설, 항만 및 해사 관련 관공서, 공장, 절, 학교 등의 시설물로 목표물 또는 사용 시설로 이용되는 것들이 기재된다.

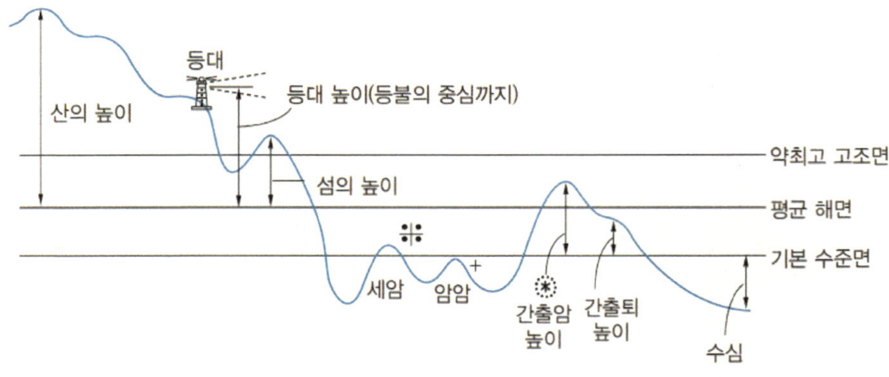

[그림 4-18] **수심 및 높이의 기준**

3. 해도 사용법

(1) 경위도 읽는 법

해도상 어느 지점의 경도를 구하려면 삼각자 또는 평행자를 써서 그 지점을 지나는 자오선을 긋고 해도의 위쪽이나 아래쪽에 기입된 경도 눈금을 읽으면 된다. 위도 역시 같은 방법으로 좌우에 기입된 위도의 눈금을 읽으면 된다. 이밖에도 디바이더로 해당 지점과 경도 및 위도선까지의 간격을 측정해서 경도 및 위도를 구할 수 있다.

(2) 두 지점 사이의 방위(또는 침로)를 구하는 방법

두 지점 사이의 방위는 해도에 그려져 있는 나침도를 사용하여 구한다. 즉, 삼각자의 한 변을 두 지점 위에 똑바로 맞춘 다음 또 하나의 삼각자를 함께 사용하여 그 변을 나침도의 중심까지 평행 이동시켜 방위(침로)를 읽는다. 이노우에식 삼각자는 나침도까지 삼각자를 이동하지 않고 가까운 자오선에서 방위를 읽을 수 있도록 만들어져 있으므로 많이 이용되고 있다.

(3) 두 지점 간의 거리를 구하는 방법

두 지점에 디바이더의 발을 각각 정확히 맞추어 두 지점의 간격을 재고, 이것을 두 지점의 위도와 가장 가까운 위도의 눈금에 대어 거리를 구한다. 점장도상에서는 위도 1분의 길이가 위도에 따라 다른데, 특히 고위도에서는 급속히 길어지므로 주의를 요한다.

(4) 선박의 위치를 구하는 방법

어떤 물표를 관측하여 얻은 방위, 협각, 고도, 거리, 수심 등을 만족하는 점의 자취를 위치선이라고 한다. 선박은 그 위치선의 어느 부분 위에 있다고 생각할 수 있으며, 이러한 위치선이 여러 개 겹치면 그 겹치는 지점에 선박이 위치하고 있는 것으로 판단할 수 있다. 이러한 선위의 파악 및 기록은 안전하고 경제적인 항해를 위해 매우 중요하다.

제3절 연안 항법

선박이 연안에 접근하여 항해할 때는 육표, 항로표지 등의 방위 또는 거리를 측정하여 선위를 결정하게 되는 데, 이 경우의 선위 측정 원리 및 방법을 연안 항법이라 하며, 보통(전자)해도를 이용하여 문제를 해결한다.

일반적으로 연안 항법은 풍부한 경험과 여러 가지 기술상의 판단을 해야 하며, 끊임없는 경계, 선위 확인 및 어떠한 상황에서도 즉시 대처할 수 있는 마음가짐과 긴장이 필요하고, 아울러 국제해상충돌예방규칙(COLREG)에 관한 지식도 갖추고 있지 않으면 안 된다. 보통 대양에서는 육지에 접근하기까지 과오를 발견할 수 있는 시간적 여유가 있어 큰 해양 사고는 일어나지 않지만, 연안을 항해할 때 범한 당직자의 잘못은 이를 수정할 여유가 거의 없으므로 중대한 해양 사고를 일으켜 막대한 재산과 인명에 손실을 줄 위험이 크다.

오늘날에는 항해의 위험이 옛날과 달리 육지에서 멀리 떨어져서 대양을 항해하는 데에 있지 않고, 오히려 육지에서 가까운 연안을 항해할 때 더욱 증가 한다. 그것은 최근 선박은 그 속력이 빠르고, 대형화되었기 때문에 당직자의 잘못이나 그릇된 판단 또는 부주의로 일어날 수 있는 해양 사고에 대처할 여유가 그만큼 적어진 데에 기인하는 것이다.

물론 항해의 안전은 대부분 현재의 선위를 얼마나 정확하게 알고 있는가에 달려 있으나, 연안 항해에 있어서는 현재뿐만 아니라 앞으로 문제까지 관여하고 있다는 사실을 특히 염두에 두어야 한다. 적어도 현재까지는 일이 일어나지 않았기 때문에 안전하다고 판단해서는 안 되며, 앞으로도 안전하기 위해서는 과거부터 현재까지의 모든 상황을 면밀하게 분석, 검토하여 자신이 직면할지도 모를 위험을 미리 알아내는 것이 중요한 일이다. 그러기 위하여 자주 선위를 확인하고 취할 침로를 결정하는 등의 문제가 생긴다.

연안 항법에 관련된 위치선과 위치, 선위 결정법, 연안 항해 계획 등은 향후 지문항해학 및 실습에서 다루기로 한다.

해누리

제4절 전파 항법

전파 항법은 전파의 직진성, 등속성 및 반사성을 이용하여 천후, 해상 상태 등 자연조건의 변화와 관계없이 언제든지 이용할 수 있으며, 측정에 필요한 시간의 단축 등 장점이 있으나, 실제로 전파 성질상의 오차, 기계적인 오차 및 취급상의 오차 등이 포함되어 있다. 항해사가 당직 중, 가장 빈번하게 사용하는 장치는 레이더와 위성항법장치(global navigation satellite system, GNSS)이고, 이들을 이용한 항법을 레이더 항법과 위성 항법이라 하며, 그 개요는 다음과 같다.

1. 레이더 항법

레이더(radar)는 radio detection and ranging의 약어로, 전자파의 직진성, 등속성, 반사성을 이용하여 해상에 존재하는 장애물이나 선박 등과 같은 물표들을 탐지하는 전파 항법 장치이다. 레이더에서는 탐지 물표의 방위와 거리를 측정함으로써 물표의 위치나 이동 상태 등을 알아낼 수 있다.

현재 세계 여러 나라에서 군사용, 기상용, 기타 산업용으로 많은 종류의 레이더가 사용되고 있다. 그러나 상업용 선박에 설치하여 사용되는 레이더 장치에서는 3GHz대의 S밴드와 9GHz대의 X밴드 전자파가 사용된다.

우리나라의 선박 설비 기준에 따라 총톤수 30톤, 어선 길이 35미터 이상이거나 최대 20노트 이상의 여객선, 총톤수 100톤 이상의 여객선에서는 9GHz대의 레이더 1대를 설치해야 한다. 만일 총톤수가 3,000톤 이상이 되면 3GHz대나 9GHz대의 레이더 중에서 1대를 더 추가로 설치해야 한다. 저렴한 선박용 레이더의 등장으로 대부분의 연근해 선박에서도 레이더를 설치하여 운용하고 있다.

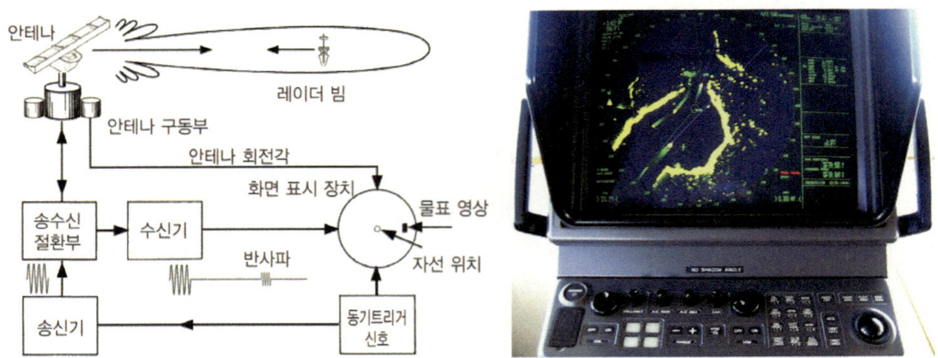

[그림 4-19] **레이더 장치의 동작 계통도와 지시기**

2. 위성 항법

위성 항법 장치인 GNSS(global navigation satellite system)는 미국의 GPS(global positioning system), 러시아의 GLONASS(global navigation satellite system, 글로나스), 중국의 BDS(BeiDou navigation satellite system), 유럽연합의 갈릴레오(Galileo) 위성 항법 장치 등을 통틀어 표현한 용어이다.

각 위성 항법 장치는 지구 궤도상에 다수의 위성으로 구성된 위성군으로부터 수신되는 위성의 위치 정보와 전파를 이용한 거리 측정을 통해 3차원의 위치 및 시각 동기 정보를 제공하는 위성 장치이다. 위성 항법 장치는 한창 냉전 시대였던 1970년대에 중궤도 위성으로 구성된 미국의 GPS(global positioning system)와 러시아의 GLONASS의 개발·구축으로 시작되었다. 이후 인도의 NavIC(navigation with Indian constellation)과 중국의 BDS(BeiDou navigation satellite system)가 2016년과 2020년에 구축 완료되었고, 유럽의 갈릴레오 시스템과 일본의 QZSS(Quasi-Zenith satellite system)가 개발 및 구축 중에 있다. 우리나라도 2035년 서비스를 목표로 지역 항법 시스템으로서의 KPS(Korea positioning system) 사업을 계획 중에 있다.

GPS로 대표되는 위성 항법 장치는 선박, 항공기, 자동차 및 기타 이동체의

위치를 알 수 있는 가장 현대적이고 발전된 항법 장치로, 전 세계적인 이용이 가능하다. 위치 오차는 선박에서 많이 사용하는 일반 GPS 수신기 및 DGPS(differential GPS) 수신기의 경우에는 각각 10~15m, 2~5m 정도가 많다. GPS 수신기는 사용 방법이 간단하고 그 활용도가 높은 전파 항법 장치이다. 원래는 군사용 목적으로 개발되었으나 민간 용도의 사용이 허용된 후 선박용, 산업용, 자동차용 및 레저용으로 널리 보급되어 사용되고 있다.

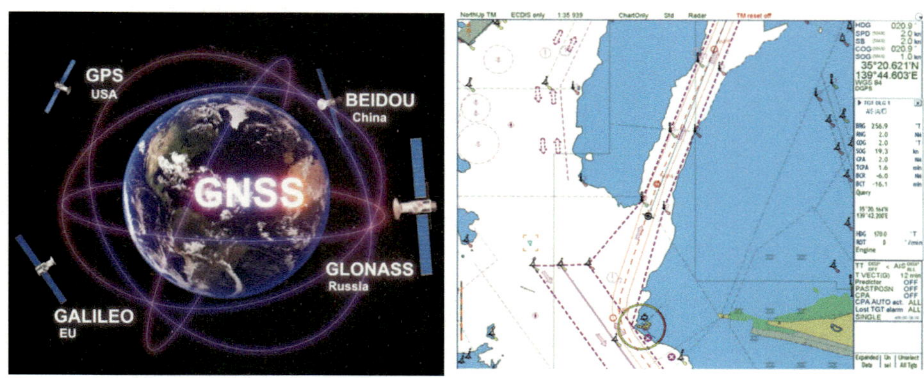

[그림 4-20] GNSS의 위성과 ECDIS에 GPS 위치정보 표시

항해계기

항해사가 선박을 목적지까지 안전하고 능률적으로 운항하기 위해서는 그때 그 장소에 따른 해상, 천상 등의 항해환경과 선속, 수심, 목표의 방위, 고도 및 협각 등의 항해 정보를 근거로 선위를 결정하고, 그 선위로부터 목적지까지 침로를 유지하는데 필요한 계측기기를 총칭하여 항해계기라 한다.

방위와 침로를 계측하는 컴퍼스, 속력을 계측하는 선속계, 수심을 측정하는 측심기, 각도를 계측하는 육분의, 기타 항해계기로 나눌 수 있고, 여기서는 각 항해계기의 개요만 기술한다.

제1절 컴퍼스

선박에서 선수 방위 측정을 위하여 사용되는 컴퍼스는 자석을 이용한 자기 컴퍼스(magnetic compass), 고속으로 회전하는 팽이의 원리를 이용하는 자이로 컴퍼스(gyro compass), 두 GPS 안테나 사이의 변위로부터 진북을 구하는 GPS 컴퍼스(GPS compass) 등이 있다.

1. 자기 컴퍼스

자기 컴퍼스(magnetic compass)는 지구의 자기장을 이용하여 선수 방위를 측정하는 계기로, 자기 컴퍼스에 내장된 자석(자침, magnetic needle)을 이용하여 방위를 측정한다. 자기 컴퍼스는 자석을 자유로이 회전할 수 있는 회전대 위에 놓아두면 지구 자기장의 방향을 가리키게 된다는 원리를 이용하여 만들었다.

자기 컴퍼스는 오래전부터 이용되어 온 대표적인 항해계기로, 새로운 전파 항해계기를 갖추고 있는 최신 선박에서도 그 중요성은 변함이 없으며, 그 특징은 다음과 같다.

① 단독으로 작동이 가능하다.
② 구조가 간단하다.
③ 수리 및 관리하기 쉽다.
④ 전원이 필요 없다.
⑤ 비교적 가격이 저렴하다.
⑥ 오차를 가지고 있으므로 반드시 수정하여야 한다.

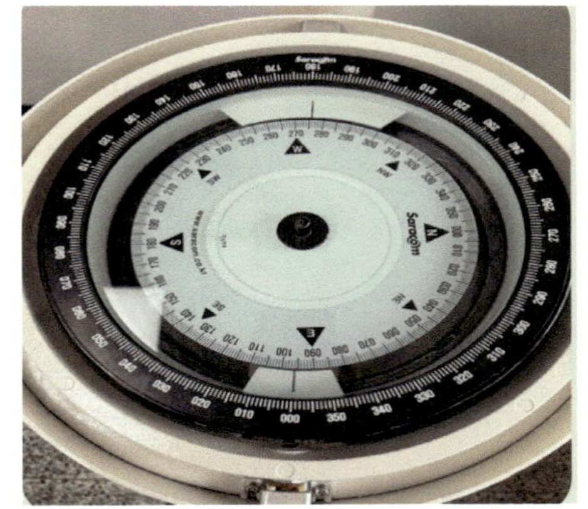

[그림 4-21] 자기 컴퍼스의 카드

2. 자이로 컴퍼스

자이로 컴퍼스(gyro compass)는 고속으로 회전하는 회전체(gyro)를 이용한 장치로, 기계 역학적인 방법을 이용하여 선박의 진북을 측정하기 위한 장비이다. 지구 자기와는 관계가 없기 때문에 편차나 자차를 고민할 필요가 없다. 자이로 컴퍼스는 자기 컴퍼스와 비교하여 많은 장점을 가지고 있는데, 설치 장소에 구애받지 않고, 편차와 같은 부정 오차도 발생하지 않으며, 지북력도 위도에 따라 감소하지 않으므로 보다 안정적으로 진북을 표시할 수 있다. 또한, 방위를 간단히 전기 신호로 바꿀 수 있으므로 항해자료 기록장치(VDR), 자동조타장치(autopilot), 자동레이더플로팅장치(ARPA), 통합항법장치(INS), 선박자동식별장치(AIS), 전자해도 표시장치(ECDIS) 등에 방위 정보를 제공할 수 있다.

자이로 컴퍼스의 기본적인 원리는 자이로의 회전력과 지구의 선회력을 합하여 자이로 회전축이 지구의 남북방향을 가리키도록 고안한 것으로써 다음과 같은 특징을 가지고 있다.

① 편차와 자차가 없으므로 항상 진북을 가리킨다.
② 지북력이 강하고 진동이 있더라도 방위를 지시하는데는 지장이 없으며, 고위도 지방에서도 자기 컴퍼스와 같이 지북력이 약하지 않다.
③ 주나침의의 지시를 전기신호로 종나침의에 전달할 수 있다.
④ 주나침의의 신호는 자동조타기 및 레이더 등에 전달할 수 있다.

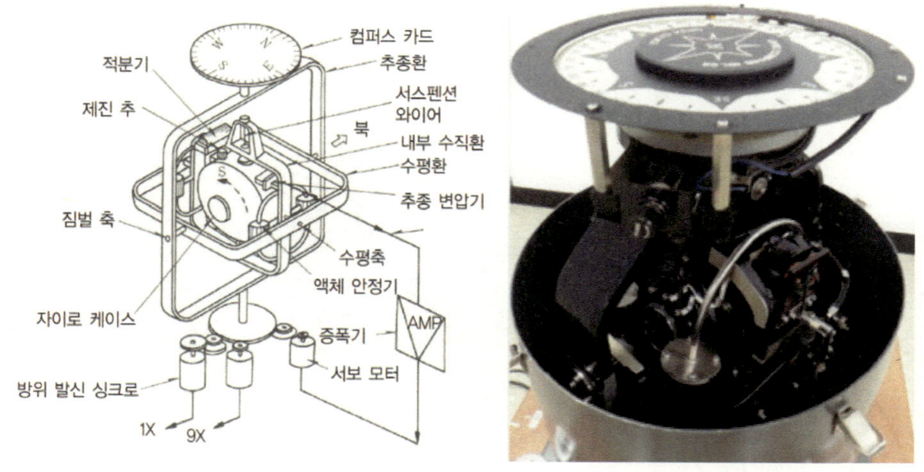

[그림 4-22] **자이로 컴퍼스의 구조 및 내부 모습**

3. GPS 컴퍼스

GPS 컴퍼스는 자이로 컴퍼스의 가격보다 싸지만, 정도 등의 성능은 자이로 컴퍼스와 동등하기 때문에 최근 급속하게 보급되고 있다. 또한 2002년 7월 새로운 SOLAS 협약에 THD(transmitting heading device) 규격이 제정되어 모든 여객선과 300~500톤급 국제 항행선에 방위 센서를 탑재할 의무가 부가되었다. 이 THD 규격에 전파 방식을 이용한 방위 센서로써 GPS 컴퍼스를 이용할 수 있도

록 규정하고 있다.

자이로 컴퍼스는 정도는 높으나 고가이고 안정 시간이 긴 결점이 있고, 자기 컴퍼스는 낮은 저가격이고 사용하기 쉬운 반면, 정도가 떨어진다는 결점이 있다. 이들의 결점을 해소한 방위 센서가 GPS 컴퍼스이다. 그러면 GPS 컴퍼스가 자이로 컴퍼스를 대체할 수 있을까? 이것은 GPS의 신뢰도에 관한 문제이다. 즉, 인공위성을 이용하기 때문에 신호의 차폐, 혹은 재밍 등에 의하여 사용하기 어려울 때도 있다.

GPS 컴퍼스의 원리는 [그림 4-23]과 같이 위성과 안테나 A1(기준)과의 거리와 위성과 안테나 A2와의 거리 차를 수신한 위성 신호의 위상차를 측정하여 선수 방위를 계산한다.

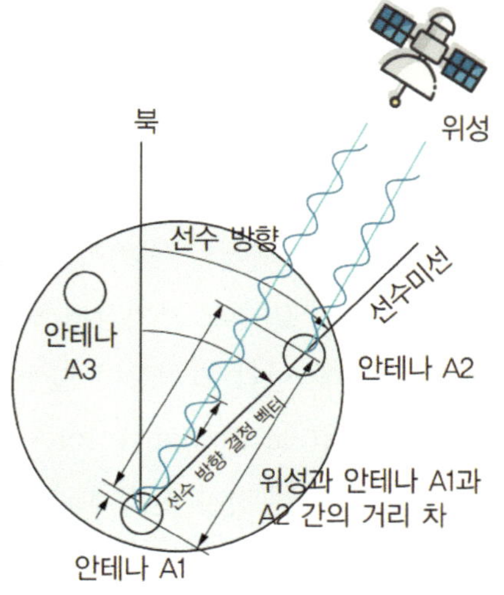

[그림 4-23] GPS 컴퍼스의 원리

제2절 선속계

선박의 속력을 측정하는 목적은 선박 제어, 위치 추정, 목적지까지의 거리 계산 등을 위해서이다. 자동차의 속력은 바퀴의 회전수로 측정하는데, 선박은 수중에 투입시킨 측정 센서의 측정 결과를 이용하여 선속을 계산한다. 정확한 선속 측정이 가능해야 선박 운항의 경제성을 평가할 수 있다.

선속계는 단위 시간당 풀려나가는 줄의 길이로 선속을 측정하는 핸드 로그(hand log), 선미에서 회전체를 끌면서 그 회전체의 회전수를 이용하는 패턴트 로그(patent log), 수압을 이용한 유압식 선속계(pressure tube log), 선저에 흐

르는 유체의 흐름을 이용한 전자 선속계(EM log), 초음파를 이용한 도플러 선속계(Doppler speed log), 음파의 상관(correlation)을 이용한 상관 선속계 등이 있다. 최근 선박에서 많이 사용되는 전자 선속계, 도플러 선속계 및 상관 선속계의 개요는 다음과 같다.

1. 전자 선속계

전자 선속계(electromagnetic speed log, EM log)는 '도체와 자계가 상대적인 운동을 할 때 도체에 기전력이 유도된다.'는 패러데이(Faraday)의 전자기 유도 원리를 응용한 것이다. 자기장의 방향, 도체의 운동 방향, 기전력의 방향은 서로 직각을 이룬다. 만약 자기장이 일정하면 기전력의 세기는 운동의 속도에 비례한다. 이 기전력(electromotive force)은 도체나 자기장이 움직이면 발생한다. 현재 사용되고 있는 전자 선속계는 20세기 중반 미국 해군이 개발한 것으로, 어떤 전도체를 자기장에서 이동시키면 소량의 기전력이 발생하고, 반대로 전도체는 그대로 두고 자기장을 변화시키면 전도체에 기전력이 발생하는 원리이다.

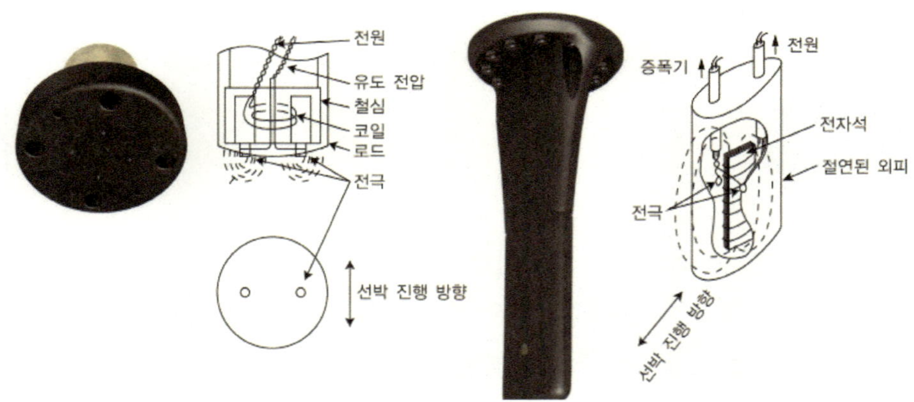

[그림 4-24] 전자 선속계의 외부 형태 및 내부 구조

전자 선속계(EM Log)는 자기장을 고정시키고 전도체를 이동시켰을 때 발생하는 기전력을 이용하여 선속을 측정한다. 발생한 기전력을 전류로 변환시키면

이 전류값은 해수에 대한 선박의 상대 속력에 해당된다. 이때 선속이 변하면 기전력도 변하는데, 전자 선속계의 경우에는 앞에서 설명한 유압식 선속계와 달리 선속에 비례한 기전력이 발생하기 때문에 선속 측정 정밀도가 우수하다.

2. 도플러 선속계

도플러 선속계(Doppler log)는 도플러 효과를 이용하여 선속을 측정하는 계기이다. 항해 중인 선박의 선저에서 해저를 향하여 발사된 음파와 이것이 해저나 수괴(water mass)에 반사되어 수신된 음파에는 주파수 차가 생기는데 이를 도플러 주파수라고 하며, 이것은 선박 속도에 비례한다는 원리를 이용한 것으로 도플러 선속계라고 한다.

도플러 선속계는 대지속력과 대수속력을 측정할 수 있는데, 초음파 빔은 200~400m 사이의 수괴 층에서 흡수되고 산란된다. 이 층에서의 반사파가 수신될 때 얻어진 속력은 해저에 대한 속력이 아니고 이 층에 대한 속력이므로 이로 인하여 해저에 대한 속력과 차이가 발생한다. 이 경우 선저로부터 10~30m에 있는 수괴의 반사파를 이용하는데, 이때 속력을 대수속력이라 한다.

일반적으로 도플러 선속계는 수심이 200m보다 얕은 곳에서는 대지속력, 그보다 깊은 곳에서는 대수속력을 측정하지만, 일부 회사 제품은 600m보다 깊은 곳에서도 대지속력 또는 대수속력을 선택하여 사용할 수 있도록 되어 있다.

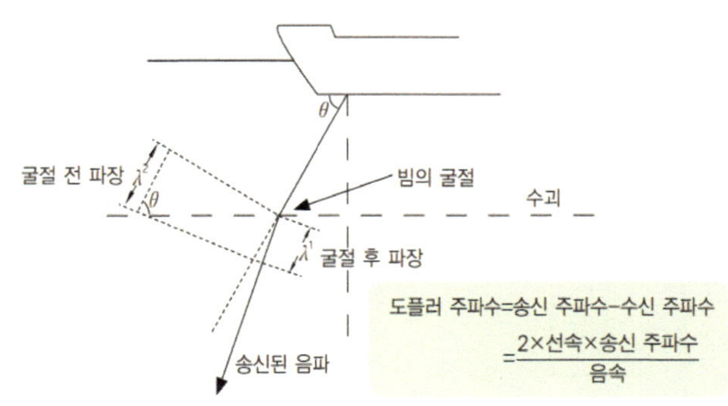

[그림 4-25] 도플러 주파수의 발생 원리

3. 상관 선속계

상관 선속계(acoustic correlation log)는 도플러 선속계와 마찬가지로 해저 또는 수괴에 대한 속력을 측정하지만, 살(SAL) 회사에서 특허를 낸 상관(acoustic corre- lation, 어쿠스틱 코릴레이션) 방법을 사용하는 점이 다르다. 이 방법은 해수에서의 음파 성질과 상관 기술을 함께 사용한다. 수심 200m까지는 대지속력으로 측정하고, 그보다 깊은 해역에서는 자동적으로 용골에서 12cm 떨어진 수괴에 대한 선속, 즉 대수속력을 측정한다.

선속 측정 원리는 [그림 4-26]과 같이 송수파기 소자 사이의 거리(S)를 정확하게 고정하고, 지연 시간(T)를 알면, 선속 v=S/2T 식으로 정확하게 계산할 수 있다. 왜냐하면 지연 시간(T)은 두 송수파기의 반사 신호 사이의 시간이지, 송수신 사이의 시간이 아니기 때문이다. 여기서 수온, 염분의 농도, 해수에서의 음파의 속도 변화는 각 수신 채널에 똑같은 영향을 주기 때문에 선속 계산에는 영향을 주지 않는다.

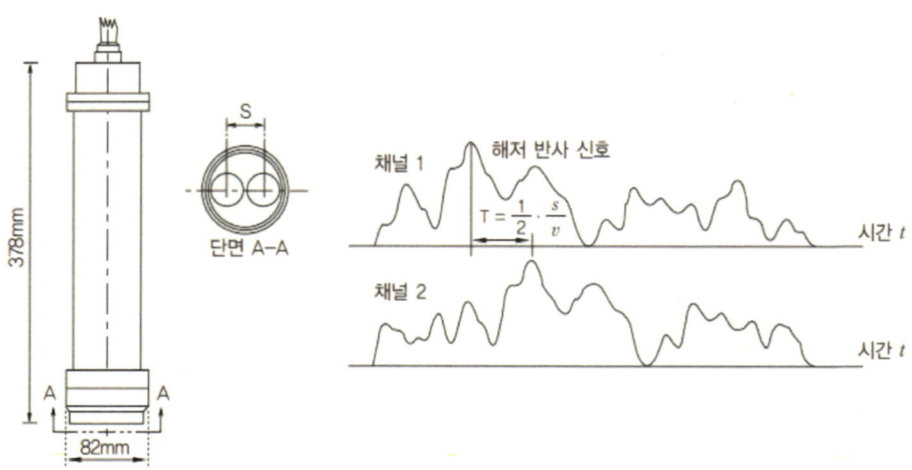

[그림 4-26] 상관 선속계의 송수파기 구조와 선속 측정 원리

제3절 측심기

측심기는 수심을 측정하고 해저의 저질 상태 등을 파악하기 위한 장비로, 수심이 얕은 연안 항해나 출·입항 시 또는 수로 측량이 부정확한 곳을 항해할 때 안전 항해를 위하여 많이 사용되고 있다. 측심기는 측연과 음향 측심기가 있는데, 측연은 아주 간단한 측심 기구로 수심이 얕은 곳에서 사용하는 가벼운 것(경측연, hand lead)과 수심이 깊은 곳에서 사용하는 무거운 것(중측연, deep sea lead)이 있다. 오늘날은 대부분 음향 측심기의 발달로 측연은 거의 사용되지 않고 있다.

1. 음향 측심기

음향 측심기(echo sounder)는 음파가 거의 일정한 속도로 진행한다는 원리를 이용하여 수심을 측정하는 장치이다. 선저에 부착한 송수파기(트랜스듀서)에서 짧은 펄스(pulse)의 초음파를 해저로 발사한 후 발사한 초음파가 해저에서 되돌아오는 시간을 측정하여 수심을 측정한다.

선저에 부착된 송수파기에서 초음파를 해저로 발사하면 해저에 도달한 음향 신호의 일부는 해저에 흡수되고 나머지는 반사(echo)되어 돌아온다. 여기서 음파의 전송 거리는 음파의 속도 v(m/sec.)×시간차 t(sec)로 계산할 수 있는데, 음파의 속도는 수중에서는 약 1,500m/sec가 된다. 다만 수중에서는 염분, 온도, 수심 등에 따라서 속도가 변할 수 있다.

초음파는 선박의 선저와 해저 사이에서 왕복하기 때문에 측정한 거리는 수심(Ds)의 2배가 된다. 즉 $2Ds=vt$이므로 $Ds=vt/2$와 같이 계산할 수 있다. 그리고 실제 수심(Dw)은 해면으로부터 해저까지의 깊이이므로 선박의 흘수 d(m)를 더하여야 한다. 따라서 수심은 $Dw=Ds+d$와 같이 구할 수 있다.

[그림 4-27] 음향 측심기의 원리, 음향 측심 개념도 및 지시기

제4절 기타 항해계기

기타 항해계기로는 천체의 고도와 수평 협각을 측정하기 위한 육분의와 해상과 기상 상황을 분석하기 위한 기압계와 풍향 풍속계가 설치되어 있다. 또한 해양 사고의 과학적 분석 및 유사한 해양 사고 예방을 위하여 항해자료 기록장치(VDR)가 국제 항해에 종사하는 모든 여객선과, 여객선 이외의 선박으로 총톤수 3,000톤 이상의 화물선에 설치되도록 의무화하였다.

1. 육분의

육분의는 천문 항법에서 위치선을 구하기 위해서 천체의 고도를 측정하거나, 지문 항법에서는 두 물표의 수평 협각을 측정하여 선위를 결정하는 데 사용하는 항해계기이다. 육분의(sextant)라는 말은 육분의의 호(arc)가 원주의 1/6과 거의 같기 때문에 6분의 1이라는 라틴어 'sextans'에서 유래된 것이다.

[그림 4-28] 육분의 외형 및 고도 측정 모습

2. 기압계

기압은 대기의 무게 때문에 생기는 압력이다. 압력이란 단위 면적에 수직으로 누르는 힘이다. 따라서 지표면으로부터의 높이에 따라 그 상공에 있는 대기의 두께가 달라지므로 기압도 변화한다.

기압의 단위는 처음에는 수은주의 높이로 나타냈지만, 우리나라에서는 1946년부터 mb(millibar, 밀리바)를 사용하다가, 현재는 hPa(hectopascal, 헥토파스칼)을 사용하고 있다. 두 단위 mb와 hPa은 그 크기가 같다(1mb=1hPa).

선박에서 보편적으로 사용되는 아네로이드 기압계는 기압의 변화에 따른 수축과 팽창으로 공합(아네로이드 셀)의 두께가 변하는 것을 이용하여 대기의 압력을 측정하는 장치이다.

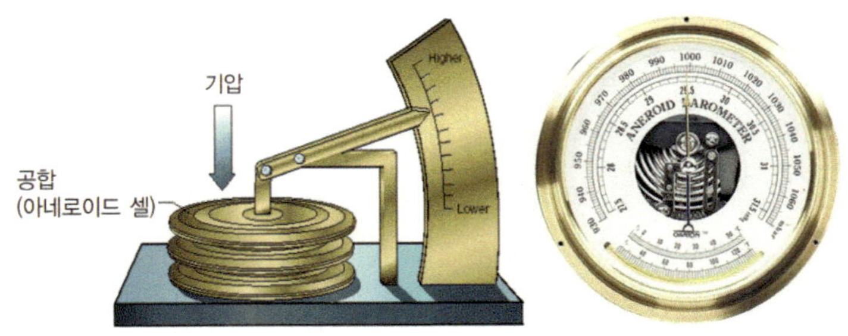

[그림 4-29] 아네로이드 기압계의 원리와 기압계의 외형

3. 풍향 풍속계

대부분 선박에서는 풍향 풍속을 측정하기 위해 [그림 4-30]의 에어로베인 풍향 풍속계를 사용하는데, 이 풍속계는 비행기의 프로펠러 구조를 하고 있어 풍향과 풍속을 같이 측정할 수 있다.

반면, 로빈슨 풍속계는 반구형 또는 원뿔형 컵이 수직축에 수평으로 연결되어 있어 풍속만을 측정할 수 있다.

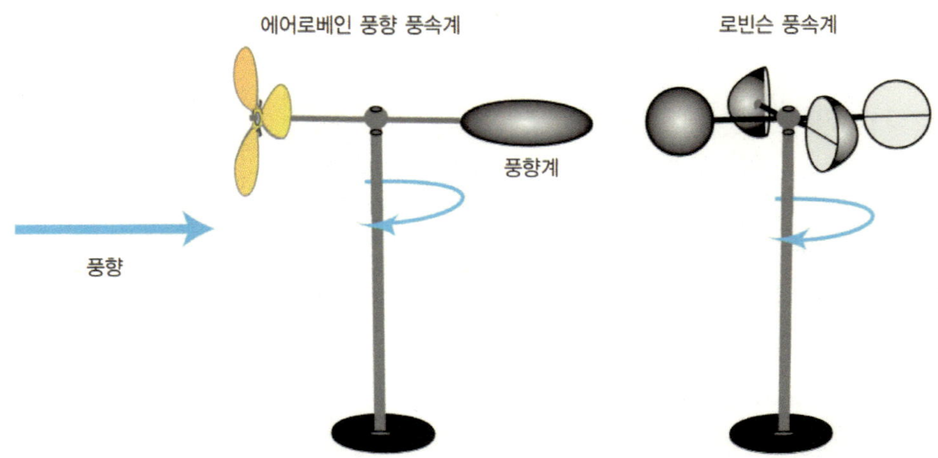

[그림 4-30] 에어로베인 풍향 풍속계와 로빈슨 풍속계의 비교

4. 시진의

천문 항법에서 자선의 정확한 위치를 측정하기 위해서는 정확한 시각 측정이 필요하다. 또한 선내에서 일상생활과 작업을 하기 위해서도 정확한 시각이 필요하다. 이러한 목적을 위해 장기간 사용하여도 오차가 거의 없는 정밀 시계를 시진의(chronometer)라고 한다. chronometer는 chrono(시간을)+meter(측정한다), 즉 시간을 측정하는 장치를 의미하는 것으로, 최근에는 수정 진동자를 이용한 수정 시계(crystal chronometer)를 이용하고 있다.

수정 시계는 하나의 주시계(master clock)와 이 주시계에 의하여 제어되는 몇 개의 종시계로 구성된다. 여러 종시계 중에 하나를 주시계와 같이 설치하여 시각을 수정하기 좋게 하도록 되어 있다. 종시계와 주시계가 함께 주시계부를 이룬다.

주시계는 수정 발진기에 의한 동기 전동기로 구동되며, 세계시(Greenwich mean time: GMT)를 나타낸다.

종시계는 주시계에 있는 펄스 신호 발생기에서 나오는 매 30초의 극성 펄스로 작동되며, 지방시(local time)를 나타낸다. 종시계는 조타실, 기관실, 휴게실, 식당, 침실 등 선내의 필요한 장소에 설치되어 있다.

선박의 이동에 따라 변하는 대시(zone time)에 선박의 사용 시각을 맞추는 것은 주시계부에서 일괄 조정하게 되어 있다.

5. 항해자료 기록장치

국제해사기구(IMO)는 해양 사고의 과학적 분석 및 유사한 해양 사고 예방을 목적으로 국제해상인명안전협약(SOLAS)을 통하여 선박에 항해자료 기록장치(Voyage Data Recorder: VDR)의 설치를 의무화하였다.

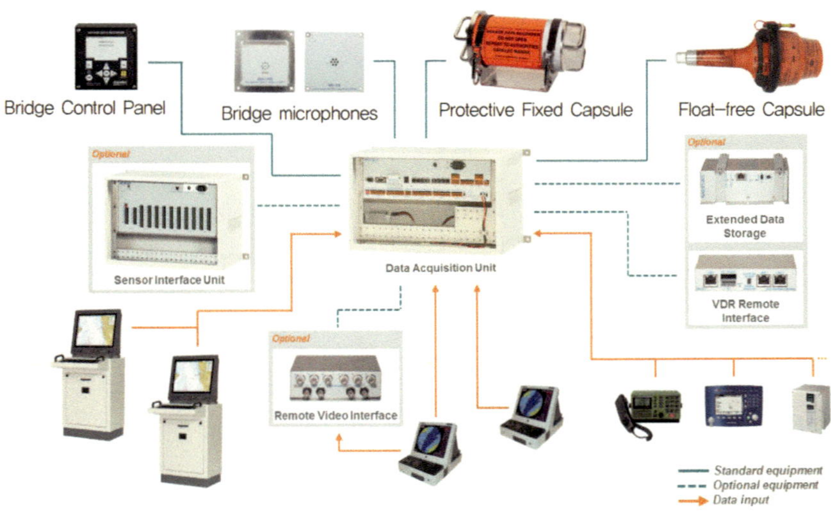

[그림 4-31] 항해자료 기록장치의 시스템 구성도

VDR은 [그림 4-31]과 같이 구성되어 선박의 운항 중 발생되는 각종 항해자료, 즉 선박의 위치, 운동, 물리적인 상태, 명령과 제어 상태 등을 기록, 유지 및 관리한다. 마치 항공기 블랙박스(black box)와 같은 역할을 한다.

Chapter 3 선박 운용

해상에서 선박을 정비 보존하여 안전하게 조종하고 경제적으로 운항하기 위한 학문을 운용학이라 하고, 그 범위는 매우 광범위하여 선체의 구조, 설비, 정비 보존 및 선체 운동, 선박 조종, 항해 당직 등을 비롯하여 여러 가지 기상, 해상에 대한 운항법, 화물(어획물)의 적하 등 항해사가 되기 위해서는 항해학과 더불어 반드시 익혀야 할 중요한 분야이다. 여기서는 선박 운용의 기초가 되는 선박의 구조·설비에 대한 개론만 기술한다.

제1절 선박의 구조

배는 사용 목적이 다양하고, 전용화되는 경향이므로 일률적으로 기술하기는 어려우나, 해상 운송에 제공되는 구조물로서의 기본적인 구조는 거의 같다. 이 장에서는 그 기본적인 것에 초점을 두면서 기술하기로 한다.

1. 선체의 구조와 명칭

가. 선체의 일반적인 명칭

선체(hull)는 마스트(mast), 연돌(funnel), 타(rudder)를 제외한 선박의 주된 몸체로서, 전부(fore part), 중앙부(middle part, midship), 후부(after part)의 3 부분으로 나누어지고, 선체 전단부를 선수(bow), 후단부를 선미(stern), 선수미 선에서 우측을 우현(starboard), 좌측을 좌현(port)이라고 부른다.

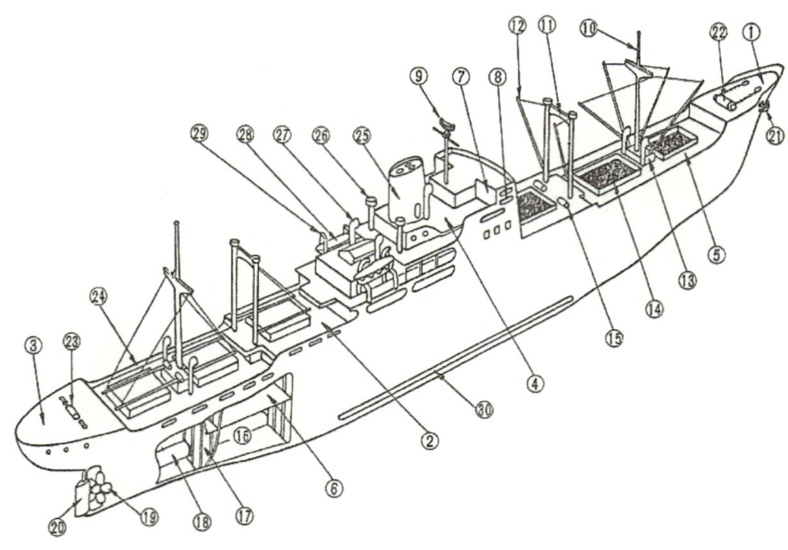

[그림 4-32] **선체의 일반적인 명칭**

① 선수루갑판(forecastle deck) ② 선교루갑판(bridge deck) ③ 선미루갑판(poop deck) ④ 항해선교갑판(navigation bridge deck) ⑤ 상갑판(upper deck) ⑥ 제2갑판(second deck) ⑦ 항해선교(navigation bridge) ⑧ 현등(side lamp) ⑨ 레이더 마스트(radar mast) ⑩ 홀마스트(hall mast) ⑪ 킹포스트(king post or samson post) ⑫ 데릭붐(derrick boom) ⑬ 마스트테이블(mast table) ⑭ 해치(hatch) ⑮ 하역윈치(cargo winch) ⑯ 화물창(hold) ⑰ 횡격벽(transverse watertight bulkhead)

⑱ 샤프트터널(shaft tunnel) ⑲ 스크루프로펠러(screw propeller) ⑳ 타(rudder) ㉑ 앵커(anchor) ㉒ 양묘기(windlass) ㉓ 계선윈치(mooring winch) ㉔ 불워크(bulwark) ㉕ 연돌(funnel) ㉖ 모자형통풍통(bonnet ventilator) ㉗ 고깔모양통풍통(cowlhead ventilator) ㉘ 구명정(life boat) ㉙ 데빗(davit) ㉚ 빌지킬(bilge keel)

선체의 외곽은 수밀구조로서 자항하기 위한 주기관(main engine)을 설비하고, 조타, 계선, 하역, 거주, 구명, 소화 및 방·배수 등의 제설비를 지니고 있다. 선체의 일반적인 명칭은 [그림 4-32]와 같다.

나. 선체 각부의 명칭

(1) 갑판(deck)

빔의 상부에 위치한 길게 놓아진 판으로서 목갑판(wooden deck)과 강갑판(steel deck)이 있다. 선체의 종·횡강도의 보조재가 된다.

(2) 보(beam)

양현의 프레임을 지지하여 선체에 횡강도를 부여하고, 갑판상의 중량물을 지탱한다.

(3) 늑골(frame)

선체의 횡강도를 구성하는 것으로서 선저부에서는 선저구조의 주된 재료가 되고 선측부분에서는 선형을 유지시킨다. 보통은 단일 프레임(single frame)과 조립 프레임(built-up frame)을 사용하지만, 높은 강도를 필요로 하는 기관실에는 특설 프레임(web frame)을 사용한다.

(4) 기둥(stanchion or pillar)

빔을 지지해 주는 기둥으로서 하층부에 있을수록 크기가 커진다.

(5) 내장판(ceiling)

적재되는 화물이 선체의 철부분에 직접 접촉되지 않도록 선수방향으로 부착

되는 판으로서 프레임 내부의 긴 판을 선측 내장판(side sparring), 선창내의 아래쪽 부분의 긴 판을 선저 내장판(bottom ceiling)이라고 부른다.

(6) 외판(outside plating)

선체의 외형을 만드는 프레임 외부의 긴 판으로서 수밀구조에 의해 선체에 부력을 부여하게 된다.

(7) 용골(keel)

선저 중앙에 있는 종통재로서, 강선에는 평판킬(flat plate keel)이 많이 사용되고 선체 구조의 기초가 된다.

(8) 빌지킬(bilge keel)

선저외판의 만곡부에 선박길이의 1/2정도로서 경사진 아래쪽으로 부착된 종통재로서 물과의 저항에 의해 선박의 횡경사(rolling)를 억제하는 역할을 한다.

(9) 선수재(stem)

킬의 전단과 접속되어 외판 등의 끝단을 결속하는 구조재로서 선수를 구성한다. 동력선에는 경사형선수(raked stem)가 많이 사용되고, 대형선에는 조파저항을 감소시키는 구상선수(bulbous bow)가 주로 사용된다.

[그림 4-33] 선수의 형상

(10) 선미 구조재(stern frame)

킬의 후단과 접합하여 선미를 구성하는 주재료를 말한다. 1축선에서는 스크루 프로펠러를 지지하는 프로펠러 포스트(propeller post)와 그 뒤에 타를 부착

시키는 타주(rudder post)를 지니고, 이것들의 사이를 프로펠러공(screw aperture)이라고 한다. 또 2축선에서는 타는 선미재(stern post)에 부착된다.

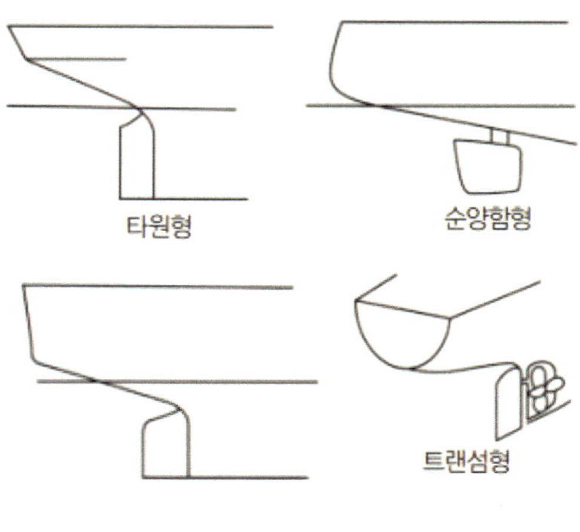

[그림 4-34] 선미의 형상

(11) 선미 돌출부(counter)

내부에 조타기를 수납하고 부두에 이접안 조선시에 타와 프로펠러가 안벽과 부딪히는 것을 방지하기 위함이고, 뒤쪽으로부터 파도를 받으며 항해할 때는 파의 선미충격(poop down)을 예방한다.

(12) 횡격벽(transverse watertight bulkhead)

선저로부터 상갑판까지 횡방향으로 설치된 격벽으로서 선체 내부를 전후방향으로 몇 개의 구획으로 나누어지게 하며, 화물의 분리 적재, 침수의 방지, 방화벽, 선박의 횡강도를 증가시키는 역할을 하게 된다.

(13) 수밀문(watertight door)

수밀격벽에 설치된 수밀문으로서, 상하 슬라이드식, 수평 슬라이드식, 경첩식 문이 있다. 선창 내에는 슬라이드식 문이 있지만, 침수해도 수압의 영향이 작은 갑판과 갑판사이에서는 경첩식 문이 설치되기도 한다. 슬라이드식 문의 개폐장

치는 격벽의 위쪽 갑판에서 조작할 수 있게 되어 평소에는 폐쇄시켜 놓는다.

(14) 단저 구조(single bottom construction)

선저외판의 내측에 프레임에 연결되어 설치된 횡방향 플로어판(floor plate)과 종방향에 설치된 다수의 킬슨에 의해 선저부를 보강시킨 양식을 의미한다. 범선, 소형선의 선저구조에 많이 사용되고 있다.

(15) 이중저 구조(double bottom construction)

현재의 이중저는 구획식이라고 하는 것으로서, 프레임에 연결된 플로어판과 종방향으로 설치된 거더(girder)를 조합시켜 만든 우물과 같은 형태의 구조 부분의 상부에는 내저판(inner bottom plating)을, 탱크가 있는 곳에는 탱크정판(tank-top plate)을, 양측부에는 연판(margin plate)을 연장시킨 수밀구조의 이중저가 되는 구조 양식을 말한다.

대형선의 선저에 많이 사용되고 있는 구조로서 다음과 같은 역할을 한다.

① 선저가 손상되어도 침수를 방지한다.
② 청수 탱크, 연료유 탱크로서 이용할 수 있다.
③ 선박의 횡경사, 종경사를 이중저 탱크 내의 주배수로서 수정할 수 있다.
④ 선저부의 강도만 본다면 선체의 종강도를 증가시키는 효과가 있다.

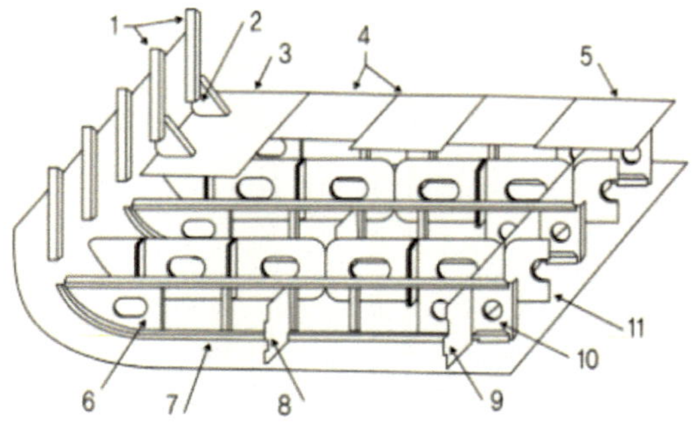

1. 늑골(frame)
2. 이중저 외측 주판(tank side bracket)
3. 연판(margin plate)
4. 내저판(inner bottom plate)
5. 중심선 내저판(center strake)
6. 연판측 늑판(bracket to margin plate)
7. 조립 늑판(skeleton floor)
8. 측형판(side girder)
9. 중심선 형판(center girder)
10. 조립 늑판(bracket floor)
11. 실체 늑판(solid floor)

[그림 4-35] 이중저 구조

(16) 늑판(floor plate)

선저의 횡강도를 보강하기 위해 선저내측에 프레임과 연결시킨 판을 말하며, 이중저의 경우에는 lightening hole이 있다.

(17) 선수피크탱크(Fore Peak Tank: FPT)와 선미피크탱크(After Peak Tank: APT)

각각 최하갑판 이하에서 선수격벽의 전부와 선미격벽의 후부에 설치된 탱크를 말한다. 트림을 조정하는 것 이외에 선수는 파의 충격에 저항하고 후부는 스크루 프로펠러의 진동을 완화시켜 준다.

(18) 체인로커(chain locker)

선수부에 있는 앵커체인(묘쇄)의 격납고로서 hawse pipe를 통과하여 양묘기(windlass)에 의해 감겨 올라간 체인은 체인파이프를 통하여 체인로커에 들어가게 된다.

(19) 불워크(bulwark)

상갑판상의 상부에 현측갑판과 인접하여 연결되는 현연으로서 이것의 상연에는 손잡이가 있다. 이것에 계선줄을 유도하는 타원형의 계선공(mooring hole), 갑판 상에 들어온 해수를 배출하는 방수구(freeing port)가 있다.

(20) 현창(scuttle)

통풍과 채광을 위해 현측에 설치한 창을 말한다.

(21) 해치(hatch)

화물의 적·양하를 위해 상갑판과 선루갑판에 설치된 공간으로서 목재운반선, 광석선의 창구는 적하의 관계로 인해 선폭의 비율로서 커지게 된다. 그리고 대형선의 다수는 강판으로 만든 해치커버를 일반적으로 설치해 놓고 있다.

2. 선박의 외형과 주요 치수

가. 선체의 외형

(1) 현호(sheer)

선체의 상갑판은 선수에서 선미에 이르는 만곡을 이루고 있다. 현호는 이러한 상갑판 측면의 만곡을 나타내는 말로, 중앙부를 가장 낮게 하고 선수와 선미를 높게 하여 선체의 예비 부력과 능파성을 향상시키며 선체를 미관상 보기 좋게 하고 있다. 선수에서는 현호를 선체 길이의 약 1/50, 선미에서는 약 1/100정도 되게 한다.

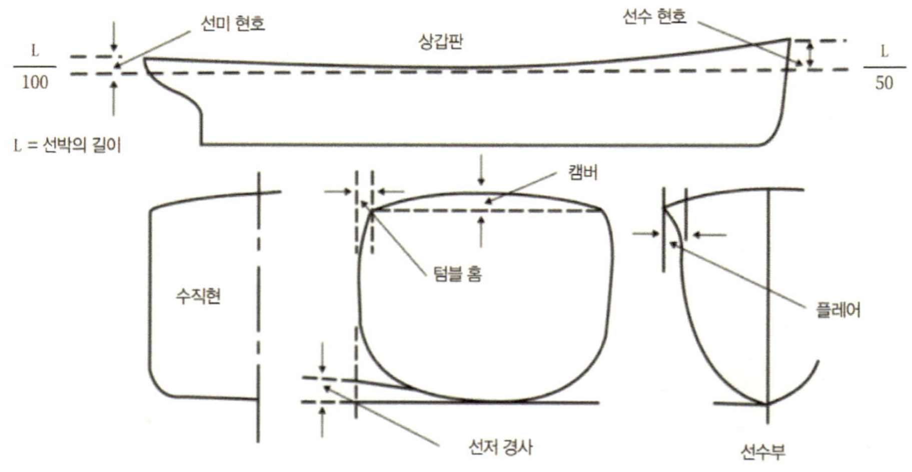

[그림 4-36] 선체의 외형에 따른 명칭

(2) 캠버(camber)

갑판상의 배수와 선체의 횡강력을 보강하기 위하여 빔(beam)을 원호상으로 양현 쪽보다 선체의 중심선 부근을 높게 하는데, 이 높이의 차를 캠버라 한다. 캠버의 크기는 선폭의 약 1/50 정도 되게 한다.

(3) 텀블 홈(Tumble home)과 플레어(Flare)

외현 상부의 모양이 상갑판부근에서 안쪽으로 굽어진 정도를 텀블 홈, 바깥쪽으로 굽어진 정도를 플레어라 한다. 외현 상부의 모양이 텀블 홈이나 플레어인 경우 현측 계류할 때 외현에 손상을 많이 주므로 현재는 모두 수직현(wall side)으로 하고 있다.

(4) 선저 경사(Rise of floor)

선체의 중앙단면에서 기선에 대한 선저의 경사도를 말하며, 기선으로부터 늑골의 외측까지 수선상의 경사높이로 표시한다. 이 경사는 소형선일수록 크다.

나. 선박의 주요 치수

선박에서 길이, 폭, 깊이를 선박의 주요 치수라고 한다. 이들 주요 치수들은 사용 목적에 따라 그 계측 기준이 다르다. 즉, 건현을 계산하기 위한 길이, 선박원부에 기록하기 위한 길이, 선박의 운동특성, 정적특성 및 복원력특성을 계산하기 위한 길이 등은 각각 그 계측 기준을 달리하고 있다.

(1) 선박의 길이(length, L)

① 전장(length over all, LOA)

선체에 붙어 있는 모든 돌출물을 포함하여, 선수의 최전단부터 선미의 최후단까지의 수평거리를 말한다. 부두 접안이나 입거 등의 선박 조종에 사용된다.

② 수선간장(length between perpendiculars, LBP)

계획만재흘수선상에서 선수재 전면으로부터 타주의 후면(타주가 없는 선박은 타두재 중심선)까지의 수평거리이다. 선체 길이의 중앙은 수선간장의 가운데를 가리키며, 강선구조규정, 선박만재흘수선규정, 선박구획규정 등에 사용된다.

③ 수선장(length on water line, LWL)

일반적으로 하계만재흘수선상에서 선수재의 전면부터 선미재의 후면까지의 수평거리를 말하며, 임의의 흘수에 있어서의 수면상의 수평거리를 말하기도 한다. 이 길이는 배의 저항, 추진력 계산 등에 이용된다.

④ 등록장(registered length)

상갑판 빔(beam)상의 선수재 전면부터 선미재의 후면까지의 수평거리를 말한다. 선박원부, 선박국적증서 등에 기재되는 길이다.

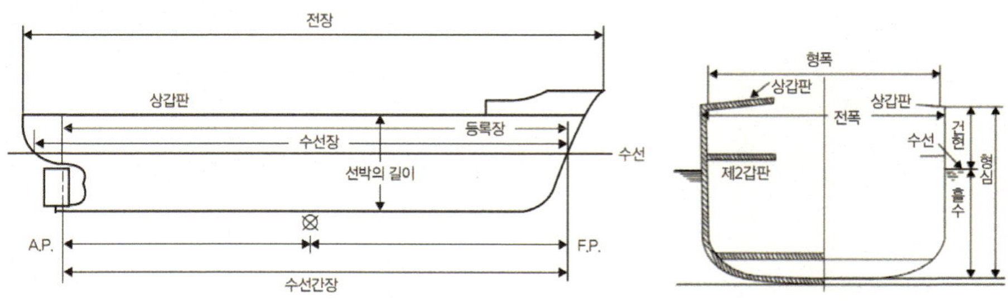

[그림 4-37] 선박의 주요 치수

(2) 선박의 폭(breadth, B)

① 전폭(extreme breadth, Bex)

전폭은 선체의 폭이 가장 넓은 곳에서, 외판의 외면으로부터 맞은편 외판의 외면까지의 수평거리이다. 입거 등을 위한 선박을 조종할 때의 고려 기준이 되는 것이 특징이며, 일반적으로 선박의 폭을 말할 때 전폭을 의미한다.

② 형폭(moulded breadth, Bmold)

선체의 폭이 가장 넓은 부분에서 늑골의 외면에서 맞은 편 늑골의 외면까지의 수평거리이다. 강선구조규정, 선박만재흘수선규정, 선박구획규정 등에서 사용되는 폭으로 통상 전폭보다 선체의 외판 두께만큼 좁다.

(3) 선박의 깊이(depth, D)

선박의 깊이는 강선에 있어서는 선체 중앙에서 용골의 상면부터 건현갑판 또는 상갑판 보의 현측 상면까지의 수직거리이다. 만재흘수선규정, 강선구조기준, 선박법 등에 사용된다.

(4) 흘수(draft, D)

흘수란 물속에 잠긴 선체의 깊이를 말하며, 용골하면에서부터 선체가 떠 있는 수면까지의 수직거리를 용골흘수(keel draft), 용골상면으로부터 수면까지의 수직거리를 형흘수(moulded draft)라고 한다. 일반적으로 흘수란 용골흘수를 말하며, 이들 흘수는 선박을 조종하거나 화물의 중량을 구할 때 사용한다.

흘수는 선수와 선미의 양쪽에 표시하며, 중·대형선의 경우에는 선체 중앙부 양쪽에도 표시한다. 미터 단위의 흘수표는 높이 10cm의 아라비아 숫자로 20cm 간격으로 기입하고, 피트 단위의 흘수표는 높이 6인치의 아라비아 또는 로마 숫자로 12인치(1피트) 간격으로 기입한다. 또, 흘수표의 위치에 따라 선수 흘수(fore draft), 선미 흘수(after draft), 중앙 흘수(midship draft)라 하고, 선수 흘수와 선미 흘수의 평균값을 평균 흘수(mean draft)라고 한다.

[그림 4-38] 흘수표

(5) 트림(trim)

선수 흘수와 선미 흘수의 차를 트림이라 하고, 흘수의 차에 따라서 다음과 같이 부른다.

① 선수 트림(trim by the head)

선수 흘수가 선미 흘수보다 큰 상태로, 선수에 파랑이 많이 덮쳐 오고 선속을 감소시키며, 선미 안정성이 없어지므로 타효가 불량하다.

② 선미 트림(trim by the stern)

선미 흘수가 선수 흘수보다 큰 상태로, 파랑의 침입을 줄이는 효과가 있으며, 타효가 좋고 선속이 증가하므로, 선박 운항시에는 약간의 선미 트림이 좋다.

③ 등흘수(even keel)

선수와 선미의 흘수가 같은 상태로, 수심이 얕은 수역을 항해할 때나 입거할 때에 유리하다.

(6) 건현과 만재흘수선

① 건현(freeboard)

안전한 항행을 위해서는 어느 정도의 예비 부력을 가져야 한다. 이 예비 부력은 선체가 침수되지 않은 부분의 수직거리로 결정되는데, 이것을 건현이라 한다. 건현은 만재흘수선부터 갑판선 상단까지의 수직거리를 말한다. 따라서, 건현은 만재 흘수선의 종류에 따라 그 크기가 다르다.

선박에서 단순히 건현이라고 말할 때에는 선박 중앙부의 수면에서부터 갑판선 상단까지의 수직거리를 말한다.

② 만재흘수선(load line)

선박이 여객이나 화물을 싣고 안전하게 항행할 수 있는 최대한도의 흘수를 만재흘수(full load draft, full draft, load draft)라 한다. 만재흘수선이란 흘수선이 만재흘수에 달했을 때를 말한다.

③ 만재흘수선표(load line mark) 또는 건현표(freeboard mark)

만재흘수선표는 만재흘수선을 나타내는 표로서 선박 만재흘수선규정에 따라 계산된다. 또한, 만재흘수의 크기가 건현의 크기에 좌우되므로 만재흘수선표를 일명 건현표라고도 한다.

만재흘수선표의 표시는 선체 길이의 중앙부 양현에 25mm의 선을 외판에 새기거나 철재를 오려 붙여 표시하는데, ① 갑판선(건현 갑판선 또는 법정 갑판선), ② 원표 및 ③ 각종 만재흘수선표의 3부분으로 구성하고 있다.

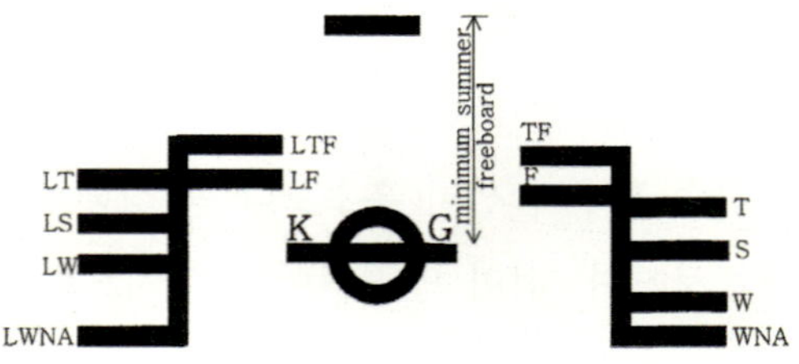

[그림 4-39] 만재흘수선표 또는 건현표

〈표 4-3〉 만재흘수선의 적용 대역과 계절

종류	기호	적용 대역 및 계절
하기 만재흘수선 (summer load line)	S	하기 대역에서는 연중, 계절 열대 구역 및 동기 대역에서는 각각 그 하기 계절 동안 해수에 적용된다.
동기 만재흘수선 (winter load line)	W	계절 동기 대역에서 동기 계절 동안 해수에 적용된다.
동기 북대서양 만재흘수선 (winter north Atlantic load line)	WNA	북위 36° 이북의 북대서양을 그 동기 계절 동안 횡단하는경우, 해수에 적용된다.(근해구역 및 길이 100m 이상의 선박은 WNA 건현표가 없다)
열대 만재흘수선 (tropical load line)	T	열대 대역에서는 연중, 계절 열대 계절 동안은 해수에 적용된다.
하기 담수 만재흘수선 (fresh water load line in summer)	F	하기 대역에서는 연중, 계절 열대 구역 및 계절 동기 대역에서는 각각 그 하기 계절 동안 담수에 적용된다.
열대 담수 만재흘수선 (tropical fresh water load line)	TF	열대 대역에서는 연중, 계절 열대 구역에서는 그 열대 계절 동안 담수에 적용된다.

원표의 중심은 하기 만재흘수선표와 같은 높이이고, 그 양쪽 윗면에 만재흘수선을 표시한 해당 선적국과 선급의 약자를 표기한다. 열쇠형의 각종 만재흘수선표의 가로선은 계절, 항로 및 담수 등의 여러 가지 조건에 따라 그 높이가 달라진다. 각종 만재흘수선의 기호와 종류는 [표 4-3]과 같다.

다. 선박의 톤수

선박의 크기를 나타내는 단위로서 톤수가 사용된다. 선박에 사용되는 톤수는 용적톤수와 중량톤수가 있다. 즉 용적톤에는 총톤수, 순톤수가 있고, 중량톤에는 배수톤수와 재화중량톤수 등이 있다. 톤수 측정 방식은 국가마다 차이가 있어 국제해사기구(IMO)에 의해 1969년에 선박톤수 측정에 관한 국제협약이 채택되었고, 1982년 7월 18일부터 국제적인 효력을 가지게 되었다.

1) 용적톤수(volume of space tonnage)

선박의 용적을 톤으로 표시하는 것으로서 용적을 기준으로 한 톤수로는 국제총톤수, 국내 총톤수, 순톤수 등이 있다.

① 국제 총톤수(international gross tonnage, IGT)

국제 항해에 종사하는 선박에 대하여 그 크기를 나타내는 데 사용하는 톤수로, 우리나라에만 사용되는 총톤수와 구별하기 위함이고, 국제 톤수 증서(international tonnage certification)에 기재한다.

② 총톤수(gross tonnage, GT)

총톤수는 4,000톤 미만의 국적선에 대하여 우리나라의 각종 해사관계법령의 적용 기준으로 널리 이용하기 위하여 규정한 톤수로, 우리나라 선박의 크기를 나타내는 지표 및 각종 세금과 수수료의 기준이 된다. 4,000톤 미만에서는 국제 총톤수보다는 적고, 그 이상에서는 국제 총톤수와 동일하다. 국내 총톤수를 산정하는 방법은 국제 총톤수를 산정한 수치에 해양수산부령으로 정한 계수를 곱하여 얻은 수치를 톤으로 산출한다.

③ 순톤수(net tonnage, NT)

선박 내부의 용적 전체에서 기관실, 선원실, 조타실 등 선박 운항에 이용되는 선내 용적을 제외하고 순수하게 여객이나 화물의 운송을 위하여 사용되는 용적만을 환산하여 표시한 톤수이다. 순톤수는 선박 국적 증서에 기재되어 검역 수수료, 항만 시설 사용료, 운하 통과료 등 주로 과세의 기준이 된다.

2) 중량톤수(weight tonnage)

선박의 크기를 무게 단위의 톤으로 표시한 것으로 메트릭 톤(metric ton), 롱톤(long ton), 숏톤(short ton)이 있으며 각각 1,000kg, 1,016kg, 907kg을 1톤으로 정의하여 사용한다. 국제적으로 메트릭 톤을 많이 사용하며 롱톤은 주로 영국에서, 숏톤은 미국에서 주로 사용된다.

① 배수톤수(displacement tonnage)

배수량이란, 선박이 물에 잠기면서 밀어 낸 물의 무게를 말하며, 선박의 무게에 해당되는 양이다. 선박이 화물, 연료, 청수, 식량 등을 적재하지 않은 상태를 경하 상태라고 하며, 경하 상태의 배수량을 경하배수량(light loaded displacement)이라 한다. 만재흘수선까지 화물, 연료 등을 적재한 상태를 만재 상태라 하며,

만재 상태의 배수량을 만재배수량(full loaded displacement)이라고 한다. 배수량에 톤수를 붙인 것이 배수톤수이며, 군함의 크기를 표시하는 데 이용된다.

② 재화중량톤수(dead weight tonnage, DWT)

선박이 적재할 수 있는 최대의 무게를 나타내는 톤수로, 만재배수량과 경하배수량의 차가 된다. 재화중량톤수는 적재 화물뿐만 아니라 항해에 필요한 연료유, 청수, 밸러스트, 식량, 선용품, 여객 또는 선원의 소지품, 기타 불명중량이 포함된다. 이 톤수는 배가 얼마나 많은 화물을 수송할 수 있는지를 나타내는 중요한 지표가 된다. 따라서 상선의 매매와 용선료 산정의 기준이 된다.

제2절 선박의 설비

선박은 선박 운항에 필요한 조타 설비, 동력 설비, 계선 설비, 안전 설비 등을 갖추고 있다. 이들 각종 설비는 선박을 안전하고 효율적으로 운항하는 데 필요한 장치이다.

1. 조타 설비

선박이 목적지까지 계획된 침로를 유지하거나 장애물 및 충돌 회피, 부두에 접·이안하기 위해서는 타(rudder)의 동작을 제어하여 선박의 선수 방향을 상황에 따라 적합하게 유지하도록 해야 한다. 이와 같이 타를 원하는 상태로 동작시키는 데 필요한 장치를 조타장치라 한다.

[그림 4-40] 조타륜, 타 및 조타장치

2. 동력 설비

선박에 설치되어 있는 동력 설비로는, 선박의 추진 동력을 만들어 항해할 수 있도록 해 주는 주기관, 항해 및 일상생활에 필요한 전기를 만들어 내는 발전기를 비롯하여, 그 외 전동기 및 유압 펌프 장치 등이 있다.

[그림 4-41] 주기관과 발전기

3. 계선 설비

선박은 앵커로 묘박할 뿐만 아니라 계선줄로 계류부표(mooring buoy)에 계류하거나 부두에 접안하여 계선한다. 이를 위해 선내에는 앵커(anchor), 양묘기(windlass), 계선 윈치(mooring winch), 계선줄(mooring rope) 등 계선에 필요한 설비가 비치되어 있다.

[그림 4-42] 안벽에 계류 중인 실습선, 양묘기 및 계선 윈치

4. 구명 설비

선박에는 선박안전법, 선박구명설비기준, 어선법 등에 따라 구명 설비를 비치하고 비상상황 시 사용할 수 있도록 하고 있다. 이 선박구명설비기준에는 구명설비의 종류를 구명정, 구명뗏목 등의 구명기구, 자기점화등, 자기발연신호 등의 신호장치 및 구명정 진수장치, 구명뗏목 진수장치 등의 진수장치 등으로 구분하고 있다.

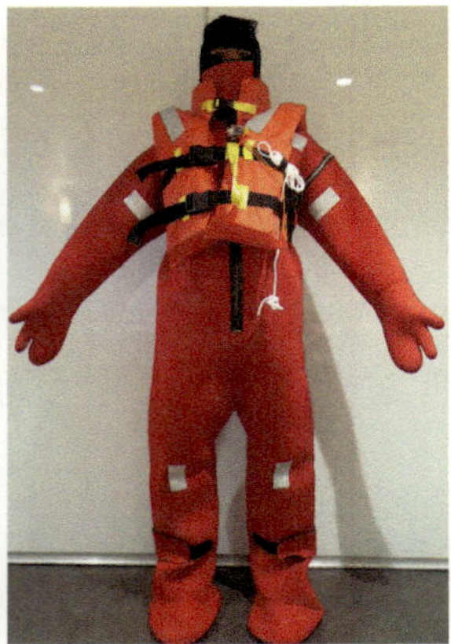

[그림 4-43] 구명정, 구명뗏목 및 방수복

해상교통관련법규

해상에서 선박을 중심으로 해상 항행에 직접 관계가 있는 법규를 총칭하여 해사법규(maritime laws)라 한다.

해사법규를 간단히 해법 또는 해사법이라고도 한다. 이는 어떠한 법논리를 바탕으로 정리된 법의 영역이 아니라, 주로 바다를 활동 영역으로 하여 발생하는 해사관계 전반에 걸친 특별법 분야로서 그 활동 영역의 범위에 따른 육상법과 항공법에 대응하는 개념으로 정립될 수 있다. 즉 우리나라는 일본과 마찬가지로 해사법규라 함은 해법 또는 해사법과 동일한 의미로서 해사공법과 해사사법을 포괄하는 개념이고, 주로 해사공법으로 사용하고 있다.

해사공법으로 선박관련법은 선박법, 어선법, 선박안전법 등이 있고, 선원관련법은 선원법, 선박직원법 등이 있으며, 해상안전관련법은 해상교통안전법, 선박의 입항 및 출항 등에 관한 법률(이하 선박입출항법이라 함), 도선법, 해양 사고 심판법 등이 있고, 해양환경관련법은 해양환경관리법 등이 대표적이다. 그러나 여기서는 해사공법 중 항해에 필요한 해상교통안전법과 선박입출항법에 대한 개론만 기술한다.

제1절 해상교통안전법

해상교통안전법은 수역 안전관리, 해상교통 안전관리, 선박·사업장의 안전관리 및 선박의 항법 등 선박의 안전운항을 위한 안전관리체계에 관한 사항을 규정함으로써 선박항행과 관련된 모든 위험과 장해를 제거하고 해사안전 증진과 선박의 원활한 교통에 이바지함을 목적으로 한다.

1. 용어의 정의

(1) 해사안전관리

선원·선박소유자 등 인적 요인, 선박·화물 등 물적 요인, 해상교통체계·교통시설 등 환경적 요인, 국제협약·안전제도 등 제도적 요인을 종합적·체계적으로 관리함으로써 선박의 운용과 관련된 모든 일에서 발생할 수 있는 사고로부터 사람의 생명·신체 및 재산의 안전을 확보하기 위한 모든 활동을 말한다.

(2) 선박

물에서 항행수단으로 사용하거나 사용할 수 있는 모든 종류의 배로 수상항공기(물 위에서 이동할 수 있는 항공기를 말한다)와 수면비행선박(표면효과 작용을 이용하여 수면 가까이 비행하는 선박을 말한다)을 포함한다.

(3) 대한민국선박

국유 또는 공유의 선박, 대한민국 국민이 소유하는 선박, 대한민국의 법률에 따라 설립된 상사법인이 소유하는 선박, 대한민국에 주된 사무소를 둔 제3호 외의 법인으로서 그 대표자(공동대표인 경우에는 그 전원)가 대한민국 국민인 경우에 그 법인이 소유하는 선박을 말한다.

(4) 위험화물운반선

선체의 한 부분인 화물창이나 선체에 고정된 탱크 등에 해양수산부령으로 정하는 위험물을 싣고 운반하는 선박을 말한다.

(5) 거대선

길이 200미터 이상의 선박을 말한다.

(6) 고속여객선

시속 15노트 이상으로 항행하는 여객선을 말한다.

(7) 동력선

기관을 사용하여 추진하는 선박을 말한다. 다만, 돛을 설치한 선박이라도 주로 기관을 사용하여 추진하는 경우에는 동력선으로 본다.

(8) 범선

돛을 사용하여 추진하는 선박을 말한다. 다만, 기관을 설치한 선박이라도 주로 돛을 사용하여 추진하는 경우에는 범선으로 본다.

(9) 어로에 종사하고 있는 선박

그물, 낚싯줄, 트롤망, 그 밖에 조종성능을 제한하는 어구를 사용하여 어로 작업을 하고 있는 선박을 말한다.

(10) 조종불능선

선박의 조종성능을 제한하는 고장이나 그 밖의 사유로 조종을 할 수 없게 되어 다른 선박의 진로를 피할 수 없는 선박을 말한다.

(11) 조종제한선

항로표지, 해저전선 또는 해저파이프라인의 부설·보수·인양 작업, 준설·측

량 또는 수중 작업, 항행 중 보급, 사람 또는 화물의 이송 작업, 항공기의 발착 작업, 기뢰 제거 작업, 진로에서 벗어날 수 있는 능력에 제한을 많이 받는 예인 작업과 그 밖에 선박의 조종성능을 제한하는 작업에 종사하고 있어 다른 선박의 진로를 피할 수 없는 선박을 말한다.

(12) 흘수제약선

가항 수역의 수심 및 폭과 선박의 흘수와의 관계에 비추어 볼 때 그 진로에서 벗어날 수 있는 능력이 매우 제한되어 있는 동력선을 말한다.

(13) 해양시설

자원의 탐사·개발, 해양과학조사, 선박의 계류·수리·하역, 해상주거·관광·레저 등의 목적으로 해저에 고착된 교량·터널·케이블·인공섬·시설물이거나 해상부유 구조물(선박은 제외한다)인 것을 말한다.

(14) 해상교통안전진단

해상교통안전에 영향을 미치는 항로 또는 정박지의 지정·고시 또는 변경, 선박의 통항을 금지하거나 제한하는 수역의 설정 또는 변경, 수역에 설치되는 교량·터널·케이블 등 시설물의 건설·부설 또는 보수, 항만 또는 부두의 개발·재개발, 그 밖에 해상교통안전에 영향을 미치는 사업으로서 대통령령으로 정하는 사업(이하 "안전진단대상사업"이라 한다)으로 발생할 수 있는 항행안전 위험 요인을 전문적으로 조사·측정하고 평가하는 것을 말한다.

(15) 항행장애물

선박으로부터 떨어진 물건, 침몰·좌초된 선박 또는 이로부터 유실된 물건 등 해양수산부령으로 정하는 것으로서 선박항행에 장애가 되는 물건을 말한다.

(16) 통항로

선박의 항행안전을 확보하기 위하여 한쪽 방향으로만 항행할 수 있도록 되어

있는 일정한 범위의 수역을 말한다.

(17) 제한된 시계

안개·연기·눈·비·모래바람 및 그 밖에 이와 비슷한 사유로 시계가 제한되어 있는 상태를 말한다.

(18) 항로지정제도

선박이 통항하는 항로, 속력 및 그 밖에 선박 운항에 관한 사항을 지정하는 제도를 말한다.

(19) 항행 중

선박이 정박, 항만의 안벽 등 계류시설에 매어 놓은 상태[계선부표나 정박하고 있는 선박에 매어 놓은 경우를 포함한다], 얹혀 있는 상태의 어느 하나에 해당하지 아니하는 상태를 말한다.

(20) 통항분리제도

선박의 충돌을 방지하기 위하여 통항로를 설정하거나 그 밖의 적절한 방법으로 한쪽 방향으로만 항행할 수 있도록 항로를 분리하는 제도를 말한다.

(21) 분리선 또는 분리대

서로 다른 방향으로 진행하는 통항로를 나누는 선 또는 일정한 폭의 수역을 말한다.

(22) 연안통항대

통항분리수역의 육지 쪽 경계선과 해안 사이의 수역을 말한다.

(23) 예인선열

선박이 다른 선박을 끌거나 밀어 항행할 때의 선단 전체를 말한다.

(24) 대수속력

선박의 물에 대한 속력으로서 자기 선박 또는 다른 선박의 추진장치의 작용이나 그로 인한 선박의 타력(惰力)에 의하여 생기는 것을 말한다.

2. 적용 범위 및 다른 법률과의 관계

가. 적용 범위

해상교통안전법은 다음의 어느 하나에 해당하는 선박과 해양 시설에 적용한다.

① 대한민국의 영해, 내수(해상항행선박이 항행을 계속할 수 없는 하천·호수·늪 등은 제외한다. 이하 같다)에 있는 선박이나 해양시설
② 대한민국의 영해 및 내수를 제외한 해역에 있는 대한민국선박
③ 대한민국의 배타적경제수역에서 항행장애물을 발생시킨 선박
④ 대한민국의 배타적경제수역 또는 대륙붕에 있는 해양시설

즉, 해상교통안전법의 적용 해역은 우리나라의 영해와 내수를 원칙으로 하나, 우리나라 선박의 경우에는 영해 밖에 있는 경우에도 이 법을 적용한다.

나. 다른 법률과의 관계

(1) 국제해상충돌예방규칙과의 관계

국제해상충돌예방규칙은 모든 해상에 대하여 적용되는 충돌예방에 관한 국제협약이므로 이 법과 충돌할 경우에는 특별법 우선의 원칙과 지역 규칙 우선의 원칙에 따라 해상교통안전법 등 국내법의 적용 범위 내에서는 국내법을 우선하여 적용한다. 국내법의 적용 범위 외이거나 국내법에 규정이 없는 경우에는 국제해상충돌예방규칙이 적용된다.

(2) 선박입출항법과의 관계

선박입출항법은 무역항의 수상구역에 있어서 선박의 입항·출항 및 정박, 항로 및 정박 등에 대하여 규정하고 있으므로, 이 법과 충돌할 경우에는 특별법

우선의 원칙과 지역 규칙 우선의 원칙에 따라 선박입출항법의 적용 범위 내에서는 이 법률이 우선하여 적용한다. 선박입출항법의 적용 범위 외이거나 규정이 없는 경우에는 해상교통안전법이 적용된다.

제2절 선박입출항법

선박입출항법은 무역항의 수상구역 등에서 선박의 입항·출항에 대한 지원과 선박운항의 안전 및 질서 유지에 필요한 사항을 규정함을 목적으로 한다.

1. 용어의 정의

(1) 무역항

국민경제와 공공의 이해에 밀접한 관계가 있고, 주로 외항선이 입항·출항하는 항만으로서 항만법 제3조 제1항에 따라 대통령령으로 정하는 항만을 말한다.

(2) 무역항의 수상구역등

무역항의 수상구역과 항로, 정박지, 소형선 정박지, 선회장 등 수역시설의 수역시설 중 수상구역 밖의 수역시설로서 해양수산부장관이 지정·고시한 것을 말한다.

(3) 예선

예인선(이하 "예인선"이라 한다) 중 무역항에 출입하거나 이동하는 선박을 끌어당기거나 밀어서 이안·접안·계류를 보조하는 선박을 말한다.

(4) 우선피항선

주로 무역항의 수상구역에서 운항하는 선박으로서 다른 선박의 진로를 피하

여야 하는 부선[예인선이 부선을 끌거나 밀고 있는 경우의 예인선 및 부선을 포함하되, 예인선에 결합되어 운항하는 압항부선은 제외한다], 주로 노와 삿대로 운전하는 선박, 예선, 항만운송관련사업을 등록한 자가 소유한 선박, 해양환경관리업을 등록한 자가 소유한 선박(폐기물해양배출업으로 등록한 선박은 제외한다)과 이에 해당하지 아니하는 총톤수 20톤 미만의 선박을 말한다.

(5) 정박 및 정박지

선박이 해상에서 닻을 바다 밑바닥에 내려놓고 운항을 멈추는 것을 정박이라 하고, 정박할 수 있는 장소를 정박지라고 말한다.

(6) 계류 및 계선

선박을 다른 시설에 붙들어 매어 놓는 것을 계류라 하고, 선박이 운항을 중지하고 정박하거나 계류하는 것을 계선이라 한다.

(7) 항로

선박의 출입 통로로 이용하기 위하여 해양수산부 장관이 지정·고시한 수로를 말한다.

2. 무역항 내에서 항법의 원칙

(1) 방파제 및 부두 부근에서의 항법

무역항의 수상구역등에 입항하는 선박이 방파제 입구 등에서 출항하는 선박과 마주칠 우려가 있는 경우에는 방파제 밖에서 출항하는 선박의 진로를 피하여야 한다.

선박이 무역항의 수상구역등에서 해안으로 길게 뻗어 나온 육지 부분, 부두, 방파제 등 인공시설물의 튀어나온 부분 또는 정박 중인 선박(이하 이 조에서 "부두등"이라 한다)을 오른쪽 뱃전에 두고 항행할 때에는 부두등에 접근하여 항행하고, 부두등을 왼쪽 뱃전에 두고 항행할 때에는 멀리 떨어져서 항행하여야

한다.

(2) 진로 방행의 금지

우선피항선은 무역항의 수상구역등이나 무역항의 수상구역 부근에서 다른 선박의 진로를 방해하여서는 아니 된다.

(3) 속력 제한

선박이 무역항의 수상구역등이나 무역항의 수상구역 부근을 항행할 때에는 다른 선박에 위험을 주지 아니할 정도의 속력으로 항행하여야 한다.

(4) 항로에서의 항법

① 항로 밖에서 항로에 들어오거나 항로에서 항로 밖으로 나가는 선박은 항로를 항행하는 다른 선박의 진로를 피하여 항행할 것

② 항로에서 다른 선박과 나란히 항행하지 아니할 것

③ 항로에서 다른 선박과 마주칠 우려가 있는 경우에는 오른쪽으로 항행할 것

④ 항로에서 다른 선박을 추월하지 아니할 것. 다만, 추월하려는 선박을 눈으로 볼 수 있고 안전하게 추월할 수 있다고 판단되는 경우에는 해상교통안전법 제74조 제5항 및 제78조에 따른 방법으로 추월할 것

⑤ 항로를 항행하는 제37조 제1항 제1호에 따른 위험물운송선박(제2조 제5호 라목에 따른 선박 중 급유선은 제외한다) 또는 해상교통안전법 제2조 제12호에 따른 흘수제약선의 진로를 방해하지 아니할 것

⑥ 선박법 제1조의2 제1항 제2호에 따른 범선은 항로에서 지그재그(zigzag)로 항행하지 아니할 것

PART

5

해양경찰과 형사절차

해양경찰 형사절차는 해상 및 해안에서의 형사사건에 관하여 범죄의 혐의 유무를 명백히 하여 공소제기와 유지여부를 결정하기 위해 범죄사실을 조사하고 범인 및 증거를 발견 · 수집 · 보전하는 수사기관의 활동을 의미한다. 다른 말로는 간단하게 그냥 '수사'라는 말을 실무상 용어로 쓰기도 한다. 검사와 해양사법경찰관의 수사에 관한 총론적 규정인 형사소송법 제196조와 제197조를 근거로 한다. 본 제5편에서는 해양경찰의 입문서로서 해양경찰의 기본업무에 중점을 두어서 검사의 공소제기 이전의 수사단계에서의 해양경찰의 형사절차를 중심으로 서술하기로 한다.

해양경찰의 이해

Chapter 1 개념과 의의

제1절 해양경찰 형사절차의 개념

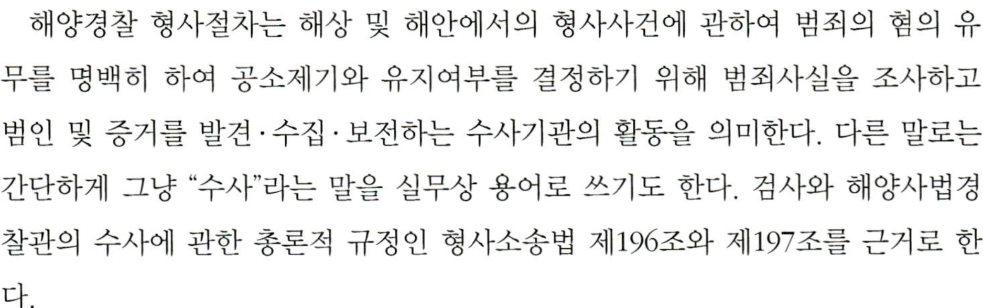

해양경찰 형사절차는 해상 및 해안에서의 형사사건에 관하여 범죄의 혐의 유무를 명백히 하여 공소제기와 유지여부를 결정하기 위해 범죄사실을 조사하고 범인 및 증거를 발견·수집·보전하는 수사기관의 활동을 의미한다. 다른 말로는 간단하게 그냥 "수사"라는 말을 실무상 용어로 쓰기도 한다. 검사와 해양사법경찰관의 수사에 관한 총론적 규정인 형사소송법 제196조와 제197조를 근거로 한다.

본 제5편에서는 해양경찰의 입문서로서 해양경찰의 기본업무에 중점을 두어서 검사의 공소제기 이전의 수사단계에서의 해양경찰의 형사절차를 중심으로 서술하기로 한다.

1. 개념분석

가. 해상 및 해안: 바다의 위를 의미하며 선박내부 및 선상을 일반적인 해상이

라고 할 수 있으며, 해안은 선박이 드나드는 항구를 포함한 바다와 육지가 맞닿은 부분을 의미한다.

나. 형사사건: 민사사건과 대립되는 개념이다. 수사는 형사사건을 대상으로 하여 진행되며 절대로 민사사건에는 수사활동이 개입되지 않는다. 형사사건은 "형법의 적용을 받게 되는 사건을"을 형사사건이라고 한다. 즉 일반적인 행위가 아닌 범죄행위를 행한 자가 형법의 적용을 받게 될 때 이러한 사건을 대상으로 하여 활동을 행하는 것이 수사 즉 경찰현장실무이다.
이에 반해 민사사건은 형법이 아닌 사법(일반적으로 민법이 가장 많이 적용 받음)의 적용을 받게 되는 사건을 대상으로 하는데 대등한 당사자 사이의 자유로운 의사의 합치[42]에 따른 일상생활 관계에 문제가 생겼을 때 이에 관여하는 것을 의미한다.

다. 범죄: 범죄라 함은 '형법이 형벌을 통해서 공식적으로 금지하고 있는 행위'를 의미한다.

라. 범인: 범인은 검사가 공소를 제기하기 이전의 범죄혐의를 포착하고 행하는 수사활동의 대상이다. 일반적으로 피의자를 지칭하는 의미로 있다. 그러나 광의의 범인이라 함은 공소가 제기되어 형의 확정판결을 받은 자를 지칭하기도 한다.

마. 증거: 사실관계를 확정시키고 사안의 진상을 명확히 하는 것은 "실체적 진실발견"이라는 형사소송의 대원칙중의 하나이다. 증거란 사실관계를 확정시키고 사안의 진상을 명확히 하기 위한 사실인정의 근거가 되는 자료를 의미한다.
한편 증거는 증거방법과 증거자료의 두 가지 의미를 포함하는 개념이다. 증거방법이란 사실인정의 자료가 되는 유형물 자체를 의미하며, 증인 · 증거서류 · 증거물을 의미하며 증거자료란 증거방법을 조사하여 알게 된 내용을 말한다.

42) 일반적으로 계약이 가장 전형적인 모습이다.

바. 수사기관: 수사기관이라 함은 법률상 수사의 권한이 인정되어 있는 국가기관을 의미한다. 수사기관에는 검사와 사법경찰관리가 있다. 검사는 수사의 주재자이고 사법경찰관리는 검사의 지휘를 받아 수사를 행한다.

2. 구별개념

가. 일반경찰활동과의 구별

범죄의 수사는 형사소송법에 근거한 수사기관의 행위로서 사회질서유지를 목적으로 하는 일반경찰활동 즉 행정경찰작용(교통정리, 평화적 시위 유도)와는 구별된다.

나. 순수한 형법 및 형사소송법규와의 구별

범죄수사도 형사소송절차의 일부이나 범죄수사는 공소제기나 공판절차같은 정통 법규와는 다르다. 아무래도 범지현상에 가장 먼저 대처하는 활동인 만큼 효과적인 범죄수사를 위해서는 수사활동의 탄력성·기동성·광역성·임기응변성 등이 요구된다.

이러한 점에서 수사절차는 법적 안정성보다는 합목적성이 강조된다.

제2절 해양경찰 수사의 목적

1. 사건의 진상파악(해양경찰학에서 추구하는 수사의 목적)

범죄수사의 목적은 수사기관이 수사의 단서를 통하여 범죄에 관한 주관적 혐의점을 발견하고, 그에 관한 범인 및 범죄사실에 관한 진위를 명백히 하여 객관적 혐의로 발전시키는 데에 있다.

2. 공소제기 여부의 결정(형사소송법학에서 추구하는 수사의 목적)

범죄수사의 목적은 수사를 통하여 파악된 피의사건의 진상을 통하여 법적절차인 공소제기여부를 결정하는데에 있다.

3. 범죄성립여부의 결정(형법학에서 추구하는 수사의 목적)

범죄수사의 목적은 수사를 통하여 범죄성립여부를 결정하여 범죄의 성립 조각여부를 결정하는데에 있다.

4. 공소제기의 유지(형사소송법학에서 추구하는 수사의 목적)

기소하기로 결정된 사건에 대하여는 검거된 범인과 수집된 증거를 토대로 하여 공소유지에 필요한 보강수사가 추가적으로 행하여진다.

5. 유죄판결

범죄수사의 목적은 당해 범죄에 대하여 유죄판결을 받아내는데에 있다.

Chapter

2 수사의 본질과 대상

제1절 해양경찰 수사의 성질 및 과정

1. 수사의 성질

가. 수사관(경찰) 자신이 범죄사실의 진상을 탐지하는 활동

비록 수사의 주체는 검사이나 범죄사실의 진상을 파악하고 형사절차에 올려 놓는 활동은 수사관 자신이다.

나. 형사절차의 일부분

범죄수사는 수사 - 공소제기 - 공판절차 - 판결 - 형확정 - 형집행이라는 일련의 형사절차의 일부분을 차지하고 있는 절차의 한 부분이다.

다. 검사와 법관의 심증형성을 지향하는 활동

수사는 목적을 달성하기 위해 수사관인 경찰관에 의해서 행해진 종국적 판단이 검사 및 법관의 마음을 움직여 이들의 심증을 형성할 수 있어야 한다.

2. 수사의 과정

가. 하강과정

1) 수사를 직접 행하는 경찰관 자신이 범죄를 인지하여 범죄사실의 진상을 파악하고 심증을 형성하기 위한 과정이다.

2) 형사소송법상의 증거법칙의 구속을 받지 않고 경찰관은 자유자재로 수사를 추진한다. 용의자의 조사는 검사 및 법관의 심증형성을 하기 위한 과정이다.

3) 하나의 사실로서 다수의 추리선을 전개해 나간다(가령 대낮에 빈어선이 털린 경우 대낮 빈어선털이 전과자를 대상으로 하여 추리선을 전개해 나간다).

4) 원칙적으로 범죄수사는 하강과정을 거쳐 상승과정으로 발전하는 것이 일반적인 순서이다.

나. 상승과정

1) 경찰관이 획득한 판단을 형사절차에 따라 검사 및 법관에게 제시하여 틀림없다는 심증을 가지고 공소제기 및 공판절차를 문제없이 이행할 수 있도록 경찰관의 판단을 증명하기 위하여 형사소송법의 절차에 따른 증거를 수집하는 과정이다.

2) 일반적으로 범인이 이미 도망가거나 사라진 선상살인사건현장등의 직접적인 범죄현장수사보다는 고소 및 고발 등으로 피고소인이 특정되어 있는 경우 사실관계가 보다 확실하므로 수사의 중점도 하강과정보다는 상승과정 수사로 바로 올라가는 경우가 대부분이다.

3) 현행범인의 체포는 증거가 확실하여 바로 피의자로 입건되어 검사에게 대부분 짧은 시간안에 인계되므로 상승과정의 수사만이 행하여진다.

제2절 해양경찰 수사의 대상

1. 개념

수사의 대상이란 범죄수사를 통하여 명확하게 하여야 할 범죄의 실체면으로서 사실적 내용(사실적 실체면)과 법률적 내용(법률적 실체면)을 의미한다.

가. 사실적 실체면

범죄가 발생하거나 또는 범죄의 혐의가 있는 경우 수사는 무엇보다도 '그 사건의 범인이 누구인가' 또는 그 사건의 범인이 행한 행위는 어떠한 행위인가? 라는 사실적 실체면을 명확하게 하여야 한다.

사실적 실체면은 과거의 범행을 재현하는 것을 기본적인 대상으로 하여 수사를 전개해 나간다. 과거범행의 재연은 수사의 과정중에서 특히 하강과정에서 중요하다. 물론 과거의 범행을 완벽히 재현하는 것은 불가능하다. 그러나 최대한 과거의 범행을 재현하는 것이 좋다(6하원칙 활용: 누가, 언제, 어디서, 어떻게, 무엇을, 왜).

나. 법률적 실체면

일단 수사의 대상이 사실적으로 명확하게 되면 그 다음에는 이를 법률적인 면에서 다시 재검토해야 하는 과정을 거치게 된다. 이는 사실적으로 확정된 행위가 범죄가 되는지와 만약 범죄가 된다면 형법학적으로 어떠한 범죄가 되는지가 명확하게 되어야 한다.

구체적인 내용으로는 형벌법령에 규정된 범죄구성요건에 해당하는 행위인가?, 위법성이 있는가? 혹시 위법성 조각사유가 있지는 아니한가? 책임있는 행위인가 아닌가? 소송조건이 갖추어져 있는가?(가령 처벌조각사유인 친족상도례나 국회의원의 면책특권등).

Chapter 3 수사의 과정과 원리

제1절 해양경찰 수사의 전개과정

1. 개관

수사는 수사의 단서에서 시작하여 수사착수(범죄인지) - 개시(입건) - 현장관찰 및 수사활동 - 송치 - 수사의 종결(공소제기) - 공판 - 판결의 과정으로 전개된다.

광의의 개념과 협의의 개념이 다르다. 광의로는 수사는 단서에서 시작하여 확정판결에 이르기까지의 전 과정을 의미한다.

협의로는 수사의 단서에서 시작하여 공소제기까지의 기간만을 의미한다.

2. 단계적 고찰

가. 수사의 단서

수사의 단서란 수사기관인 경찰과 검찰이 범죄를 인지하여 수사를 개시하게

되는 자료를 말한다.

1) 형사소송법상 수사의 단서: 변사자 검시, 현행범인 체포, 고소 및 고발, 자수
2) 범죄수사규칙: 상기 형소법상의 수사의 단서에 그치지 않고 피해신고, 불심검문, 밀고, 투서, 소문, 언론보도 등도 모두 수사의 단서가 된다.

* 입건 전 수사에 대하여

입건 전 수사란 수사착수의 전 단계로서 수사의 단서에 의하여 포착된 범죄혐의 유무를 조사할 만한 가치가 있다고 판단하는 때에 그 진상을 밝히기 위하여 공개적으로 수사를 개시하지 아니하고 수사기관 내부적으로 조사하는 것을 의미한다.

사법경찰관은 입건 전 수사결과 범죄혐의가 없다고 인정될 때에는 경찰서장에게 보고한 후 지시를 받아 입건 전 수사 사건 종결처리부에 기재하여 입건 전 수사종결한다. 만약 범죄혐의가 있다고 판단되면 본격적인 수사에 착수한다.

입건 전 수사는 본격적인 수사개시가 아니기 때문에 참고인 조사형식을 취한다. 다만 피입건 전 수사자 조사시 진술거부권 및 변호인의 조력을 받을 권리를 고지하며 대인적 강제처분인 체포 및 구속은 불가능하다. 단 대물적 강제처분인 압수 및 수색은 가능하다.

나. 수사착수(범죄인지)

수사의 착수란 범죄인지라고도 하면 공식적으로 수사기관이 고소 및 고발, 자수 이외의 원인으로 직접 범죄혐의를 인지하고 수사에 착수하는 것으로서 사법경찰관리가 수사의 단서를 얻어 수사에 착수한 때에 범죄인지보고서를 작성한다.

다. 수사의 개시(입건)[43]

수사의 개시 즉 입건이라 함은 수사기관이 사건을 수리하여 수사를 개시하는

43) 형사소송법학에서는 인지와 입건을 동일하게 본다. 입건만을 쓰는 학자도 있다.

것을 말한다. 사건을 접수 또는 수리하여 범죄사건부에 기록하는 단계로서 입건된 때부터 비로소 피의자라는 용어가 사용된다. 입건 이전에는 용의자 또는 혐의자이다.

라. 현장관찰 및 수사활동

1) 범인 및 범행일시, 범행장소, 범행동기, 범행방법 등을 파악하기 위해 현장관찰을 행한다. 이후에는 본격적인 수사를 실행한다.

2) 수사활동은 범인, 범죄사실, 증거를 기준으로 하여 수사활동을 행한다.

3) 수사기간

(1) **일반형사범**: 체포[44]는 48시간을 초과할 수 없다. 반드시 48시간 이내에 구속영장을 청구하여야 한다. 구속의 경우 경찰에서는 체포 또는 구속한 날로부터 10일이내에 검사도 10일 이내에 단 검사는 1차에 한하여 10일을 연장할 수 있다.

→ 수사기관 전체를 통합하여 30일이 구속이 가능한 기간이다.

(2) **고소, 고발사건**: 고소 및 고발사건을 해양경찰이 수리한 경우에는 수리한 때로부터 2개월이내에 수사를 완료하여야 한다. 만약 이 기간내에 수리를 완료하지 못한다면 검사의 지휘를 받아야 한다. 검찰의 사건처리기간은 3개월이다.

마. 송치

사법경찰관은 사건에 대하여 진상을 파악하고 적용할 법령과 처리의견을 제시할 수 있는 정도가 되면 의견서를 작성하여 사건을 검찰청에 송치한다. 검찰청에서는 사법경찰관의 의견서를 담당검사가 배정되어 검토하게 되며 담당검사는 사법경찰관의 송치의견서에 구애받지 않는다.

44) 수사과정에서의 체포는 3가지 종류가 있다. 체포영장에 의한 체포, 긴급체포, 형행범체포 3가지이다.

* 사건송치 후의 수사

사건송치후의 수사는 가능한가? 검찰청에 송치한 후에도 담당검사는 독자적으로 검찰수사관에게 지시하여 사건을 수사할 수 있다. 또한 피의자의 여죄가 발견된 경우에는 사법경찰관은 담당검사에게 직접 보고하고 검사의 지휘를 받아 추가수사가 가능하다. 담당검사가 공소제기 또는 공소유지를 위한 보강수사 지시가 있을 경우애는 보강수사를 할 수 있는 권리도 있다.

바. 수사의 종결

과거에는 수사의 종결권은 검사에게만 인정되었다. 사법경찰관은 수사의 종결권이 없었다. 그러나 형사소송법의 개정으로 사법경찰관의 수사종결권이 도입되었다. 다만 20만원 이하의 벌금, 구류, 과료에 처하는 사건의 경우에는 즉결심판사건의 대상이 되므로 관할 경찰서장이나 해양경찰서장이 즉결심판한다. 그러나 그 결과에 불복하는 경우에는 피고인(즉결심판의 대상자는 공판절차상의 피고인으로 의제)은 정식재판을 청구할 수 있다.[45] 만약 판사가 즉결심판대상사건으로 적합하지 않다고 판한단 경우에는 정식재판을 위하여 해양경찰서장에게 통보하고 해양경찰서장은 지체없이 사건을 관할 검찰청의 검사에게 송치하여야 한다.

수사종결의 종류는 다음과 같다.

1) **공소제기**: 피의사건에 대하여 범죄의 객관적 혐의가 충분하고 소송조건 및 처벌조건을 구비하여 유죄의 판결을 얻을 수 있는 경우에 검사는 공소를 제기한다.

45) 즉결심판의 절차는 정식재판과는 달리 자백의 보강법칙이 적용되지 않는다. 따라서 보강증거가 없는 경우에도 피고인의 자백에 의하여서만 유죄를 선고할 수 있다. 또한 전문법칙이 적용되지 않으므로 사법경찰관이 작성한 피의자 신문조서는 피고인이 내용을 인정하지 않는다고 할지라도 증거능력이 인정된다.

2) **불기소처분**: 불기소처분에는 협의의 불기소처분과 광의의 불기소처분이 있다.

(1) 협의의 불기소처분

① **혐의 없음**: 피의사건에 대하여 공소를 제기함에 충분한 범죄의 객관적 혐의가 없는 경우나 유죄판결을 받아내기에 증거가 불충분한 경우 혹은 피의자의 자백에 대하여 보강증거가 없는 경우

② **죄가 안됨**: 피의사실이 범죄구성요건에 해당하나 위법성조각사유나 책임조각사유가 있는 경우

③ **공소권 없음**: 피의사건에 대하여 소송조건(형사소송법학적)이 결여된 경우나 형면제의 사유가 있는 경우(가령 친고죄의 고소가 없는 경우나 친족상도례 혹은 국회의원의 면책특권과 같은 사유)

(2) 광의의 불기소처분

광의의 불기소처분에는 기소유예, 기소중지, 공소보류, 타관송치가 있다.

① **기소유예**: 기소유예는 피의사건에 대하여 범죄의 혐의가 인정되고 소송조건도 구비되었으나 범인의 연령, 성행, 지능과 환경, 피해자에 대한 관계, 범행의 동기 및 수단의 결과, 범행후의 정황 등을 참작하여 공소를 제기하지 아니하는 경우를 말한다. 검사만이 기소유예처분을 할 수 있다. 그러나 실무상으로는 훈방이라고 하여 경찰(사법경찰관뿐만 아니라 사법경찰리도 관행상 사용하고 있음)도 검사의 기소유예에 해당하는 권한을 행사하고 있음에 주의할 필요가 있다.

② **기소중지**: 피의자의 소재가 판명되지 않은 경우이다. 기소중지는 잠정적인 수사종결이라는 점에서 협의의 불기소처분과 구별된다.

③ **공소보류**: 검사는 국가보안법위반의 죄를 범한 자에 대하여 형법 제51조[46]의 사항을 참작하여 공소제기를 보류할 수 있다. 공소보류를 받은 자가 공소를 제기하지 않고 2년을 경과한 경우에는 다시 공소를 제기할 수 없다.

46) 형법 제51조: 형을 정함에 있어서는 다음의 사항을 참작하여야 한다. 범인의 연령, 성행, 지능과 환경, 피해자에 대한 관계, 범행의 동기 및 수단과 결과, 범행의 정황이 그것이다.

④ **타관송치:** 검사는 사건이 소속 검찰청에 대응한 법원의 관할에 속하지 아니한다고 판단한 때에는 사건을 서류 및 증거물과 함께 관할법원에 대응하는 검찰청의 검사에게 송치하여야 한다. 만약 경찰이 소속경찰서에 대응하는 관할 밖이라고 판단한 때에는 관할 경찰서로 이송할 수 있다.

제2절 해양경찰 범죄수사의 기본원리

1. 범죄수사의 가능성

모든 범죄행위는 그 과정에서 범죄의 흔적(범적)을 남기게 된다. 완전히 흔적을 남기지 않는 완전범죄는 이론상으로는 가능할 지도 모르나 실제상으로는 불가능하다. 범죄가 흔적을 남기게 되는 것은 인간의 세가지 행위법칙 때문이다. 이를 토대로 수사실무에서는 범죄수사의 가능성의 실마리를 마련해 나간다.

가. 범죄는 인간의 행동이다: 인간의 생물학적 및 심리학적 특지이 징표로 남아서 이를 단서로 과거사실을 재현하고 수사를 진행한다(혈액 정액, 수법, 언어, 인상, 습관)

나. 범죄는 사회적 행동이다: 사회적 법칙등에 따른 흔적등이 징표로 남아 이를 단서로 하여 수사를 진행한다(목격자, 도구, 인심, 소문, 성명 등)

다. 범죄는 자연과학적 징표를 남긴다: 지문, 족적 등

2. 범죄징표

가. 의의

범죄징표라 함은 범죄에 수반하여 나타나는 내적·회적 현상을 말한다. 수사활동에 의하여 수집되는 범죄징표는 주로 외적으로 표현되는 징표이며, 이러한 외

적징표를 범죄의 흔적이라고 한다. 수사실무의 대상이 되는 범죄징표는 수사수단에 의해 수집되어야 하며 수사자료로 될 수 있는 것이어야만 의의를 가질수 있다.

〈표 5-1〉 **범죄징표의 형태 개관**

범인의 생물학적 특징에 의한 징표	인상, 지문(사람식별시 가장 정확), 혈액형, 기타 신체적 특징
범인의 보통 심리적 특징에 의한 징표	• 범행동기: 원한 및 치정, 미신 등 • 범행결의: 불안 및 초조, 친구와의 상담 등 심리적 갈등, 사전현장답사 • 범행도중: 목적달성에 용이한 방법 및 숙달된 기술 선호 • 범행이후: 일시적으로 안도감을 가지나 곧 바로 공포 및 후회를 하며 꿈, 잠꼬대, 피해자의 장례식 참석 등을 행함
범인의 이상심리적 특징에 의한 징표	심리과정에 합리적인 일관성이 결여
범인의 사회관계에 의한 범죄징표	사회적 직위(주거, 경력, 직업 등), 목격자, 소문 등
자연현상에 의한 범죄징표	지문, 족적, 일시 등
문서에 의한 범죄징표	문자, 잉크, 문서 감정등

1) 범인의 생물학적 특징에 의한 범죄징표

생물학적 특징에 의한 징표는 가장 정확한 징표이다.

인상 및 지문 혈액형등은 사람의 특징을 압축시켜주는 효과를 가져오며, 지문은 개인식별에 있어서 아직까지 가장 효과적이고 정확한 방법으로 적극적으로 동일인임을 증명하는데에 이용된다. 또한 기타 신체적 특징에 포함되는 치열 및 귀의 모양, 머리카락도 사람마다 다르므로 경찰 수사 실무에서는 개인식별의 유력한 자료가 된다.

2) 범인의 심리적 특징에 의한 범죄징표

수사실무에서 범죄자의 심리에 관한 지식은 범조징표의발견은 물론 진술심리, 도주심리, 증거인멸심리, 위장심리를 포팍하여 수사 수산의 기술로 이용된다.

3) 범인의 사회관계에 의한 범죄징표

인간은 사회와의 연대관계를 맺고 있는 이러한 사회생활관계로부터 범죄의 징표를 추적하는 것이 가능하다. 가령 범행현장에 범인의 것으로 추정되는 짧은 머리카락이 많이 발견된 경우에는 범인의 직업은 이발사로 추정하는 것 등이다. 또한 전과의 경력을 통하여 범인을 압축하는 것이 가능하다.

4) 자연현상에 의한 범죄징표

범죄의 일시는 범죄사실의 구성요소로서 범죄의 특징에 중요한 요소가 된다. 가령 자연일시 및 기상이 범죄징표추적에 큰 도움을 주는 경우가 있다. 선상살인사건이 발생한 경우, 범행현장에 남겨진 범인의 종적에 진흙과 물기가 남아있고 사건당일 0시에서 3시사이에 비가 내렸다면 범인은 0시 이후 고무보트 등을 이용하여 배에 침입하여 범행을 행한 것으로 추정할 수 있다.

3. 수사의 수단

가. 개념

수사의 수단이란 범죄의 흔적으로서 남겨진 징표를 수사기관이 입수하는 방법, 즉 구체적인 사건의 수사에 필요한 자료를 입수하는 방법을 의미한다.

나. 종류

1) **듣는 수사** - 범죄를 직접 경험했거나 타인의 경험을 전문한 자의 기억을 증거화하는 수단이다. 용의자 조사, 참고인조사, 소문탐문 등

2) **보는 수사** - 시각을 동원하여 현장 또는 물건에 대한 수사자료를 입수하여 증거화하는 수사수단이다. 현장관찰이 주요한 수사의 수단이다.

3) **추리 수사** - 경찰관의 추리에 따라서 수사자료를 입수하는 수사수단이다.

다. 수사수단의 방향

1) 횡적 수사

폭을 넓혀가는 수사로서 범향에 관계있는 자료의 발견 및 수집을 목적으로 하는 수사활동이다. 종류로는 현장관찰, 행적수사, 미행, 수색, 잠복감시 등이 있다. 장점은 광범위한 자료수집으로 수사의 확실성을 기할 수 있으며 사건의 신중한 판단이 가능하다. 그러나 단점으로는 노력과 시간에 있어서 비경제적이다.

2) 종적 수사

폭을 최대한 좁혀서 깊이 파고드는 수사로서 수집된 특정자료의 성질 및 특징 등을 깊이 관찰하여 범인에 도달하는 수사활동이다. 종류로는 유류품수사, 수법수사, 장물수사, 인상특징수사, 현상수배수사 등이 있다. 장점으로는 특정의 자료를 통한 집중적인 수사활동으로 신속한 범인의 검거를 기대할 수 있으나 경찰관 개인의 주관개입 및 한정된 자료로 인하여 판단을 그르칠 가능성도 배제할 수 없다.

4. 수사의 구조론

가. 의의

수사과정을 전제로서 형사절체에서 어디에 위치시키고 수사절차에서 등장하는 활동주체의 관계를 어떻게 정립시킬 것인가를 규명하기 위한 이론을 수사의 구조론이라고 한다. 규문적 수사관과 탄핵적 수사관이 있다.

나. 규문적 수사관

수사절차는 수사기관이 피의자를 조사하는 절차로 이해하는 견해로 수사기관에 중심을 두는 이론이다. 강제처분은 수사기관의 고유한 권한이므로 영장은 허가장의 성질을 가진다. 또한 피의자신문을 위한 구인은 허용된다.

다. 탄핵적 수사관

수사는 법원의 재판을 준비하기 위한 활동이며 수사기관이 단독으로 행사하는 공판의 준비단계라고 이해하는 이론이다. 강제처분은 장래의 재판을 위하여 법원이 행하는 것이며 법원이 발부하는 영장은 명령장의 성질을 가지며 피의자 신문을 목적으로 하는 구인은 허용되지 않는다.

라. 소송적 수사관

수사는 기소, 불기소를 결정하는 독자적 목적을 가진 절차로서 검사를 판단자로 하고 사법경찰관리와 피의자 또는 변호인을 대립하는 당사자로 이해하는 이론이다.

공판과는 별개의 절차로 이해하는 수사관이며, 수사절차의 독자성과 중요성을 강조하며 피의자를 수사의 주체로 이해하여 방어활동이 강조되며 강제수사는 공소제기 전에만 허용된다.

5. 수사의 원칙

가. 의의

범죄수사를 하려면 먼저 어떠한 순서와 방법으로 하는 것이 과학적이고 합리적인가를 연구해야 한다. 합리적이고 보편타당한 범죄수사방법이 필요하므로 수사를 행함에 있어서는 다음과 같은 수사의 3대원칙을 준수하여 수사하여야 한다.

나. 범죄수사의 3대원칙

1) **신속착수의 원칙**: 범죄수사는 가급적 신속히 착수하여 죄증이 인멸되기 전에 수사를 수행하고 종결하여야 한다.
2) **현장보존의 원칙**: 범죄현장에는 수사의 단서가 될만한 자료가 존재하여 이러한 현장을 철저히 보존하고 관찰하여야 성공적인 수사를 실행할 수 있다.

3) **공중협력의 원칙**: 범죄의 흔적은 목격자나 전문자에 의해 소문의 형태로 일파만파 전파되어 이를 단서로 수사에 착수하거나 또는 사건해결의 실마리가 될 수 있다. 이는 범죄는 인간의 사회적 행동이라는 범죄수사의 기본원리와 밀접한 연관을 가지는 범죄수사의 원칙이다.

다. 현장에서의 범죄수사의 기본원칙

1) **임의수사의 원칙**: 수사의 방법은 임의수사를 원칙으로 한다.

2) **강제수사법정주의**: 강제처분에 대한 법률적 규제를 그 내용으로 하는 강제수사법정주의는 헌법상의 원칙(제12조 제1항)으로서 강제수사는 형사소송법에 특별한 규정이 있는 경우에 한하여 예외적으로 허용된다.

3) **영장주의**: 강제처분에 관한 영장주의는 수사기관은 강제처분을 행함에 있어서 반드시 법률에 의거하여 법원이 발부한 영장을 가지고 수사에 임하여야 한다.

4) **수사비공개의 원칙**: 사사의 개시와 실행은 공개하지 아니한다는 원칙을 말한다. 수사는 비공개라는 점에서 공판절차가 공개주의를 채택하는 것과 큰 차이가 있다.

5) **범죄에 관한 진술 강요금지의 원칙**: 헌법에서 규정하는 원칙이며, 고문의 절대적 금지를 명시하고 형사소송법은 피의자의 진술거부권을 보장하고 있다(형사소송법 제200조 제2항).

라. 수사준수원칙

1) **선증후포의 원칙**(선증거 수집후 체포의 원칙): 사건에 관하여는 먼저 조사하여 증거를 확보한 후 범인을 체포하여야 한다.

2) **법령준수의 원칙**: 범죄수사에 있어서는 관련법규를 숙지하고 이를 철저히 준수하여야 한다.

3) **민사관계불간섭의 원칙**: 범죄수사는 형사사건에 한하여 행하여질 수 있다.

4) **종합수사의 원칙**: 모든 정보자료와 수사자료를 종합하여 상황을 파악하고, 모든 기술과 지식 및 조직을 동원하여 체계적이고 조직적인 종합수사를 행하여야 한다.

Chapter

형사절차 각론

제1절 해양경찰 수사기관

1. 의의

수사기관이라 함은 법률상 범죄수사의 권한이 인정되어 있는 국가기관을 말한다. 현행 형사소송법은 탄핵주의에 의거하여 재판기관과 수사기관을 분리하고 있다.

2. 수사기관의 종류

가. 검사

검사는 소추기관인 동시에 수사기관이다.

수사기관으로서의 검사는 수사개시권, 수사지휘권, 수사종결권을 행사하는 수사의 주체이다.

나. 사법경찰관리

사법경찰관리는 일반적으로 경찰을 의미하며 그 임무와 권한이 지역적, 사항적으로 제한을 받는지 여부에 따라서 제한을 받지 않는 일반사법경찰관리와 특별사법경찰관리로 구분한다.

1) 일반사법경찰관리

해양경찰은 해양경찰청에 근무하지 않는 경무관, 총경, 경정, 경감, 경위이고, 검찰은 검찰수사서기관, 검찰수사사무관, 검찰수사주사, 검찰수사주사보가 포함된다.

2) 특별사법경찰관리

특별사법경찰관리는 삼림·세무·관세 및 군수사기관(기무부대) 기타 특별한 사항에 관하여 사법경찰관리의 직무를 행하는 자를 의미한다.

특별사법경찰관리는 법률상 당연히 사법경찰관리의 권한이 있는 자(교도소장)와 검사장의 지명에 의해서 사법경찰관리로서의 권한이 인정되는 자(교도관리)가 있다.

어선의 선장이나 선원(1등 항해사)도 바다에서는 사법경찰관리의 직무를 행할 권한이 부여된다.

3. 검사와 사법경찰관리의 관계

가. 상명하복관계

과거와는 달리 현행법은 "검사와 사법경찰관은 수사, 공소제기 및 공소유지에 관하여 서로 협력하여야 한다(형사소송법 제195조 제1항)"고 규정함으로서 과거에 검사를 명실상부한 수사의 주체로 하고 범죄수사에 관하여 검사의 사법경찰관리에 대한 지위 및 감독을 인정하고(구 형사소송법 제196조, 검찰청법 제4조), 사법경찰관리의 검사에 대한 복종의무를 명문화함으로서(검찰청법 제53조) 양자의 관계를 상명하복관계로 하고 있었던 규정을 폐기하였다.

다만 일부는 아직도 검사의 수사주체로서의 상명하복과 관련된 내용을 규정하고 있다. 구체적 내용으로는, 송치사건의 공소제기 여부 결정 또는 공소의 유지에 관하여 필요한 경우와 사법경찰관이 신청한 영장의 청구 여부 결정에 관하여 필요한 경우 검사에게 보완수사명령권을 인정하고 있고, 경찰의 체포 및 구속상소(유치장)에 대한 감찰권을 부여하고, 조서의 증거능력상의 차이인정, 체포 및 구속영상청구를 검사가 독점하고 있으며, 긴급체포시 검사의 사후승인을 반드시 받도록 하고 있는 것 등이 그 예이다.

나. 검사의 사전지휘를 받지 않는 경우

경찰이 수사를 행함에 있어서 검사의 사전지휘를 받지 않는 경우는 사건을 다른 사법경찰관서로 이송할 때, 체포한 현행범의 석방, 입건 전 수사종결, 시체의 행정검시(사망의 원인이 명백한 경우) 등이다.

제2절 수사 각론

1. 수사의 단서

수사의 단서라 함은 수사를 개시할 수 있는 자료를 의미한다. 이는 수사기관의 직접체험에 의한 단서와 타인의 체험에 의한 단서로 나눌 수 있다.

가. 직접체험에 의한 경우

1) 현행범체포(형사소송법 제211조, 제212조)

현행범은 수사기관 뿐만 아니라 사인도 체포할 수 있다. 현행범체포로 인하여 수사가 개시되므로 현행범인의 체포는 수사의 단서가 된다. 형사소송법은 현행범인을 고유한 의미의 현행범과 준현행범으로 구분하고 있다.

고유한 의미의 현행범이란 "범죄의 실행중이거나 실행직후에 있는 자"를 의미

한다.

범죄의 실행직후란 범죄의 실행행위를 종료한 직후를 말한다. 결국 미수가 처벌되는 범죄에 있어서는 실행의 착수만 있으면 현행범에 해당한다. 예비 및 음모를 처벌하는 범죄[47]에 있어서는 예비 및 음모가 실행행위에 해당한다.

교사범과 방조범은 협의의 공범이므로 정범의 실행행위를 전제로 하므로 정범의 실행행위가 개시된 때를 현행범으로 보아야 한다.

한편 준현행범이란 현행범인은 아니지만 현행범으로 간주되고 있는 자를 의미한다. 형사소송법은 제211조 제2항에서 "범인으로 호창되어 추적되고 있는 자 및 장물이나 범죄에 사용되었다고 인정함에 충분한 흉기 등을 소지하고 있는 때, 신체나 의복에 현저한 증적이 있는 때, 누구임을 물음에 대하여 도망하려는 때"를 규정하고 있다. 이에 대한 자세한 내용은 강제수사편에서 다시 다루도록 한다.

2) 거동수상자의 불심검문

해양경찰서의 경찰관은 수상한 거동 기타 주위의 사정을 합리적으로 판단하여 어떠한 죄를 범하였다고 의심할만한 상당한 이유가 있는 자(범죄혐의자), 죄를 범하려고 하고 있다고 의심할만한 상당한 이유가 있는자(범죄혐의자), 죄를 범하려고 하고 있다고 의심할만한 상당한 이유가 있는 자(우범좌), 이미 행하여진 범죄나 행하여 지려고 하는 범죄행위에 관하여 그 사실을 안다고 생각되는 자(참고인)를 정지시켜 질문할 수 있다(경찰관직무집행법 제3조). 성공적인 불심검문을 위해서 경찰관은 상대방을 안심시키고 냉정하고 침착하게 행동하여 소기의 목적인 수사의 단서를 포착해내는 데에 최대한 노력을 기울여야 한다.

이러한 불심검문을 통하여 알게 된 사실은 수사의 단서가 된다.

불심검문의 구제적 방법은 다음과 같다.

(1) 정지: 불심검문은 수사의 전단계이지 본격적인 수사라고 할 수 없다. 따라서 강제적인 방법을 동원할 수 없다. 거동수상자의 정지를 위해 경찰이 강

47) 강도죄 및 살인죄 등이 이에 해당한다.

제력을 행사하는 것은 불가능하다. 상대방의 동의가 반드시 필요하다. 그러나 수사의 단서를 구하기 위해 강제에 이르지 않는 거동수상자의 보행정지는 허용된다.

(2) 질문: 불심검문시 해양경찰관은 먼저 자신의 신분을 표시하는 증표를 제시하고 목적과 이유를 설명한 후 상대방의 행선지 및 용건, 인적사항 등을 질문할 수 있다. 그러나 아직 본격적인 수사가 개시되지 않는 상태이므로 진술거부권으 고지할 필요는 없고, 상대방도 경찰관의 질문에 답변해야 할 의무는 없다.

(3) 동행요구: 그 장소에서 질문하는 것이 부적절하다고 경찰관이 판단하거나 교통에 방해가 된다고 인정하는 때에는 질문을 위하여 근처의 해양경찰서나 파출소에 동행할 것을 요구할 수 있다. 이 경우 동행요구를 받은 자는 경찰관의 동행요구를 거절할 수 있다(경찰관직무집행법 제3조 제2항). 동행요구시 경찰관은 동행자의 가족에게 본인의 소속 및 신문, 동행목적과 이유를 고지하고 연락이 항상 가능하도록 조치하여야 한다. 또한 변호인의 조력을 받을 권리가 있음을 고지하여야 한다.
임의동행은 6시간을 초과하여 경찰서에 머물게 할 수 없다(경찰관직무집행법 제3조 제6항).

(4) 소지품검사: 불심검문에 수반하여 흉기 기타 물건의 소지여부를 밝히기 위하여 거동수상자의 옷이나 휴대품을 조사하는 것을 의미한다. 수사의 전단계이므로 본격적인 수사상의 강제처분인 수색과 다르다.
단 주의해야 할 사항은 외표검사는 허용되나 실력행사는 허용되지 않는다. 따라서 흉기소지에 대한 고도의 개연성이 인정되지 않는 이상은 소지품의 내용을 자세히 조사하는 것은 불가능하다. 만약 긴급체포의 요건이 충족되면 긴급수색이 인정되기 때문이다. 외표검사결과 흉기소지가 감지되면 주머니 속을 검사하는 것은 허용된다. 다만 여성의 바지주머니나 외투주머니에 손을 넣어 만져야 할 경우에는 반드시 근처의 경찰관서나 파

출소에 임의동행을 요구한 후 여성경찰관으로 하여금 집행하도록 하여야 한다.

(5) 자동차(선박)검문

범죄예방과 범인검거를 목적으로 경찰관이 운행중인 자동차 및 선박을 정지하게 하고 운전자 및 항해사 또는 동승자에게 질문하는 것을 말한다. 여기에는 교통검문, 일반경계검문, 긴급수배검문이 있다.

교통검문이란 도로교통법에 근거를 두고 있는 검문이며 경찰관은 자동차 및 선박의 운전자 또는 항해사가 무면허, 음주운행, 약물복용후 운행등의 혐의가 있다고 인정할 때에는 차량정지 및 면허증제시요구등 필요한 조치를 취할 수 있다.

일반경계검문은 불특정 다수인의 일반범죄예방과 검거를 목적으로 하는 보안경찰 작용을 말한다.

긴급수배검문은 특정범죄가 발생한 경우 범인의 체포와 증거의 수집을 목적으로 하는 검문으로 사법경찰작용에 속한다.

3) 변사자 검시

변사자란 병사 및 노쇠사 등의 자연사가 아닌 부자연사에 의한 사체로서 범죄로 인한 사망의 의심이 있는 사체를 말한다. 검시는 변사자의 사인인 범죄로 인한 것인지 여부를 판단하기 위하여 수사기관인 검찰이나 경찰관이 사체의 상황을 조사하는 것을 말한다. 검시결과 범죄혐의가 인정되면 수사가 개시되므로 변사자를 검시하는 단계는 아직 수사가 개시된 것이 아니므로 단서에 불과하다.

검시(檢視)는 수시기관 즉 검사 또는 해양경찰서장이 변사체의 사인을 규명하기 위하여 변사체를 조사하는 것을 말한다. 검시(檢視)에는 사법검시와 행정검시가 있다.

(1) 사법검시: 사법검시란 변사자중 범죄의 혐의가 있다고 판단이 되는 사체에 대하여 수사착수를 전제로 검사의 지휘에 의하여 사법경찰관이 사체를 조사하는 것을 말한다. 사법검시는 통상 사법검시 Ⅰ과 사법검시 Ⅱ로 나

뉘어지는데 구분의 기준은 압수 및 수색 및 검증영장을 받아서 변사체를 부검하는가 여부에 달려있다.

〈표 5-2〉 **사법검시**

구분	사법검시 Ⅰ	사법검시 Ⅱ
대상	익사, 소사, 감전사, 추락사, 가스중독사, 산업재해사, 교통사고에 의한 시체(단 도주차량에 의한 시체 및 표류익사체, 암장시체는 대상에서 제외된다)	• 살인, 강도 등 중요 강력사건에 기인한 변사사건 • 범죄 기인여부 또는 사인이 불문명하여 부검을 요하는 변사사건 • 유족이 사인을 다투는 사건(군대의 폭행치사 사건등)
절차	발생보고 → 검사지취 및 수사 → 유족에게 사체인도 → 종결(사체검안서)	발생보고 → 검사지휘 및 압수수색영장 발부 → 부검 → 유족에게 사체인도 → 수사 → 보고 → 범인검거 또는 종결(검증조서나 감정서)
사체인도	신고접수 후 12시간 이내 유족에게 인도	신고접수 후 24시간내 유족에게 인도

(2) 행정검시: 사법경찰작용이 아닌 행정경찰작용의 일환이며, 범죄와 관련이 없는 사체에 대한 처리를 간소화하여 국민편익을 도모함과 동시에 업무처리의 신속을 기함에 목적이 있다. 종래에는 변사자가 발생하였을 때에는 모두 사법검시를 하여야 하였던 것을 범죄에 기인되지 아니한 사체(행려병자, 아사자, 전염병사망자, 홍수나 화재, 뇌우 등으로 죽은 자)는 간단한 절차인 행정검시로 완결할 수 있도록 하였다.
지구대장이나 관할 파출소장의 보고를 받은 경찰서장은 변사체가 행정검시대상에 해당한다고 인정될때에는 지구대장이나 파출소장에게 행정검시를 명하고 관할 지구대장이나 파출소장은 의사의 검안을 거쳐 행정검시조서를 작성하고 사체는 유족에게 인도한다.(행정검시의 주체는 경찰서장이지 검사가 아니며 따라서 검사에게 보고할 필요가 없다. 다만 지구대장과 파출소장은 행정검시도중에 사체가 범죄에 기인한 것으로 의심될 경우에는 지체없이 경찰서장에게 보고하여야 하며 경찰서장은 이에 따라서 검

사의 지휘를 받는 사법검시로 전환하여 수사에 착수할 준비를 하여야 한다.

(3) 의학적 검시(檢屍): 한편 검시(檢屍)란 수사기관이 검시(檢視)를 행함에 있어서 정확한 사인(사망의 원인)을 규명하기 위해서 의사등 전문가에게 사체에 대한 조사를 위촉하게 되는데, 이러한 의사의 사체조사행위를 검시(檢屍)라고 한다. 검시(檢屍)는 사체에 대해 해부를 행하는 부검과 사체에 대한 직접적인 훼손없이 육안으로만 관찰하는 검안이 있다. 변사체에 대하여 부검을 실시할 경우에는 원칙적으로 압수·수색·검증영장을 요한다.

나. 타인의 체험에 의한 경우

1) 고소

고소란 범죄의 피해자 또는 피해자와 일정한 관계에 있는 자(고소권자)가 수사기관에 대하여 범죄사실을 신고하여 범인의 소추를 구하는 의사표시이다. 고소는 중요한 수사의 단서이지만 친고죄[48]의 경우는 수사의 단서임과 동시에 소송조건으로 규정하고 있기 때문에 고소가 없으면 형식적인 기소조건이 결여[49]되어 검사는 공소의 제기를 할 수 없다.

고소는 수사기관에 대한 피해자의 의사표시이기 때문에 수사기관이 아닌 기관(예: 청와대나 법원 및 헌법재판소등)에 대한 진정서의 제출이나 기타 서면의 제출은 고소가 아니다). 다만 엄격한 형식을 갖출 필요는 없다.

(1) 고소권자

범죄피해자(직접피해자를 의미한다. 따라서 처가 강간을 당한 경우 남편은 고소권자가 아니다), 피해자의 법정대리인[50], 피해자가 사망한 경우

48) 친고죄라 함은 형사소송법상 고소가 있어야만 공소를 제기할 수 있는 범죄로서 고소는 수사의 단서일 뿐만 아니라 소송조건이 된다. 단 고소가 없어도 수사는 가능하나 고소의 가능성조차 없을 때에는 수사는 제한되거나 허용되지 아니할 수 있다.

49) 공소기각 판결의 사유이다.

50) 법정대리인이란 민법상 친권자나 후견인 등과 같이 행위무능력자를 일반적으로 대리할 수 있는 자를 의미한다. 재산관리인이나 법인의 대표자는 포함되지 않는다. 판례는 법정대리인의 고소권은 형사소송법 제225조 제1항에서 보장하고 있고, 고유권이므로 피해자의 의사에 반하여 독자적으로 고소할 수 있다고 한다(독립대리권설).

그 배우자 및 직계친족·형제자매,[51] 死者명예훼손의 경우에 그 친족이나 자손, 친고죄에 대하여 고소할 자가 없는 경우에 이해관계인의 신청이 있는 경우 검사가 지정한 자

(2) 방법

고소는 서면 또는 구술 어느 쪽이나 가능하다. 단 수사기관인 검사 또는 사법경찰관에게 하여야 한다.(형사소송법 제237조 제1항). 검사 또는 사법경찰관이 구술에 의한 고소를 받은 때에는 진술조서를 작성하여야 한다.

(3) 고소의 제한

자기 또는 배우자의 직계존속은 고소하지 못한다(형사소송법 제224조). 다만 성폭력범죄처벌 및 피해자보호등에 관한 법률에 의한 성폭력범죄 및 가정폭력범죄에 대해서는 자기 또는 배우자의 직계존속을 고소할 수 있고, 고소기간은 범인을 알게 된 날로부터 1년이다.

(4) 고소기간

친고죄가 아닌 범죄에 대하여는 고소기간의 제한이 없다. 친고죄인 범죄에 대하여는 범인을 알게 된 날[52]로부터 6개월을 경과하면 고소하지 못한다. 다만 고소할 수 없는 불가항력의 사유가 있는 때에는 그 사유가 없어진 때로부터 기산한다(형사소송법 제230조).

(5) 고소의 취소

고소는 제1심 판결선고전까지 취소할 수 있다(형사소송법 제232조 제1항).

(6) 고소각하사유

각하처분은 피고소인에 대한 인권침해를 방지하기 위하여 고소 및 고발사건에 관하여 행해지는 불기소처분의 일종이다. 이러한 각하사유에 해당하는 것으로는 고소사실을 처벌할 수 없음이 명백한 사실이며, 고소사

51) 단 이 경우는 피해자의 명시한 의사에 반하여 고소권을 가질 수 없다(가령 강간피해자가 자살한 경우 남편이나 아버지는 강간범과 합의후 돈을 받고 고소를 대신 취소할 수 없다).
52) 범인을 알게 된 날에서 범인이라 함은 정범, 공범(교사범 및 종범)을 불문한다. 범인이 여러 명인 공동정범일 경우에는 그 중 1인만 알면 족하다.

실이 범죄를 구성하지 않는 경우[53] 죄가 되지 않거나[54] 공소시효가 완성된 사건이 주로 이에 해당한다.

(7) 고소불가분의 원칙: 고소효력이 미치는 범위에 관한 원칙이다. 한 개의 범죄의 일부분에 대한 고소는 전부에 대하여 효력이 발생하는 것을 객관적 불가분의 원칙[55]이라고 하며, 수인의 공범중 1인 또는 수인에 대한 고소 및 그 취소는 다른 공범자에게도 효력이 발생하는 것을 주관적 불가분의 원칙[56]이라고 한다.

2) 고발

고발[57]이란 고소권자와 범인 이외의 자가 수사기관에 대하여 범죄사실을 신고하여 소추를 구하는 의사표시를 말한다. 고발은 고소와는 달리 대리인에 의한 고발은 인정되지 않는다. 즉 누구든지 범죄사실이 있다고 사료되는 때에는 고발을 반드시 하여야 한다.[58]

나머지 고발의 절차와 그 취소의 과정은 고소와 동일하다. 고발의 기간에는 제한이 없으며, 고발 취소 후에도 다시 고발할 수 있다는 점에서 고소와 구별된다.

그러나 자기 또는 배우자의 직계존속에 대하여 고발을 할 수 없음은 고소와 동일하다.[59]

일부범죄 즉 독점규제 및 공정거래에 관한 법률·물가안정에 관한 법률·관세법·전투경찰대설치법·출입국관리법·조세범처벌법에서는 고발이 소송조건이 되기도 한다(고발성 친고죄).

53) 가령 정신질환자에 의한 고소라든가 과실재물손괴등 구성요건에 해당하지 않음이 명백한 범죄 및 채권채무관계를 주내용으로 하는 민사관계가 해당된다.
54) 형사미성년자(14세미만자)에 대한 고소
55) 가령 폭행죄만으로 강간범을 고소할 수 없다.
56) 가령 과거 간통죄가 폐지되기 이전에는 남편과 바람난 여자만을 간통죄로 고소한다고 해도 간통죄고소는 남편에게도 적용되었다.
57) 형사소송법 제234조 제1항 참조
58) 형사소송법 제234조 제2항 참조
59) 형사소송법 제224조 및 제235조 참조

〈표 5-3〉 고소와 고발의 비교

	고소	고발
공통점	방식과 절차, 수사개시의 단서가 되나 특수한 경우 소송조건이 되기도 한다.	좌동
차이점	주체가 제한되어 있다. 친고죄의 경우 범인을 알게 된 날로부터 6개월 이내로 제한된다. 제1심 판결선고후에는 취소가 불가능하다.	주체의 제한이 없다. 기간의 제한이 없다. 대리가 허용되지 않는다. 취소의 기간의 제한이 없다.

3) 자수

자수란 범인이 스스로 수사기관에 대하여 자신의 범죄사실을 신고하여 처벌을 희망하는 의사표시를 말한다. 자수는 수사의 단서인 동시에 양형의 참작사유가 되고 취소는 인정되지 않는데에 그 특징이 있다.

자수는 범인이 스스로 자발적으로 하여야 하므로 수사기관의 조사에 응하여 자기의 범죄사실을 진술하는 자백과 다르고, 수사기관에 대하여 하여야 하므로 반의사불벌죄인 명예훼손죄등에 있어서 고소권을 가진 자에게 자발적으로 자기의 범죄사실을 고하여 고소를 맡기는 자복과 다르다.

(1) 수단과 방법: 자수는 법률상 특별한 제한이 없으므로, 타인을 시켜서 자기의 범죄를 신고하도록 하는 방법도 가능하다. 단 이 경우는 유선이든 무선이든 본인이 직접 수사기관에 자수의사를 표시하여야 한다.

(2) 시기: 자수의 시기에는 제한이 없다. 따라서 범죄사실이 발각된 후에 자수하거나, 지명수배를 받은 이후라 할지라도 체포 전에 자발적으로 자신의 범죄사실을 신고한 이상 자수에 해당한다.

(3) 자수의 효과: 자수하면 자수한 자는 그형을 감경 또는 면제할 수 있다.[60] 이를 임의적 감면이라고 한다.

(4) 절차: 범인이 자수하여 자수가 수리되면 수사기관에서는 자수인진술조서

60) 형법 제52조 제1항

를 작성하여야 한다. 이 때 주의해야 할 사항은 첫째, 자수를 가장하여 다른 진범인을 숨기기 위한 술책이 아닌가? 둘째, 자수를 가장하여 다른 중대한 사건을 숨기기 위함은 아닌가? 셋째, 공범관계를 진술할 때에는 고의로 무고한 타인을 개입시키는 것은 아닌가? 에 대하여 해당 수사기관은 철저한 조사 및 분석이 필요하다.

4) 피해신고

피해신고란 범죄로 인한 피해자 또는 이해관계인이 수사기관에 대하여 피해사실을 신고하는 것을 말한다. 피해신고는 범인의 소추를 구하는 의사표시가 없는 점에서 고소 및 고발과 다르다.

수사기관은 피해신고의 접수가 있으면 사건의 대소를 막론하고 피해자의 입장에서 조속히 신고를 수리하여야 하며, 신고가 구술에 의한 것인 때에는 피해신고서를 작성하여야 한다.

피해신고서에는 신고인 및 피해자의 인적사항을 기재하고, 피해일시 및 장소는 구체적으로 특정하여 기록한다. 피해금품이 있을 경우 금품의 품목, 수량, 시가 및 소유자 등도 기재한다.

2. 임의수사

수사의 단서를 통해서 범죄혐의가 포착되면 본격적으로 수사에 들어간다. 이 때 일단 임의수사를 통해서 수사에 들어가는 것을 원칙으로 한다. 형사소송법상의 수사원칙은 임의수사원칙, 강제수사 법정주의. 강제처분 영장주의주의를 원칙으로 하는 것을 근거로 한다.

이러한 임의수사의 종류로는 피의자신문, 찬고인조사, 감정 및 통역·번역의 위촉, 사실조회, 실황조사가 있다.

가. 피의자신문

1) **개념**: 검사 또는 사법경찰관이 피의자를 신문하여 피의자로부터 진술을 듣

는 것을 의미한다. 이 때 피의자는 진술거부권이 보장되어 있기 때문에 진술을 강요할 수 없다. 임의의 진술을 듣는 수 밖에 없다.

2) **방식**: 피의자신문의 방식은 다음과 같은 절차와 규칙을 따른다.

(1) **주체**: 검사 또는 사법경찰관이 신문의 주체이다. 이들은 수사에 필요한 때에는 피의자의 출석을 요구하여 진술을 들을 수 있다. 순경과 경사는 사법경찰이므로 원칙적으로 피의자신문의 권한이 없으나 사법경찰관리 집무규칙 제17조에 따라서 피의자신문을 사법경찰관리가 한다고 규정하고 있으므로 실무에서는 "사법경찰관사무취급자"라고 하여 신문이 가능하다.

(2) **출석요구**: 출석요구서의 발부에 의하여 수사기관은 출석을 요구할 수 있으나 피의자는 출석요구에 응할 의무가 없다.

(3) **진술거부권의 고지**: 검사 또는 사법경찰관이 피의자의 진술을 듣는 때에는 미리 진술을 거부할 수 있음을 알려야 한다. 현행 형사소송법은 개정된 내용에 따라서 진술거부권을 자세히 규정하고 있다. 이에 따르면 검사 또는 사법경찰관은 피의자를 신문하기 전에 먼저 일체의 질문에 대하여 진술을 하지 아니하여도 되고, 개개의 질문에 대하여 진술을 하지 아니하여도 된다는 것, 진술을 하지 아니하더라도 불이익을 받지는 않을 것이라는 것, 진술을 거부할 권리를 포기하고 행한 진술은 법정에서 유죄의 증거로 사용될 수 있다는 것, 신문을 받은 때에는 변호인을 참여할 수 있게 하여 변호인의 조력을 받을 수 있는 권리가 존재한다는 사실을 분명히 알려야 한다.[61]

(4) **신문사항**: 검사 또는 사법경찰관이 피의자를 신문함에는 먼저 성명, 연령, 주거와 직업을 물어 피의자임에 틀림없음을 확인한 후 범죄사실과 정상에 관한 중요사항을 신문하여야 하며 이익이 되는 사실을 진술할 기회를 주어야 한다.[62]

---

61) 형사소송법 제244조의3 제1항

(5) 참여자: 검사가 피의자를 신문함에는 검찰수사관 또는 법원사무관 등을 참여하게 하여야 하고, 사법경찰관이 피의자를 신문함에는 사법경찰리를 참여하게 하여야 한다. 이는 참여자로 하여금 신문을 보조하게 하는 한편, 신문내용의 신뢰성을 확보하고자 함을 목적으로 한다.63)

(6) 변호인의 참여: 검사 또는 사법경찰관은 피의자 또는 그 변호인·법정대리인·배우자·직계친족·형제자매의 신청에 따라서 변호인을 피의자와 접견하게 하거나 정당한 사유가 없는 한 피의자에 대한 신문에 참여하게 하여야 한다. 신문에 참여하고자 하는 변호인이 2인 이상인 경우에는 피의자가 신문에 참여할 변호인 1인을 지정하여야 하며, 지정이 없는 경우에는 검사 또는 사법경찰관이 이를 지정할 수 있다.64)
신문에 참여한 변호인은 신문후 의견을 진술할 수 있다.65)

(7) 피의자신문조서의 작성: 피의자 진술은 조서에 기재하여야 한다. 조서는 피의자에게 열람하게 하거나 읽어서 들려주어야 하며, 진술한대로 기재되지 아니하였거나 사실과 다른 부분의 유무를 물어 피의자가 증감 또는 변경의 청구 등 이의를 제기하거나 의견을 진술한 때에는 이를 조서에 추가로 기재하여야 한다.

이 경우 피의자가 이의를 제기하였던 부분은 읽을 수 있도록 남겨두어야 한다.

개정 형사소송법은 수사과정의 투명성을 제고하여 위하여 피의자진술을 영상녹화 할 수 있는 근거를 신설하였다.66)

---

62) 형사소송법 제244조의3 제2항
63) 형사소송법 제243조
64) 형사소송법 제243조의2 제3~5항 참조
65) 변호인 참여제한: 다음의 경우에는 범죄수사규칙에 의거하여 변호인의 참여가 제한된다.
  1. 사법경찰관의 승인 없이 부당하게 신문에 개입하거나 사법경찰관에게 모욕적인 언동 등을 행하는 경우
  2. 피의자를 대신하여 답변하거나 특정한 답변 또는 진술번족을 유도하는 경우
  3. 신문방법에 대하여 이의를 제기하는 경우, 취지에 반하여 부당하게 이의를 제기하는 경우
  4. 피의자 신문내용을 촬영, 녹음, 기록하는 경우. 다만 기록의 경우 피의자에 대한 법적 조언을 위해 변호인이 기억환기용으로 간략히 메모를 하는 것은 허용된다.

나. 참고인조사

검사 또는 사법경찰관은 수사에 필요한 때에는 피의자 아닌 자의 출석을 요구하여 진술을 들을 수 있다. 이 자를 참고인이라고 한다. 이 경우 동의를 받으면 영상통화도 가능하다.[67] 참고인은 강제로 소환당하거나 신문당하지 않는다. 다만 참고인이 출석 또는 진술을 거부하는 경우에는 검사는 제1회 공판기일 이전에 한하여 증인신문을 청구할 수 있다.

증인신문청구로 법원에서 판사가 증거조사결정을 하거나 법원이 직권으로 증거보전을 위해 증인신문을 하면 강제처분이 된다. 이 경우 형사소송법은 증인에게 출석 및 선서와 증언의 의무를 지우게 된다.

다. 감정 및 통역·번역의 위촉

검사 또는 사법경찰관은 수사에 필요한 때에는 감정 및 통역·번역을 위촉할 수 있다.[68] 감정의 위촉은 특별한 학식이나 경험이 있는 자에게 그러한 학식이나 경험 법칙의 판단결과를 수사기관에 알려주도록 요청하는 수사방법이다.

감정서의 기재내용을 명확하게 하기 위하여 감정인을 참고인으로 조사할 수 있다.

감정을 위촉하는 경우에 감정유치처분이 필요하다고 인정한 때에는 감사는 감정유치를 법원에 청구할 수 있다. 감정유치는 피의자의 신체등을 감정하기 위하여 혈액 및 정액등을 강제로 체취할 수 있는 경우를 의미한다. 반드시 판사의 허가를 받아야 하며 감정유치에 들어가면 이는 강제처분임에 주의해야 한다.

라. 실황조사

실황조사란 사법경찰관이 강제력을 사용하지 않고 범죄현장 기타 범죄관련 장소나 물건 및 신체등의 존재상태를 5관(눈,귀,코,입,손)의 작용으로 경험 및 인식한 사실을 명확히 하는 수사활동이다.

66) 형사소송법 제244조의2
67) 형사소송법 제221조
68) 형사소송법 제221조 제2항

종료후에는 실황조사사를 작성하여야 하며, 검증과 다를바 없다. 다만 강제력이 따르지 않고 검사의 지휘를 받을 필요가 없다는 점에서 구분된다.

3. 강제수사

강제수사란 수사기관의 강제처분을 말한다. 강제수사란 필연적으로 헌법상 보장되는 기본적 인권을 침해하므로 법령에 정한 절차와 요건에 따라 필요최소한도로 행하여야 한다.

현행법상 강제수사의 종류로는 체포영장에 의한 체포(통상체포), 긴급체포, 현행범체포, 피의자의 구속, 압수·수색·검증, 통신제한조치, 수사상 증거보전, 증인신문의 청구, 수사상 감정유치 등을 들 수 있다.

가. 체포영장에 의한 체포(통상체포)

체포란 초동수사단계에서 피의자의 인신을 확보함으로서 수사 절차의 원활한 진행과 유죄판결, 그리고 형벌의 집행을 확보함을 그 목적으로 하는 강제처분이다. 체포는 특정인의 신체의 자유를 억제하는 강제처분이라는 점에서 구속과 같으나 그 기간이 비교적 단기라는 점과 요건이 비교적 완화되어 있다는 점에서 구속과 구별된다. 또한 구속과 달리 영장실질심가제도가 없고 예외적으로 영장에 의하지 않은 긴급체포가 가능하다는 점도 구속과 구별되는 점이다.

1) 개념

통상체포는 죄를 범하였다고 의심할 만한 상당한 이유가 있는 피의자를 단기간동안 일정한 장소에 인치하는 제도이다. 수사초기에 피의자의 신병확보를 위하여 실무에서는 매우 중요하며 48시간안에 구속영장을 청구하여야 한다. 그렇지 않은 경우에는 석방하여야 한다.

2) 요건

(1) 체포영장이 발부되기 위해서는 범죄의 혐의, 즉 피의자가 죄를 범하였다고 의심할만한 상당한 이유가 있어야 한다.[69] 이러한 혐의는 수사기관의

단순한 주관적 혐의만으로 족하지 않고 증거자료를 기포로 하여 특정한 범죄와 특정피의자의 결합을 긍정할 수 있는 객관적이고 합리적인 자료를 요한다.

사법경찰관의 판단으로 위법성조각사유가 책임조각사유가 있으면 검사에게 보고하고 만약 이러한 사유가 있다면 체포영장을 신청할 수 없다.

(2) 출석요구에 불응하거나 불응할 우려가 있어야 한다. 피의자를 체포하기 위해서는 범죄혐의의 상당성과 함께 수사기관이 임의수사로서 피의자에게 출석요구를 하고 피의자는 정당한 이유없이 이에 "불응"하거나 "불응할 우려"가 인정되어야 한다. 그러나 불응에 단 1회 거부한 경우도 포함하느냐의 여부와 불응할 우려는 수사기관의 주관적 판단이므로 해석에 따라서 자의가 개입될 여지가 있다.

(3) 체포의 필요성이 있어야 한다. 현행 형사소송법은 구속사유인 "도망이나 증거 인멸의 우려"를 적극적인 체포의 요건은 아니지만 소극적 요건으로 규정하여 이러한 사유의 부존재가 명백하게 된 때에는 체포의 필요성이 부인되어 체포영장을 발부할 수 없다.[70]

형사소송규칙에는 체포영장의 청구를 받은 판사는 체포의 사유가 인정되는 경우에도 피의자의 연령이나 경력, 가족관계나 교우관계 및 기타 제반사정을 참작하여 체포영장을 기각할 수 있는 재량을 부여하고 있다.[71] 그러나 이러한 체포 요건의 강화는 오히려 일선 수사기관에서 예전의 관행대로 본격적인 수사개시 이전의 임의동행에 의한 유도를 부추킬 수 있다. 또한 긴급체포의 남용으로 이어질 가능성도 있다. 따라서 체포영장의 발부기준은 구속영장과 비교하여서 완화되어야 할 필요성이 있다.

(4) 경미범죄에 개하여는 체포의 요건이 더욱 엄격해진다. 다액 50만원 이하의 벌금·구류 또는 과료에 해당하는 사건에 관하여서는 피의자가 일정

69) 형사소송법 제200조의2 제1항
70) 형사소송법 제200조의2 제2항 단서
71) 형사소송규칙 제96조의2

한 주거가 없는 경우 또는 정단한 이유없이 출석요구에 응하지 아니한 경우에 한하여 체포가 가능하다. 이는 경미범죄에 대하여는 강제력의 행사를 제한함으로서 수사기관의 체포권의 남용을 억제하려는 것이다.

3) 절차

체포의 집행절차는 다음과 같다.

체포영장신청서 작성 → 체포영장신청부 기재 → 체포영장신청 → 체포영장청구 → 체포영장발부(법원) → 체포영장 제시 및 집행 → 범죄사실등 고지 → 체포영장 집행원 부기재[72] → 체포통지(24시간이내 가족등에게) → 구속영장신청 하거나 석방해야 함(48시간 이내)

(1) **체포영장의 청구**: 검사만이 청구를 할 수 있다. 사법경찰관은 직접적인 청구권이 없으며 검사에게 신청하여 검사의 청구로 관할 지방법원판사의 체포영장을 발부받아 피의자를 체포할 수 있다. 이때 사법경찰관은 검사에게 신청하기 전 먼저 소속 해양경찰서장(총경)에게 보고하여 허락과 지시를 받은 후 비로소 검사에게 신청할 수 있다.

(2) **재체포·재구속의 제한 부적용**: 체포영장청구의 경우에는 체포적부심에 의하여 석방된 피의자를 제외하고는 긴급체포나 구속영장에 의한 구속의 경우와는 달리 재체포·재구속의 제한[73]이 적용되지 않는다.[74]

72) 체포영장에 의해 피의자를 체포한 경우에는 반드시 체포영장집행원부에 영장번호, 피의자죄명, 영장유효기간, 처리상황 등을 기재하여야 한다.

73) 형사소송법 제 200조의2 제4항(긴급체포후 구속영장을 청구하지 아니하거나 발부받지 못하여 석방한 피의자는 구속영장 없이는 동일한 범죄사실에 관하여 다시 통상 체포나 긴급체포를 하지 못한다는 것과 구속후 석방된 피의자는 다른 중요한 증거를 발견한 경우를 제외하고는 동일 범죄사실로 다시 구속하지 못한다는 원칙이다.)

74) 그 이유는 체포영장은 구속영장과는 달리 피의자에 대한 단기간의 강제수사방법이므로 장기간에 걸쳐 수회 피의자에 대한 조사가 필요한 경우에 대비할 필요가 있고, 앞에서 언급하였듯이 구속영장과 같은 엄격한 재체포 제한을 두게 될 경우에는 수사기관은 적법절차에 따른 수사진행의 어려움으로 일단 피의자를 구속시켜 놓고 보자는 심리가 작

(3) 발부권자: 체포영장의 발부와 관련하여서는 당직판사 또는 영장전담판사가 이를 처리한다. 체포영장을 심사함에 있어서 영장실질심사를 위한 피의자심문[75]은 신속성과 밀행성을 요한다는 점에 비추어 보았을 때 부정된다고 보아야 한다.

(4) 긴급집행: 체포영장은 발부되었으나 소지하고 있지 아니한 경우가 있을 수 있다. 이때 만약 급속을 요하는 경우가 발생한다면 피의자에게 범죄사실의 요지와 체포영장이 발부되었음을 고지하고 집행할 수 있다. 단 집행을 완료한 후에는 반드시 신속히 체포영장원본을 제시하여야 한다.

(5) 체포의 통지: 체포영장을 집행하여 체포한 후에는 지체없이 가족이나 변호인에게 통지하여야 한다. 그러나 현실성이 없으며 사법경찰관리 집무규칙상 "24시간" 이내에 통지하면 되는 것이 관례이다. 반드시 서면통지를 한다.

이때 체포통지서에 기재할 사항은 피의자의 인적사항, 체포일시 및 장소, 구금장소, 변호인선임권, 체포적부심사청구권, 범죄사실 및 체포의 이유를 기재한다. 단 이때 명의인은 사법경찰관이 되어야 한다.

(6) 체포집행후의 조치: 체포한 피의자를 수사한 결과 다시 구속하고자 할 때에는 검사는 체포한 때로부터 48시간내에 구속영장을 청구하여야 한다. 구속영장청구 전 경찰은 사법경찰관 3명으로 구성된 영장심의위원회의 심의를 거쳐 구속영장청구를 검사에게 신청한다.[76]

용하는 것이 수사기관의 본능적인 사고방식이다. 이렇게 될 경우 제도도입의 취지가 상실된 우려가 있기 때문에 체포영장의 청구에 대하여는 재체포의 제한을 두지 않고 계속하여 연속으로 체포영장의 청구가 가능하게 한 후 이후에는 이를 법원의 판단에 맡겨두고 있다.

75) 신문은 수사기관이 피의자를 대상으로 사실여부를 묻는 것이고, 심문은 법원이 피의자 및 피고인을 대상으로 물어보는 것이다.

76) 이는 형사법률집행권자인 검사의 형사법지식에 사전대비하기 위한 경찰의 준비 및 숙고시간이다. 단 시간은 짧다. 48시간 안에 구속영장을 청구해야 하기 때문이다.

이때 주의하여야 할 점은 피의자의 체포적부심사 청구시에 법원이 수사관계 서류와 증거물을 접수한 때로부터 검찰청에 다시 반환될 때까지의 기간은 48시간의 구속영장청구제한기간에 포함되지 않는다. 수사기관의 구속영장청구시간을 벌기 위한 규정이다.

수사기관인 검사 또는 사법경찰관이 48시간이 경과하였음에도 불구하고 구속영장을 청구하지 아니하거나 발부받지 못하였을때에는 검사의 지휘를 받아 즉시 석방하여야 한다. 단 수사실무에서는 48시간 이내에 법원에 구속영장이 청구될 수 있도록 하기 위하여 36시간 이내에 구속영장을 신청하도록 하고 있다.

나. 긴급체포

1) 개념

긴급체포란 사형·무기 또는 장기 3년 이상의 징역이나 금고에 해당하는 죄를 범하였다고 의심할만한 상당한 이유가 있는 피의자를 수사기관이 일정한 요건하에 법관의 영장을 발부받지 않고 체포할 수 있는 제도이다.[77]

긴급체포를 인정하는 취지는 영장주의의 원칙을 고수하게 되면 중대범죄의 범인을 놓치게 되는 수가 있는데 이러한 결과를 사전에 방지하여 체포의 긴급성에 대처함으로서 수사의 합목적성을 실현하기 위한 제도이다. 사후영장도 받을 필요없고 바로 구속절차를 밟을 수 있다. 이는 현행범 체포와 함께 강제수사에서 영장주의의 중요한 예외에 해당한다.

2) 요건

(1) **범죄혐의의 상당성**: 통상체포와 마찬가지로 죄를 범하였다고 의심할 만한 상당한 이유가 있어야 한다.

(2) **범죄의 중대성**: 사형·무기 또는 장기 3년 이상의 징역이나 금고에 해당하는 범죄를 대상으로 한다.[78]

---

77) 형사소송법 제200조의3

78) 형법상 장기 3년 미만의 범죄는 간통죄, 도박죄(단 도박개장죄는 긴급체포가 가능하다), 단순폭행죄, 낙태죄, 명예훼손죄, 실화죄, 과실치사죄(단 업무상과실치사상죄는 긴급체

(3) 체포의 필요성: 긴급체포를 하지 않으면 피의자가 증거를 인멸할 염려가 있거나 도망 또는 도망할 우려가 있어야 한다. 따라서 피의자가 수사기관의 소환에 응하여 조사도중 또는 즉시 귀가를 요구하는 경우에는 도주 또는 증거인멸의 구속 사유를 인정할 수 없으므로 긴급체포는 인정되지 않는다.

다만 수사실무에서는 피의자가 출석하게 된 계기 및 수사상황 등을 고려하여 조사 과정에서 중범죄의 혐의가 인정되고 구속을 우려하여 귀가를 요구하는 경우에는 도망 및 증거인멸의 우려가 현저하여 긴급체포를 할 수 있는 것으로 처리하고 있다.

(4) 체포의 긴급성: 피의자를 우연히 발견한 경우 등과 같이 체포영장을 받을 시간적 여유가 없어야 한다. 이는 체포영장의 발부에 소요되는 시간의 경과로 인하여 체포가 불가능하거나 현저히 곤란한 경우가 발생항 경우가 요구된다 할 것이다.

긴급체포의 남용과 인권을 보호하기 위한 요건으로 구체적인 사정에 따라서 합리적으로 판단하여야 할 것이다.[79]

3) 재체포의 제한

긴급체포되었으나 구속영장을 청구하지 아니하거나 구속영장을 발부받지 못하여 석방된 자는 영장없이는 동일한 범죄사실에 관하여 다시 체포하지 못한다.[80] 따라서 수사기관인 검사 또는 사법경찰관은 동일한 범죄사실에 관하여는 재차 긴급체포를 할 수 없고, 체포영장에 의한 체포나 구속영장에 의한 구속만이 가능하다.

포가 가능하다), 점유이탈물횡령죄 등이다. 이러한 범죄는 긴급체포가 불가능하다.

79) 대판 2005.11.10., 2004도42판결.

80) 형사소송법 제200조의4 제3항

체포영장신청서 작성 → 체포영장신청부 기재 → 체포영장신청 → 체포영장 청구 → 체포영장발부(법원) → 체포영장 제시 및 집행 → 범죄사실등 고지 → 체포영장 집행원 부기재[81] → 체포통지(24시간이내 가족등에게) → 구속영장신청 하거나 석방해야 함(48시간 이내)

사례) 야간주거침입절도죄의 긴급체포와 관련한 재체포의 제한사례

2008.10.1 23시 야 주 절 기수 → 2008.10.2 13시 수사기관에 의해 긴급체포됨 → 2008.10.3 04시 피의자도주 → 2008.10.3. 13시 수사기관(사법경찰관)이 길거리에서 도주피의자 우연히 발견 수사기관의 재긴급체포가 가능할 것인가?

사례해설) 이 경우 수사기관은 긴급체포의 가능성을 두가지 범죄를 기준으로 하여 검토가 가능하다. 즉 형법상의 도주죄[82](제145조)에 의한 긴급체포와 야주절에 의한 재긴급체포이다.[83]

그러나 도주죄는 법정형이 장기 1년 이하이므로 긴급체포요건에 해당하지 않는다. 따라서 야주절에 의한 재체포를 고려할 수 밖에 없다. 이 경우 영장이 없이는 야주절 피의자에 대한 재긴급체포가 불가능한 것으로 보인다. 그러나 도주한 자이지 석방한 자가 아니라는 점에 유의할 필요가 있다. 따라서 재긴급체포가 가능하다.

81) 체포영장에 의해 피의자를 체포한 경우에는 반드시 체포영장집행원부에 영장번호, 피의자죄명, 영장유효기간, 처리상황 등을 기재하여야 한다.
82) 법률에 의하여 체포 또는 구금된 자가 도주할 때에는 1년 이하의 징역에 처한다.
83) 현행범체포의 경우에도 석방후 출석요구에 불응시는 우연히 길에서 발견시 긴급체포가 가능하다.

4) 절차

긴급체포 → 범죄사실들 고지 → 긴급체포서 작성 → 긴급체포원부기재 → 긴급체포통지→ 긴급체포승인 건의 → 구속영장 신청 또는 석방

(1) 주체: 주체는 검사 또는 사법경찰관이다. 사법경찰관이 긴급체포한 경우에는 즉시 검사의 사후승인을 건의하고 승인을 얻어야 한다. 만약 검사의 사후승인을 얻지 못하면 즉시 석방하여야 한다.[84] 사전승인은 받을 필요없다. 긴급체포한 경우 긴급체포서를 작성하여야 한다.

(2) 고지 및 통지: 검사 또는 사법경찰관은 피의자를 체포하는 경우에 피의사실의 요지와 체포의 이유 및 변호인을 선임할 수 있음을 알리고 변명할 기회를 주어야 한다.[85] 변호인이 있는 경우에는 변호인에게, 변호인이 없는 경우에는 피의자의 법정대리인, 직계가족, 형제자매중 피의자가 지정한 자에게 체포한 때로부터 24시간내에 체포의 통지를 하여야 한다.

(3) 긴급체포의 승인건의: 사법경찰관이 긴급체포를 하였을 때에는 12시간내에 검사에게 긴급한 사유와 체포를 계속하여야 할 사유 등을 기재한 '긴급체포승인건의서'를 작성하여 긴급체포승인건의를 하여야 한다. 검사가 승인하지 아니할때에는 즉시 그 사실을 사법경찰관에게 통보하고 통보를 받은 사법경찰관은 피의자를 즉시 석방하여야 한다.

(4) 긴급체포후의 구속영장청구: 긴급체포한 피의자에 대하여는 긴급체포서를 첨부하여 지체없이 구속영장을 청구하여야 하며 48시간을 경과해서는 안된다. 이 시간 내에 구속영장을 청구하지 아니하거나 구속영장을 발부받지 못한 때에는 검사의 지휘를 받아 즉시 석방하여야 한다.

긴급체포되거나 현행범인으로 체포된 피의자 또는 위법하게 체포된 피

84) 형사소송법 제200조의3 제1항

85) 형사소송법 제200조의5

의자도 체포적부심사를 청구할 수 있다.

이 경우 만약 사법경찰관이 긴급체포한 피의자에 대해 구속영장을 신청하지 아니하고 석방한 경우에는 즉시 검사에게 보고하여야 한다.

만약 검사가 긴급체포후 구속영장을 청구하지 아니하고 피의자를 석방한 경우에는 석방한 날로부터 30일이내에 서면으로 다음의 사항을 법원에 통지하여야 한다. 이 경우 긴급체포서의 사본을 첨부한다.

(5) 관련서류 열람등사권: 긴급체포후 석방된 자 및 그 변호인·법정대리인·배우자·직계친족·형제자매는 통지서 및 관련 서류를 열람하거나 등사할 수 있다.[86]

다. 현행범 체포

1) 개념: 현행 형사소송법은 현행범인이나 준형행범인을 누구든지 영장없이 체포할 수 있도록 하고 있다. 이는 범행과 시간적으로 접촉하고 있기 때문에 범죄와의 명확성이 인정되어 실체적 진실발견을 위하여 형사소송법이 영장주의의 예외를 인정한 제도이다.

2) 요건

(1) 고유한 의미의 현행범: 범죄의 실행중이거나 실행직후에 있는 자를 말한다.[87] "범죄의 실행중에 있는 자"라 함은 범죄의 실행에 착수하여 아직은 범죄종료에 이르지 못한 자를 의미한다. "범죄의 실행직후에 있는 자"라 함은 범죄종료에 이른 직후에 있는 자를 말한다.

현행범체포에서의 현행범의 특징은 죄명이나 형의 경중을 묻지 않는다. 미수가 처벌되는 범죄에 있어서는 실행의 착수에 있으면 족하다. 만약 예비나 음모를 처벌하는 범죄가 있으면 예비나 음모가 실행행위에 해당한다고 보면 된다. 정범뿐만 아니라 공범도 포함한다. 단 교사범과 방조

86) 형사소송법 제200조의4 제5항
87) 형사소송법 제212조

범은 정범의 실행행위를 전제로 하므로 교사의 현행범 또는 방조의 현행범이 되기 위해서는 정범의 실행행위가 개시된 때가 바로 현행범이다.

(2) 준현행범: 현행범은 아니지만 범인으로 호창되어 추적되고 있는 때, 장물이나 범죄에 사용되었다고 인정함에 충분한 흉기 기타 물건을 소지하고 있는 때, 신체 또는 의복류에 현저한 증적이 있는 때, 누구임을 물음에 대하여 도망하려 하는 자[88]는 현행범인으로 간주된다.[89]

(3) 체포의 주체: 누구든지 가능하다. 단 국회의원의 불체포특권은 현행범의 경우라 할지라도 적용되지 않는다.

(4) 예외: 다액 50만원 이하의 벌금, 구류, 과료에 해당하는 경미사건에 대해서는 주거부정에 한하여 체포할 수 있다.

3) 절차

경찰관이 현행범을 체포하는 경우에는 체포를 위해 타인의 주거나 건조물, 항공기 등에 들어갈 수 있다. 또한 체포현장에서의 압수 및 수색, 검증도 가능하다. 필요한도의 범위내에서 무기사용도 가능하다. 단 사인은 타인의 주거에 침입하여 현행범을 체포할 수 없다.

현행범으로 체포된 자는 변호인과 접견교통권을 보장받으며 체포적부심사청구권을 행사할 수 있다.

(1) 해양경찰관이 체포한 경우

범죄사실등 고지(단 체포경찰관의 소속 및 계급 등을 고지해야 할 의무 없음) → 현행범인체포서 작성 → 현행범인체포원부기재 → 체포통지 → 구속영장 신청하거나 혹은 석방(검사의 지휘없이 석방가능)

88) 다만 누구임을 물음에 도망하는 자를 준형행범인으로 간주하는 것은 인권보호라는 측면에서 바람직하지 못하다.

89) 형사소송법 제211조 제2항

(2) 사인이 체포한 경우

현행범인 즉시 인도(수사기관에) → 현행범인인수서작성(체포자 해양경찰서 동행요구 가능) → 현행범인체포원부기재 → 체포통지 → 구속영장신청하거나 혹은 석방(검사의 지휘없이 석방가능)

라. 구속

1) 개념

구속은 실효성 있는 형사절차를 위하여 즉 형사소송절차의 원활한 진행과 장래 형벌의 집행을 확보하기 위하여 피의자 또는 피고인의 신체의 자유를 제한하는 대인적 강제처분이다.

구속의 종류에는 신체를 확보한 체포상태에서의 구속영장청구를 통하여 하는 구속과 피의자가 체포되지 않고 바로 구속영장청구시에 구속되는 구속의 두 가지 종류가 있다.

2) 요건

(1) 범죄혐의의 상당성: 범죄의 객관적 혐의가 존재하여야 한다.

(2) 법관의 판단: 법관은 구속사유를 심사하고 결정함에 있어서 체포때와는 다르게 신중해야 할 필요성이 있다. 다액 50만원이하의 벌금, 구류, 과료에 해당하는 사건은 피의자가 일정한 주거가 없을 때에 한하여 구속할 수 있다.

(3) 일정한 주거가 없는 때: 전형적인 예로는 부랑자, 공사장을 단기간 전전하는 자, 가출한 자 등을 들 수 있다.

(4) 증거를 인멸할 염려가 있는 때: 증거인멸의 염려란 인적, 물적인 증거방법에 대하여 영향을 끼쳐서 수사기관의 진실발견과 사실인정을 곤란하게 하는 경우를 의미한다. 가령 공범자 및 증인등에게 허위의 진술을 부

탁하는 경우라든가 증거물 및 증거서류의 위조 및 변조, 손괴, 멸실등은 물적 증거방법에 대한 영향력을 감소시키거나 소멸시킬 수 있다. 다만 피의자가 묵비권을 행사하고 있는 경우인데 헌법상 보장된 기본권이기는 하나 묵비자체가 불리하게 취급되지 않을 뿐에 그친다. 솔직하게 자백한 피의자에 비해 증거인멸의 의도가 인정될 수 있으므로 반사적 효과로서 묵비라는 진술태도가 불이익하게 작용되는 것은 불가피하다.

(5) 도망하거나 도망할 염려가 있을 때: 객관적인 염려가 있어야 한다.

3) 절차

(1) 신체가 확보된 경우(체포영장, 긴급체포, 현행범체포로 신체확보된 경우)

구속영장 신청서 및 신청부 작성 → 구속영장신청(사법경찰관이 검사에게, 수사실무상 36시간 이내에) → 구속영장청구(검사가 법관에게, 총 48시간이내에) → 구속영장실질심사(체포된 피의자가 법관에게 청구) → 영장발부 → 영장제시 및 집행 → 범죄사실등 고지→ 구속영장집행원부기재 → 구속통지(영장발부후 24시간이내)

(2) 신체가 확보되지 않은 경우(체포를 거치지 않고 곧바로 구속된 경우)

구속영장 신청서 및 신청부 작성 → 구속영장신청(사법경찰관이 검사에게) → 구속영장청구(검사가 법관에게) → 구인[90]을 위한 구속영장 발부(법관이 피의자에게) → 구속영장실질심사(법관의 임의) → 구금[91]을 위한 구속영장 발부 → 영장제시 및 집행 → 범죄사실등 고지 → 구속영장집행원부기재 → 구속통지(영장발부후 24시간이내)

90) 구인은 피의자나 피고인을 법원에 인치하는 강제처분으로서 법관이 심문의 필요가 있다고 인정되면 구인하여 심문할 수 있다. 단 구금의 필요가 없다고 판단되면 인치한 때로

4) 구속적부심사청구권

수사기관에 의하여 구속된 피의자에 대하여 법원이 구속의 적부여부와 그 계속의 필요성을 심사하여 구속이 부적법·부당한 경우에 구속된 피의자를 석방시키는 제도를 말한다.[92)]

(1) 청구권자: 구속된 피의자 또는 그 변호인, 법정대리인, 법정대리인, 배우자, 직계친족, 형제자매나 가족, 동거인 또는 고용주는 관할법원에 구속의 적부심사를 청구할 수 있다.

(2) 청구방법: 서면 또는 구술로 할 수 있으나 서면으로 청구하는 것이 일반적이다. 청구서에 기재하여야 할 사항으로는 체포 또는 구속된 피의자의 성명, 주민등록번호, 주거, 체포영장 또는 구속영장의 발부일자, 청구취지 및 이유, 청구인의 성명과 체포 또는 구속된 피의자와의 관계 등이다.

(3) 법원의 절차: 청구를 받은 법원은 청구서가 접수된 때로부터 48시간 이내에 구속된 피의자를 심문하고 수사관계서류와 증거물을 조사하여야 한다. 기각 또는 석방의 결정은 심문절차가 종료된 때로부터 반드시 24시간 이내에 하여야 한다.

* 기각하는 경우

청구권자 아닌 자가 청구하거나 동일한 구속영장의 발부에 대하여 재청구한 때, 공범 또는 공동피의자의 순차청구가 수사방해의 목적임이 명백한 때에는 심문없이 결정으로 청구를 기각할 수 있다. 법원의 이러한 결정에 대하여 항고하지 못한다.

부터 24시간 내에 석방하여야 한다. 주로 신체가 확보되지 아니한 피의자의 영장실질심사를 위한 수단으로 법원에 의해서 이용되는 제도이다(형사소송법 제71조 및 제201조의2 제2항).

91) 구금이란 피의자 또는 피고인을 강제력에 의하여 구치소 또는 교도소에 인치하는 강제처분으로서 아직 판결이 확정되기 전에 행하는 미결구금을 의미한다.

92) 형사소송법 제214조의2

* 석방을 명하는 경우

청구가 이유 있다고 인정한 때에는 결정으로 구속된 피의자의 석방을 명하여야 한다. 법원의 석방결정에 대하여 항고하지 못한다.

5) 구속영장실질심사제도

구속영장의 청구를 받은 판사가 피의자를 직접 심문하여 구속사유의 존부를 심리 및 판단하는 제도를 말한다.

(1) 대상: 현행범으로 체포된 자, 체포영장에 의하여 체포된 자, 긴급체포에 의하여 체포된 자에 대하여 구속영장청구를 받은 판사는 지체없이 피의자를 심문하여야 한다. 단 신체가 확보되지 않은 경우에는 판사의 임의로 판단할 수 있다.

(2) 절차: 판사는 체포된 피의자에 대하여는 즉시, 미체포된 피의자에 대하여는 피의자를 인치한 후 즉시 검사, 피의자 및 변호인에게 심문기일과 장소를 통지히여 실질검사를 시행한다. 이 경우 검사는 피의자가 체포되어 있을 때에는 심문기일에 피의자를 출석시켜야 한다.

검사와 변호인은 심문기일에 출석하여 의견을 진술할 수 있다.

PART

6

해양경찰 전공과목 및 진출분야

해양경찰 채용에 응시하기 위해서는 공채(공개채용)와 경채(경력경쟁채용)로 구분하여 지원할 수 있다. 해양경찰청은 국민의 안전과 국가적 재난관리를 위한 재난안전 총괄기관으로서 국민과 바다의 안전을 책임지고 있으며, 해양 영토·주권수호, 해양재난 안전관리 및 수색구조, 해양교통질서 확립, 해양 범죄 단속, 해양오염 예방·방제업무를 수행하고 있다. 채용의 구분에서 공채는 대한민국 국적을 가지고 관련 법령에 따른 결격사유가 없는 사람이면, 학력과 관계없이 누구나 응시할 수 있다. 간부후보(경위)와 공채순경으로 구분된다. 경채는 채용 예정 직무와 관련된 자격증 소지자, 근무 및 연구실적이 있거나 전문지식을 가진 사람을 별도로 채용하고 있다. 경채의 분야는 해경학과, 함정요원, 선박교통관제, 오염방제, 구조, 외국어로 해양의 업무 특성상 이외에도 다양한 분야의 경력경쟁채용을 실시하고 있다. 경채자격요건은 일부 변경될 수 있으므로 매회 공고문을 참고하여야 하며, 응시분야에 따라 연령이 제한될 수 있다. 제6편에서는 채용을 위한 전공 과목, 자격증 및 경력을 갖추기 위한 내용과, 이러한 자격을 기반으로 진출할 수 있는 분야가 다뤄진다.

해양경찰의 이해

Chapter 1 해양경찰 전공과목

해양경찰은 「해양경찰청 소속 경찰공무원 임용에 관한 규정」의 신규채용 규정에 따른 「해양경찰 관련 학과 경력경쟁채용 요건에 관한 고시」(이하 해경학과 고시)를 통해 해양경찰학 전공이수로 인정될 수 있는 과목 등에 관한 세부사항을 정하였다. 이 전공과목은 경채에만 국한되는 것이 아니고 공채에도 해당한다. 공채는 간부후보(경위)와 공채순경 채용으로 구분되는데, 간부후보 중 일반 시험과목은 한국사, 영어, 형법, 형사소송법, 해양경찰학개론, 행정법(주), 국제법(주)이며, 해양 시험과목은 한국사, 영어, 형법, 형사소송법, 해양경찰학개론, 행정법㈜, 항해(주)·기관(주) 중 1이다. 그리고 공채 순경은 필수 시험과목인 한국사, 영어과 선택 시험과목에서 형법, 형사소송법, 해양경찰학개론, 해사법규, 국어, 수학, 사회, 과학 중 3과목을 선택한다. 이 교과목 중 해경학과 고시에 포함되는 교과목은 상당하다고 할 수 있다. 또한, 선박교통관제에 지원하고자 할 때는 2022년에 시행된 「선박교통관제 교육 등에 관한 규칙」에 따라 전공과목을 이수하여야 한다. 그리고 함정요원의 채용에는 해기사 면허가 필요하므로, 해기사 면허를 취득하기 위한 전공과목을 이 장에 포함하였다. 따라서 이 장에서는 해양경찰 관련 전공과목을 살펴보고, 전공 이수 교과목에 대한 이해를 서술하였다.

제1절 해양경찰 관련 전공과목

해경학과 고시에 따라 해양경찰 전공과목과 학점인정 및 동일과목 인정에 대한 내용을 고시하였다. 경채의 분야는 해경학과, 함정요원, 선박관제, 구조, 외국어로 해양의 업무 특성상 이외에도 다양한 분야의 경력경쟁채용을 실시하고 있다. 함정요원은 해기사 면허가 소지되어야 하므로, 이 절에서는 해경학과, 선박교통관제 및 해기사 자격 취득을 위한 전공과목에 대해서 서술하였다.

1. 해양경찰 관련 학과 전공과목

해양경찰은 해경학과 고시에서 해양경찰학 전공 이수로 인정될 수 있는 과목에 대한 세부사항을 고시하였다. 우리나라의 해경학과는 대학마다 명칭이 다르므로 관련 학과로 인정하며, 전공과목명도 대학마다 차이가 있으므로 인정과목 하위에 동일과목을 포함하여 인정하도록 하고 있다. 또한 「해양경찰청 소속 경찰공무원 임용에 관한 규정」에 따라 경채의 대상은 다음과 같다.

① 2년제 이상 대학에서 해양경찰청장이 정하여 고시하는 해양경찰 관련 학과 등을 졸업한 사람(법령에 따라 이와 같은 수준의 학력이 있다고 인정되는 사람을 포함한다)

② 2년제 이상 대학에서 해양경찰청장이 정하여 고시하는 해양경찰 관련 학과 등에 재학 중이거나 재학했던 사람으로서 별표 2의 해양경찰학 전공 이수로 인정될 수 있는 과목을 45학점 이상 이수한 사람

가. 해양경찰 전공 이수 과목 학점인정 기준

해경학과 고시에 따른 학점인정 기준은 다음과 같이 인정된다.

① 학점은 학업성적의 등급이 'C' 이상인 과목만을 대상으로 과목별 3학점 이내로 인정한다.

② 학점은 인정과목별로 산정하되, 인정과목과 그 인정과목의 동일과목 중 학점이 가장 높은 과목 1개만 인정한다. 다만, 인정과목의 학점과 동일과목의 가장 높은 학점이 같은 경우 인정과목을 인정한다.

③ 제1항 및 제2항에도 불구하고 여러 학기에 걸쳐 이수하는 과목인 경우 학기별 3학점 이내, 과목별 6학점 이내로 인정할 수 있다.

나. 해양경찰학 전공 이수 인정과목 및 동일과목

해경학과 고시의 학점인정 기준에 따라 전공 이수 인정과목은 아래 표 6-1과 같다. 이 과목 중 해양경찰 업무와 관련된 과목으로 정하여 고시하는 과목에는 비교해양경찰론, 해양경찰사, 형사법, 항해계기학, 해양경찰인권론, 해양레저학, 잠수학, 해양경찰연구방법론가 포함된다. 앞서 서술한 바와 같이 대학마다 교과목의 명칭이 서로 상이하므로 인정과목과 동일과목을 동일한 것으로 보며, 재학중인 대학생이 해경학과 채용에 응시하기 위해서는 45학점 이상을 이수하여야 하는 것으로 해석할 수 있다.

〈표 6-1〉 해양경찰학 전공 이수 인정과목 및 동일과목

인정과목	동일과목
해양경찰학개론	해양경찰학(연습), 해양경찰학입문, 해양경찰학세미나, 해양경찰학개론 연습, 해양경찰학개론(Ⅰ, Ⅱ)
형법	형법총론(1, 2, Ⅰ, Ⅱ), 형법각론
형사소송법	형사소송법(1, 2, Ⅰ, Ⅱ)
행정법	(경찰)행정법(Ⅰ, Ⅱ), 행정구제법
행정학	행정학의 이해, 행정학개론
국제법	국제법(Ⅰ, Ⅱ)
해사법규	해사법규(1, 2, Ⅰ, Ⅱ), 해사법규(연습)
해양경찰경무론	(해양경찰/경찰)조직관리론, 해양경찰조직과 인사관리,(해양경찰/경찰)인사관리론
해양경비론	
해양안전론	해상안전공학(및실습), 해양안전(캡스톤디자인), 해양안전학개론, 해양수상안전, 해상안전실습(Ⅰ, Ⅱ), 수상활동실무(Ⅰ, Ⅱ), 선박보안및안전, 해상안전, 해사안전법

해양수사론 (외사 포함)	범죄수사학, 경찰수사론,(해양)범죄수사론, 국제해양범죄와 수사, 데이터베이스활용해양과학수사, 해양경찰현장실무,(해양/해상)사고처리론
해양정보론	해사정보론,(ArcGis적용)해양정보론, 해사정보외사론, 해사정보시스템(및 실습)
해양치안정책론	해상민생치안, 해양치안정책(캡스톤디자인)
해양오염방제론	해양오염방제실습, 해양오염방제(캡스톤디자인), 유류 및 해양오염, 해양오염방지론, 직무일반과 해양오염방지(Ⅰ, Ⅱ), 해양물리환경학, 해양환경공학
선박운용론	선박운용학(Ⅰ, Ⅱ), 선박운용학(및실습), 특수선운용학, 선박조종론(학), 선박정비학
해양경찰영어	기관영어(실습), 경찰영어(Ⅰ, Ⅱ)
해사영어	해상교통영어, 해사영어(Ⅰ, Ⅱ), 해사통신영어(실습)
선박일반(항해·기관)	선박개론
내연기관	내연기관실습(Ⅰ, Ⅱ)
보조기계	선박보조기계, 기계공학개론, 기계공작법, 기계제도 및 CAD(실습), 기계공작실습, 보조기계실습(Ⅰ, Ⅱ)
수산법규	수산해양법규, 수산법제
수산학개론	수산자원관리학, 수산행정관리론, 수산자원학(및실험)
어구·어법·어로학	어구어법학, 어법학(및 실험), 어로실습, 어로학(및 실습), 어로관리론, 해양생산기구학및실습, 해양생산기기학, 어업관리학, 어업정보학(및 실험), 해양학, 어구공학(및 실험), 전산어구설계(및 연습), 어업기계공학(및 실습), 어획물(처리/취급) 및 적부, 어업계측공학(및 실습), 수산해양기계학
어장학	어장학(및실험), 해양어장환경학(및 실습), 어장탐사공학, 어장정보처리(및실습/및 분석), 해양환경어장학(및 실습)
인명구조학 (수영 포함)	해양생존 및 인명구조, 구조수영(Ⅰ, Ⅱ), 인명구조학(Ⅰ, Ⅱ), 인명구조 및 실습
전기전자	전기공학, 전기기기(및실습), 선박전기전자(실습), 전기용접(실습), 전기·자동화(실습)(Ⅰ, Ⅱ), 전자공학, 시퀀스제어
전파통신공학	GMDSS통신(실습/운용), 해상통신공학(및 실습)
무도학 (체포술 포함)	(경찰)무도(Ⅰ, Ⅱ), 무도학(및실습)(Ⅰ, Ⅱ),(경찰)체포술, 무술(1, 2, 3)
해양법	국제해양법, 해양법 및 국제협약,(직무일반및)국제해사협약, 해양법과국가주권, 해역과해양법의이해

헌법	헌법총론, 헌법각론, 헌법(Ⅰ, Ⅱ)
항해학	항해학(Ⅰ, Ⅱ), 항해학개론, 지문항해학(및 실습), 전파항해학(및 실험), (전파)천문항해학(및 실습), 기본항해학, 천문항해
수색구조론	수색구조및비상관제, 선박안전및수색구조, 빅데이터활용수색구조론
해상교통관제론	교통관리학, 해상교통법, 해상교통비상관제학, 해상교통관제설비학, 해상교통관리(론), 해상교통관제론, 해상교통론, 비상관제, 항로표지와해상관제설비론
항해실습	(연)근해승선실습, 원양승선실습(1, 2), 종합승선실습,(기초안전)승선실습, 연안승선실습, 기초승선실습, 승선실습(Ⅰ, Ⅱ, Ⅲ), 승선항해실습(Ⅰ, Ⅱ), 항해실습(1, 2, 3, 4)
기관실습	해기현장실습, 기관실습(Ⅰ, Ⅱ), 디젤기관실습
해양경찰법제	해양경찰법제(Ⅰ, Ⅱ), 해양경찰실무법규,(해양)경찰법, 해양경찰작용법, 해양관계법이해
범죄학	범죄대책론,(해양)범죄예방론, 해양범죄론, 빅데이터활용해양범죄통계학, 범죄의 이해, 형사정책, 범죄학개론
해양기상학	해양기상, 해양기상학(및실습), 해상일기분석과실무예보
비교해양경찰론	
해양경찰사	
형사법	형사사례및판례, 형사법연습
항해계기학	항해계측공학(및실습/및실험), 알파및레이다항법, 레이더항법(및실습), 레이다(더)시뮬레이션(실습), 레이더ARPA및시뮬레이션실습, 전자해도(및실습), 전자해도(ECDIS)실습, 레이더및관제설비학, 항해시스템, 항해계기(및)실습, 전파항법및실습, 선박조종시뮬레이션실습
해양경찰인권론	경찰과 인권
해양레저학	해양레저실무, 해양스포츠, 수상레저실무, 스포츠수영
잠수학	잠수론, 스포츠잠수, 산업잠수, 수중안전활동, 수중활동실무(Ⅰ, Ⅱ)
해양경찰연구방법론	

제2절 선박교통관제 전공 이수 인정과목 및 동일과목

1. 선박교통관제 전공 인정 및 이수기준

「선박교통관제 교육 등에 관한 규칙」에 따라 선박교통관제 9급에 지원하고자 하는 자의 자격은 아래와 같다. 7급의 지원 자격은 9급의 자격에 승선경력과 상위 해기사 면허를 소지해야 하므로, 해당 공고문을 확인하여야 한다.

① 5급 항해사 이상 면허 소지 후 항해사로서 승선경력이 1년 이상인 사람
② 교육기관(고등학교 또는 대학교)의 선박교통관제 관련 교육을 이수한 사람으로써 5급 항해사 이상 면허를 취득한 사람

그리고, 선박교통관제 교육이수 기준은 아래와 같다.

① 선박교통관제 교육이수 기준은 다음에 따른다.
  1) 〈표 6-2〉에 따르는 교육분야별 과목 1개 이상 이수(해상교통관리, 비상관제, 관제설비학 교육분야는 필수과목 1개 이상을 포함한다.)
  2) 과목별 학점을 합하여 45학점 이상 이수
② 선박교통관제 교육의 한점인정 기준은 다음에 따른다.
  1) 학업성적의 등급 또는 성취도가 'C'이상인 과목
  2) 과목별 3학점 이내, 교육분야별 10학점 이내
③ 선박교통관제 교육의 이수 여부를 판단하기 위한 과목명·학점·성적 등은 해당 학교의 장이 발급한 성적증명서에 따른다.

2. 선박교통관제 전공 교육분야별 필수과목 및 일반과목

선박교통관제사 기본교육의 교과목은 「선박교통관제에 관한 법률 시행규칙」에 따라 「학교에서의 선박교통관제 교육에 관한 고시」에 교육분야 및 과목이 지정되어 있다. 교육분야별 과목은 아래 〈표 6-2〉와 같으며, 필수과목과 일반과목으로 구분된다.

〈표 6-2〉 **교육분야별 과목(필수과목 · 일반과목)**

교육분야	필수과목	일반과목	
해상교통관리	교통관리학 해상교통관리 해상교통관리 및 실습 해상교통관리론	해양경비론 해사법규 해상교통법 국제법 해양법 해양안전론 선박보안론 해사안전법 선박보안교육 해상충돌예방규칙 해양환경협약 해사안전협약 해사법규 및 실습 해상교통법 및 실습 해양경찰학개론 해양환경관리법 및 국제협약	선박보안 및 안전 국제해사협약 항로표지론 해양법과 국가주권 해역과 해양법의 이해 해상교통시설관리론 해상교통시설론 해사법규 I 해사법규 II 국제해양법 항만관리 해운항만법 항만운영관리론 항만시설안전론 스마트항만시스템 보안업무관리
비상관제	해상교통비상관제학 비상관제 수색구조 및 비상관제 해상비상관제론 비상상황대응	해양오염방제론 수색구조론 해양학 안전 및 비상대응 선박운용 및 안전관리실습 해양기상학 수색 및 구조론 해사안전행정론 해양기상학 및 실습 해상일기분석과 실무예보 기초안전승선실습 해상안전실습 선박보안 및 안전관리실습 해상교통안전론	선박안전 및 수색구조 해상사고처리론 해양환경 · 오염방지론 해양환경공학 해상교통안전 기상정보 · 최적항로 기상예보 · 최적항로론 기상예보 · 최적항로 해양기상예보론 해양오염방지론 기초안전교육 상급안전교육 해상교통안전진단론 비상상황관리
관제설비학	해상교통관제설비학 관제설비 관제설비학 레이더 및 관제설비학 해상관제설비론 항로표지와 해상관제설비론 해상교통관제설비론 관제시스템 운영 선박교통관제설비학	알파 및 레이다 항법 레이다 시뮬레이션실습 항해계기실습 전자항해학 레이더항법 해상교통관제개론 ARPA/레이더관측 레이더항법과 알파	레이더 시뮬레이션실습 레이더/ARPA 및 시뮬레이션 실습 안테나공학 레이더운용 레이더운용 및 시뮬레이션 해상교통시스템론 해상교통시스템

항해학	-	선박운용학 항해계기학 항해학 선박일반 연안승선실습 선박모의운항 지문항해학 천문항해학 선박조종학 선박조종론 전자해도(ECDIS)실습 승선실습 I 승선실습 II 근해승선실습 원양승선실습 전파항해학 및 실습 지문항해	천문항해학 및 실습 선박개론 선박조종론 및 실습 선박개론 및 실습 항해계측공학 항해계측공학 및 실습 전파전자항해학 선박운용 및 비상대응실습 항해기기론 ECDIS 항해기초 선위결정 선박운용 선박조종 항해장비운용 전파천문항해학 및 실습 정박승선실습
통신협조	-	해상안전공학 전파법규와 통신운용 통신이론 해양통신시스템 해상통신공학 해상통신공학 및 실습 해상통신	전파정보통신 전파법규 및 GMDSS운용 전자통신운용 관제상황 커뮤니케이션 전파통신 관계법규 전파통신
초단파(VHF) 무선통신	-	GMDSS통신 GMDSS 및 통신영어실습 무선통신개론 GMDSS 및 통신영어실습 I 항해기기 및 GMDSS실습 GMDSS의 이해와 운용실무	전파통신공학 일반통신운용 조난통신운용 무선항행장비운용 무선통신공학
언어학	-	해사영어 해사통신영어 해사영어실습 언어학 해사통신영어실습	해사항해실무영어 기초해사영어 선박영어 의사소통 관제영어 구사
인간학	-	리더십 및 팀워크 당직근무실습 당직근무실습 I 선교자원관리실습 앵커스피릿 인간학	항해 및 당직근무실습 인성과 선원인권 글로벌리더십 해상안전 항해사 직무 항해당직

제3절 해기사 자격 취득을 위한 이수 교과목

「선박직원법」에 따라 선원이 되고자 하는 자 또는 선원에게 교육을 실시하는 대학·전문대학 또는 고등학교와 그 밖의 교육기관은 해양수산부장관이 지정하는 교육기관에서 지정교육기관을 인증하고, 지정교육기관중 대학·전문대학 또는 고등학교의 지정 받은 학과 「선원의 훈련·자격증명 및 당직근무의 기준에 관한 국제협약」 또는 「어선 선원의 훈련·자격증명 및 당직근무의 기준에 관한 국제협약」을 2년 이상 이수한 자를 의미한다. 이수 교과목은 지정교육기관마다 상이할 수 있으며, 3급 항해사 면허의 경우에는 상선 항해사는 80학점, 어선 항해사는 30학점의 지정된 교과를 이수하여야 한다.

Chapter 2 해양경찰 관련 자격증 등

해양경찰 채용을 위한 자격증은 지원 형태에 따라 필요한 자격을 구분할 수 있다. 이 교재에서는 수·해양대학의 학생들의 수업을 위한 것이므로 수사, 항공, 정보통신, 특임은 포함하지 않았으며, 해양(경채)과 공채만을 포함하였다. 경채의 분야는 해경학과, 함정요원, 선박관제, 외국어가 포함되며, 필기시험 시험과목은 해경학과(5과목)은 해양경찰학개론, 형법, 형사소송법, 해사영어, 항해 또는 기관학 중 택1이다. 함정요원(4과목)의 시험과목은 해양경찰학개론, 해사영어, 해사법규, 항해 또는 기관학 중 택1이다. 선박관제(4과목) 시험과목은 7급은 해상교통관리, 항해학, 해상교통법이고, 해양수산 선박관제 9급은 해상교통관리, 해사영어, 항해이다. 선박항해 오염방제항해 9급은 물리, 선박일반, 항해이다. 또한, 경정 및 순경 공개경쟁채용시험 제3차시험 과목은 영어, 한국사, 행정법이다.

위에서 본 지원 형태에 따라 항해사 면허가 필요한 경우가 있으며, 영어와 한국사는 자격증과 인증점수를 통해 합격한 것으로 판단될 수 있다.

해누리

제1절 항해사 면허

「선박직원법」에 따라 선원이 되고자 하는 자 또는 선원에게 교육을 실시하는 대학·전문대학 또는 고등학교와 그 밖의 교육기관은 해양수산부장관이 지정하는 교육기관에서 지정교육기관을 인증하고, 지정교육기관 중 대학·전문대학 또는 고등학교의 지정 받은 학과에서 이수한 자에 대하여 기관의 장은 항해사 면허를 발급하고 있다. 함정요원과 선박관제에 대한 자격요건으로 항해사 면허가 있으며, 5급 항해사부터 2급 항해사까지 채용에 따라 자격요건이 달라짐을 확인하여야 한다.

1. 항해사 면허의 취득 요건

① 5급 항해사부터 3급 항해사까지의 면허(어선면허는 제외한다)를 위한 승무경력에는 6개월 이상의 항해 당직근무(실습을 포함한다)경력을 포함하여야 한다.

② 4급 항해사부터 1급 항해사까지의 면허(어선면허는 제외한다)를 위한 승무경력에는 해당 선박 중 최상급 총톤수 이상의 선박에서의 6개월 이상의 승무경력(실습을 포함한다)을 포함하여야 하며, 5급 항해사 이하의 면허(어선면허는 제외한다)를 위한 승무경력에는 해당 선박 중 최상급 총톤수 이상의 선박에서의 3개월 이상의 승무경력(실습을 포함한다)을 포함하여야 한다.

③ 받으려는 면허가 3급 항해사 이상의 면허 중 상선 면허인 경우의 승무경력은 상선에 승무한 경력만 해당하고, 어선면허인 경우의 승무경력은 어선에 승무한 경력만 해당한다. 다만, 함정에 승무한 경력은 상선 면허 또는 어선면허를 위한 승무경력 산정에서 모두 인정한다.

④ ③에도 불구하고 항해선인 상선에서 당직항해사로 승무한 경력은 6개월에 한정하여 어선면허를 위한 승무경력으로 인정한다.

⑤ 5급 이상의 면허를 가지고 있는 사람은 6급 이하의 면허를 취득하기 위한 승무경력이 있는 것으로 본다(이하 이 표에서 같다).

출처: 한국해기사협회 홈페이지(https://www.mariners.or.kr)

2. 항해사 면허의 교육과정

「선박직원법 시행령」에 따른 「지정교육기관기준」에 따라 항해사 면허의 교육과정은 상선과 어선으로 구분되며, 운항급과 관리급 교육과정으로 구분된다. 이 교재는 대학의 학생을 대상으로 하므로, 관리급 교육과정을 서술하였다. <표 6-3>은 상선 관리급 교육과정을 나타내며, <표 6-4>는 어선 관리급 교육과정을 나타낸다.

가. 상선 관리급 교육과정

<표 6-3> 상선 관리급 교육과정

분야	해기능력	교육내용
항해	항해계획과 항해 수행	1. 대양항적 플로팅 방법에 의한 항해계획과 항행 2. 항로항행의 일반원칙에 의한 항로항행 3. 선위통보제도와 선박통항서비스(VTS) 절차를 위한 원칙에 의한 선위통보
	선위결정과, 일체의 방법에 의하여 구한 실측위치의 정밀도	1. 천체관측에 의한 선위결정 2. 선위결정의 결과의 정확성을 평가하기 위해 적절한 해도, 항로고시 및 기타의 서지류를 이용하는 능력을 포함한 육지관측에 의한 선위결정 3. 정확한 선위를 구하기 위하여 전자항해장비의 작동원리, 한계, 오차의 원인, 잘못 표시된 정보의 탐지, 오차수정방법에 관한 특정의 지식과 함께 현대적인 전자항해장비를 이용한 선위결정
	컴퍼스오차의 결정과 감안	1. 자기 및 자이로 컴퍼스 오차의 결정과 감안능력 2. 자기 및 자이로 컴퍼스의 원리에 관한 지식 3. 주 자이로의 제어하에 있는 시스템에 관한 이해와 주로 사용되는 자이로 컴퍼스의 형식에 관한 작동과 관리에 관한 지식
	수색과 구조작업의 조정	1. 국제항공 및 해상수색구조편람(IAMSAR)에 수록된 절차에 대한 철저한 지식과 적용능력
	당직근무 배치와 절차의 수립	1. 1972 국제해상충돌방지규칙 및 개정규정의 내용과 적용범위 및 취지에 관한 철저한 지식 2. 항해당직중에 준수되어야 할 기본원칙의 내용, 적용범위 및 취지에 관한 철저한 지식. 효과적인 선교팀워크 절차
	지휘 상의 의사 결정을 보조하기	1. 레이더와 알파를 포함한 최신 항해시스템의 시스템 오차의 인식과 작동측면에서의 철저한 이해

위한 레이더와 알파 및 최신항해시스템의 사용을 통한 항행안전의 유지	2. 맹목도선 기술 3. 충돌을 회피하고 선박의 안전항해를 도모하기 위하여 지휘내용을 결정하고 또한 이행하기 위해서 레이더와 알파를 포함한 모든 출처로부터 수집한 항해정보의 평가 4. 항행을 위한 이용가능한 모든 항해자료의 상호관계와 최적활용
지휘 상 의사결정을 보조하기 위한 ECDIS와 관련된 항해장치 사용을 통한 항행안전의 유지	1. ECDIS 작동 절차와 시스템 파일과 자료에 대한 관리 2. 항적 검토, 항로 계획과 시스템 기능 점검을 위해서 ECDIS 재생기능을 사용할 것
기상예보와 해상 상태	1. 천기도를 이해하고 해석하는 능력과 기상팩스에 의해 수신된 지방기상조건과 정보를 고려하여 지역 기상을 예측하는 능력 2. 열대성 저기압 및 폭풍중심과 위험 상한(象限)의 회피를 포함한, 각종 기상 시스템의 특징에 관한 지식 3. 대양의 해류에 관한 지식 4. 조석의 상태를 계산하는 능력 5. 해조류에 관한 모든 적절한 항해 서지류를 사용하는 능력
항해상의 비상사태에 대한 대응	1. 선박을 임의 좌주시킬 때의 주의 2. 좌초가 임박한 경우 및 좌초 후에 취하여야 할 조치 3. 외부원조가 있을 때와 없을 때 좌초된 선박을 이초시키는 것 4. 충돌이 임박한 경우에 취하여야 할 조치와 충돌 또는 일체의 원인에 의한 선체 수밀보전성의 손상 후에 취하여야 할 조치 5. 손상제어의 평가 6. 비상조타 7. 긴급 예인준비와 예인절차
선박의 조종과 취급	1. 기상, 조석, 전진거리 및 정지거리를 충분히 고려하여, 도선구역에 접근할 때나 도선사의 승하선시 조종하는 것 2. 타효에 미치는 조류, 바람 및 제한수역의 영향을 고려하여 강, 하구 및 제한수역에서 선박을 취급하는 것 3. 일정 선회율 기술의 적용 4. 스쿼트, 롤링, 피칭의 영향으로 인한 선저안전수심의 감소를 포함한 수심이 얕은 수역에서 선박의 조종 5. 통항선박간의 상호작용 및 자선과 가까운 둑과의 상호작용(운하효과) 6. 바람, 조석 및 조류의 각종 조건하에서, 예선을 사용할 때와 사용하지 아니할 때의 접안과 이안 7. 선박과 예선 간의 상호작용 8. 추진기와 조종 시스템의 사용

		9. 투묘지의 선정, 제한된 투묘지에서 한개 또는 두개의 닻을 사용하는 법과 사용하는 닻줄의 길이 결정에 포함되는 요소 10. 닻 끌림, 닻줄 꼬임을 푸는 것 11. 손상이 있는 경우와 없는 경우에 있어서의 입거 12. 조난중의 선박 또는 항공기의 구조, 예항작업, 조종이 곤란한 선박을 파곡에 들어가지 아니하게 하고, 표류를 감소시키는 방법 및 기름의 사용을 포함한 황천시의 선박의 관리와 취급 13. 황천 시에 구조정 또는 생존정을 진수하기 위한 조종 상의 주의 14. 구조정 또는 생존정으로부터 생존자를 승선시키는 방법 15. 특히 여러가지 흘수 및 속력에서의 정지거리 및 선회권에 대하여 통상적인 선형의 조종 및 추진 특성을 판단하는 능력 16. 자선의 선수파 및 선미파에 의하여 야기되는 손상을 피하기 위한 감속항해의 중요성 17. 빙해상의 또는, 선박의 착빙상태로서의 항해 시에 취하여야 할 실무적인 조치 18. 통항분리계획과 선박통항서비스(VTS)수역의 이용 및 그 수역 내에서의 조종
	추진플랜트, 기관 시스템과 설비의 원격제어 운전	1. 선박 동력장치의 작동원리 2. 선박 보조기계 3. 선박 기관용어에 관한 일반적 지식
화물의 취급 및 적부	화물의 안전한 적재, 적부, 결속 및 항해중의 관리와 양화의 계획과 확보	1. 화물의 안전한 취급, 적부, 결속 및 운송에 관한 관련 국제규정, 코드와 기준을 적용하는 지식과 능력 2. 화물의 트림과 복원성 효과 및 하역작업에 관한 지식 3. 복원성과 트림 도면과 자동자료처리장치(ADB)를 포함한 응력계산 장치의 사용과 허용한계 내에서 선체의 응력을 유지하기 위한 화물적재와 평형수 배출에 관한 지식 4. 하역장치와 결속장비를 포함한 선박에서의 화물 적부와 결속 5. 화물 적부와 결속에 대한 안전실무코드에 규정된 화물의 운송에 특별한 주의를 기울이는 적화 및 양하 작업 6. 탱커와 탱커의 운항에 관한 일반지식 7. 벌크운반선의 운항 및 설계상의 제한점에 관한 지식 8. 국제해사고체산적화물을 위한 안전실무코드(IMSBC Code) 및 국제해사위험화물(IMDG)코드, 73/78 MARPOL 협약 부속서 Ⅲ과 Ⅴ의 관계 규정 그리고 기타 정보에 따라 안전하게 화물취급 절차를 수립하는 능력 9. 효과적인 통신상태를 구축하고 선박과 터미널 요원간의 업무관계를 개선하기 위하여 필요한 기본 원칙을 설명하는 능력

<table>
<tr><td></td><td>화물구역과 해치 커버 및 평형수 탱크에 대하여 보고된 결함과 손상의 평가 및 적절한 조치를 취하기</td><td>1. 표준 벌크운반선의 중요 구조부의 강도상의 제한점에 관한 지식과 굽힘모멘트와 전단응력으로 제시된 수치를 해석하는 능력
2. 부식, 피로 및 부적절한 화물취급이 벌크운반선에 미치는 악영향의 회피방법을 설명하는 능력</td></tr>
<tr><td></td><td>위험화물의 운송</td><td>1. 국제해사위험화물(IMDG)코드 및 국제해사고체살적화물을 위한 안전실무코드(IMSBC Code)를 포함한 위험화물의 운송에 관한 국제규정, 기준, 코드 및 권고
2. 위험, 유해 및 유독 화물의 운송; 적재 및 양하중의 주의 및 항해중의 관리</td></tr>
<tr><td rowspan="4">선박운항통제와 선내인원관리</td><td>트림, 복원성, 응력의 관리</td><td>1. 선박구조의 기본적인 원리와, 트림, 복원성의 이론과 영향을 미치는 요소 및 트림과 복원성을 유지하기 위하여 필요한 조치에 관한 이해
2. 구획의 손상과 그로 인한 침수의 경우에 선박의 트림과 복원성에 관한 영향과 취하여야 할 조치에 관한 지식
3. 선박의 복원성에 관한 국제해사기구의 권고에 관한 지식</td></tr>
<tr><td>해상인명안전과 해양환경보호를 위한 법적 요건과 조치에 따른 감시와 관리</td><td>1. 국제협약에 의하여 선박에 비치되어야 하는 증명서와 기타 서류, 동 증명서 및 서류의 취득방법과 법적 유효기간
2. 1966 만재흘수선에 관한 국제협약 및 개정규정의 관련 요건에 의거한 책임
3. 1974 해상인명안전을 위한 국제협약 및 개정규정의 관련 요건에 의거한 책임.
4. 해양오염방지를 위한 국제협약에 따른 책임
5. 검역신고서와 국제보건규칙의 요건
6. 선박, 여객, 승무원 또는 화물의 안전에 관련되는 국제협약에 따른 책임.
7. 선박에 의한 환경의 오염을 방지하기 위한 방법 및 수단
8. 국제 협정과 협약의 이행을 위한 국가의 입법조치에 관한 지식</td></tr>
<tr><td>선박, 승무원과 여객의 안전과 편의 또한 생존, 소화 및 기타 안전시스템의 운전조건의 유지</td><td>1. 구명설비 규정(해상인명안전을 위한 국제협약)에 관한 철저한 지식
2. 화재 및 퇴선훈련의 조직
3. 생존, 소화 및 기타 안전시스템의 운전조건의 유지
4. 비상시 선내에 있는 모든 자를 보호하고 안전하게 하기 위하여 취하여야 할 조치
5. 화재, 폭발, 충돌 또는 좌초 후 손상을 제한하거나 선박을 구조하기 위한 조치</td></tr>
</table>

비상 및 손상제어 계획의 개발 및 비상상황의 취급	1. 손상제어를 포함한 선체구조 2. 화재방지, 탐지 및 진화를 위한 방법과 설비 3. 생존설비의 기능과 사용
리더십과 관리 기술의 사용	1. 선내 인사관리, 조직 및 훈련에 관한 지식 2. 국제해사협약과 권고 및 관련 국내 입법에 관한 지식 3. 업무에 적용할 능력과 업무량 관리 3.1 계획과 협력 3.2 인원배치 3.3 시간과 자원의 제약, 우선순위) 4. 효율적인 자원 관리에 적용할 지식과 능력 4.1 배분, 할당 및 우선순위 4.2 선내 및 육상에서의 효율적인 의사전달 4.3 팀 경험의 고려가 반영된 결정 4.4 동기부여를 포함한 자기주장과 통솔력 4.5 상황에 대한 인지의 획득과 유지 5. 의사결정 기술에 적용할 지식과 능력 5.1 상황과 위기의 평가 5.2 생성된 선택권을 확인하고 고려함 5.3 행동 모델을 선택 5.4 유효 결과에 평가 6. 개발, 시행과 표준 운영절차에 대한 관리
선내의 의료 제공에 관한 조직과 관리	1. 국제선박의료편람 또는 동류의 국내 출판물의 이용과 내용에 관한 철저한 지식 2. 국제신호서의 의료편의 이용과 내용에 관한 철저한 지식 3. 위험화물과 관련한 사고에 있어서 사용하는 응급의료 지침의 이용과 내용에 관한 철저한 지식

나. 어선 관리급 교육과정

〈표 6-4〉 어선 관리급 교육과정

분야	해기능력	교육내용
항해	항해와 선위결정	1. 항해계획과 모든 조건에서의 항해 2. 천체관측에 의한 선위결정 및 원양 항해 3. 천체, 육상의 물표 또는 무선표지를 이용한 선위결정 및 연안항해 4. 수로서지, 해도를 항해에 활용하는 능력 5. 전자항해장비를 통한 선위결정 6. 원양항해계획: 각종 증명서와 장비, 서지, 물 및 연료 등 원양 항해를 위한 준비 능력
	당직근무	1. 안전한 당직을 위한 여러 가지 조치 ; 당직근무자 배치, 피로방지 조치, 중요시간대 근무자 증원, 자동 조타 장치의 설정과 경보, 육안 경계와 동시에 레이더 경계 2. 어선원의 훈련, 자격증명 및 당직근무에 관한 국제협약(STCW-F, 1995년)의 항해 당직에 대한 기본 원칙에 대한 지식 3. 어선조업을 위한 국제해상충돌예방규칙의 지식 4. 선교 항해당직자의 책임과 임무
	레이더 항법	1. 레이더 사용 및 레이더에서 수신되는 자료해석, 정보오류와 위험 신호 식별 2. 충돌방지를 위한 레이더 운용
	컴퍼스(나침의와 자이로)	1. 컴퍼스 운용 2. 컴퍼스 오차의 측정과 적용
	기상 및 해양	1. 기상정보와 해양 정보의 획득과 적용 2. 열대성 저기압의 발생 계절, 지역, 일반적인 경로 3. 열대성 저기압 권역에서 안전을 위한 조선법
	어선조종 및 취급	1. 어선조종 및 조작 기술 2. 항만과 협수로 등 모든 상황에서 어선조종 및 조작 기술 3. 예인선 사용을 포함한 접안 및 이안 4. 바람 및 파도, 얕은 수심, 악천후 등 다양한 상황에서의 단묘박 또는 쌍묘 묘박 5. 협수로와 천수역 등 제한수로에서의 선체상호작용을 포함한 조종 6. 추파와 추사파에서의 선박 조종 7. 조난선 또는 조난기, 조종불능선의 지원 8. 통항분리수역에서의 조종 9. 어로 작업 중 유의해야 하는 선박 조종 10. 유빙, 빙산 또는 선박 갑판상의 결빙 상태에서 항해 시 취해야 할 실질적 조치

		11. 선수파 또는 선미파로 인한 손상을 방지하기 위한 제조치 12. 해상에서 어획물의 전재 방법과 연료 재수급 13. 입거 및 출거 절차
	비상절차	1. 선원과 선박의 비상 관리 절차의 마련과 준수 2. 선박접안 시 취해야 하는 조치 3. 악천후 시 구명 기구의 진수법 4. 좌초, 좌주 및 충돌 예방을 위한 조치와 사후 조치 5. 어구가 해저 또는 장애물에 걸린 경우의 조치 6. 긴급상황 시 임무와 책임 7. 화재나 폭발 이후 선박의 손상을 제한하고 구조를 진행하는 절차 8. 타 또는 프로펠러 손상 시 취해야 하는 조치 9. 악천후 발생 전,후의 승무원의 보호 및 안전 조치 10. 기름 유출 발생 전,후의 대응책 및 선상 장비 사용 방법 11. 퇴선 시 취해야 하는 절차 12. 예인 및 피예인 절차 13. 조난선, 난파선 인명 구조 시의 권장 절차 준수
	영어	1. 어선 조업을 위한 영어 2. OLB(관용 항해 일지) 기록 의무 3. OLB 필수 및 권장 항목 4. OLB 전달 및 보관 절차
	통신	1. 항해 및 기상 경보 시스템 파악 2. 적합한 무선 통신 장비의 선택과 사용 방법 3. 비상상황 시 무선 서비스의 사용 방법 4. 수색과 구조 시 무선 통신 절차 5. 선박 통보 시스템 사용 방법 6. 무선으로 의료 지원을 받는 절차 7. 방사선 장애로부터 승무원 보호 방법 8. 국제 신호서 사용 방법 9. GMDSS와 무선통신 서비스 제공
	수색 및 구조	1. 국제항공 및 해상수색구조편람(IAMSAR)에 수록된 절차에 대한 지식과 적용 능력 2. MERSAR(선박수색구조편람) 및 IAMSAR(국제항공기와 해사수색구조) 편람에 지정된 수색 구조 절차 3. 선박자동상호구조시스템(IAMVER)을 포함한 선박 보고 제도의 지식 4. 선박수색구조편람(MERSAR)에 근거한 절차에 따라 연안 수색 수행에 활용할 수 있는 기술
	선박동력장치	1. 제어 시스템, 주요 추진 및 구동 시스템, 보조/비상 기계 장비의 사용법

		2. 조타 장치의 사용법 3. 갑판 기계 장비의 사용법 4. 빌지 펌프의 사용법 5. 냉매, 인화성 가스, 석유 제품, 석면, 세척제의 위험성과 적부 방법
어획물 처리 및 적부	어획물 처리 및 적부	1. 어획물과 어구의 안전 적재 2. 어획물과 어구의 적하에 따른 복원성 3. 어획물 취급과 적재 시 선박의 안전 위협요인
어선 운항 통제와 선상 인명 관리	어선의 구조와 복원성	1. 선박 주요구조부재와 기능 2. 항해 중 복원성의 변화와 대책 3. 자유 표면이 복원성에 미치는 효과 및 해소 방법 4. 초기 복원력 부족 시 취해야 하는 기본 조치 5. 투망과 양망시의 복원성 변화 6. 선체의 롤(loll) 현상
	방화 및 소화	1. 소화 이론과 화재의 등급 및 화학 작용 2. 화재예방과 적합한 소화설비 3. 선상화재 시 취해야 하는 조치 4. 선상 소화기 위치 5. 화재 안전 절차 및 휴대용/고정식 소화 장비 사용 방법 6. 소화 장비의 법적 요건 7. 화재 및 비상 훈련 마련 절차 적용 방법
	의료관리	1. 응급치료 1.1 국제선박의료편람 또는 동류의 국내 출판물의 이용과 내용에 관한 지식 1.2 국제신호서의 의료편의 이용과 내용에 관한 지식 2. 선상응급 처치
	해사법규	1. 어선의 안전과 관련하여 국제 협정 및 협약에 명시된 국제 해사 법규 2. 선내에 비치해야 하는 각종 증명서 및 서류에 관한 실용 지식 2.1 승무원 명부, 공식 항해 일지, 선상 사상자 보고, 선박 검사 증명서, 해양 운송 사업계획(MTOP) 및 MTOC 증명서, 선장 및 선원증명서, 등록 증명서, 통관 증명서, 승무원 여권, 승무원 예방 접종 증명서, 보건상태신고서 3. 토레몰리노스 협약 4. 국제해상인명안전협약(1974년) 5장의 규정 5. 국제해양오염방지협약(1973년) 개정판(1978년) 부록 1장 및 5장에 명시된 책무 6. 국제 보건 규칙

		7. 해상 충돌 방지를 위한 국제 규정(1972년) 협약 하의 책무 8. 좌초, 충돌, 사망 혹은 부상 및 조난과 관련한 전반적인 지식 9. 승무원의 거주 시설의 위생 유지 관리 10. 승무원의 고용 및 해고 시 선장의 책무
	해상인명안전	1. 생존기술 1.1 비상 시 수행해야 하는 절차 설명 2. 어선 승무원이 사용할 수 있는 모든 조난 신호 방법 3. SSB 또는 VHF 무선 송신기로 조난 신호를 보내고 MAYDAY 형식으로 정확하게 반복하는 방법 및 시연 4. 비상 훈련의 의의와 개인 생존 절차 5. 구명 조끼/구명 부환 및 잠수복의 사용법과 이러한 장비를 사용하기에 적합한 상황 6. 조명탄/로켓 사용법과 이러한 장비를 사용하기에 적합한 상황 7. 구명 뗏목 사용법
	어선원 위생안전	1. 어선원 위생안전 2. 어선의 안전조업과 어선원의 안전을 위한을 FAO의 Part A, ILO/IMO Code 규정의 이해
	인간관계	1. 선원의 의무 사항 2. 어선 지휘를 위해 선장에게 법적 권한을 부여하는 근거 3. 공식 및 비공식적 리더십 정의 4. 효과적 명령과 비효과적 명령의 차이 5. 승무원의 피로와 음주 관리 6. 조직 내 원활한 의사소통의 중요성과 선원의 의견 평가 방법 7. 육상의 관리 회사, 세관, 이민국, 보건국 및 점검 기관 등 해안 관리국과의 효과적인 의사소통의 중요성 8. 선원인사관리
	책임있는 수산업을 위한 FAO Code	1. FAO Code의 개요 및 가이드라인 2. 책임있는 어업수행 규범 3. 기국 및 기항국을 포함한 모든 국가의 의무 등

제2절 한국사 시험

한국사능력검정시험은 한국사에 대한 관심을 확산·심화시키는 계기를 마련하고 한국사에 대해 폭넓고 올바른 지식을 공유하여 균형 잡힌 역사 의식을 갖도록 하며 역사 교육의 올바른 방향을 제시하기 위해 2006년 11월 25일부터 시작된 시험으로서 국사편찬위원회가 주관 및 시행한다. 급수는 1급부터 6급까지 있으며 1급, 2급, 3급은 심화, 4급, 5급, 6급은 기본으로 문제가 통합되어 시행되고 있다. 별도의 성적통지서, 인증서를 발급하지 않고 한국사능력검정시험 홈페이지, 정부24에서 인증서를 출력할 수 있다.

해양경찰에서는 경정 및 순경 공개경쟁채용시험 제3차시험 과목인 "한국사"는 각각 표 6-5와 같이 해당 등급 이상인 경우 합격한 것으로 보되, 필기시험 성적 산정에는 반영하지 않는다. 또한, 아래의 표에서 정한 시험은 해당 채용시험의 필기시험 시행예정일 전날까지 등급이 발표된 시험으로 한정하며, 등급이 확인된 시험만 인정한다.

〈표 6-5〉 **한국사 과목을 대체하는 한국사능력검정시험의 종류 및 기준 등급**

시험의 종류	기준 점수	
	경정·경위(경찰간부후보생)	순경
한국사능력검정시험 (국사편찬위원회에서 주관하여 시행하는 시험을 말한다)	2급 이상	3급 이상

출처: 국사편찬위원회 홈페이지(https://www.historyexam.go.kr)

제3절 영어능력검정시험

해양경찰에서는 경정 및 순경 공개경쟁채용시험 제3차시험 과목인 "영어"는 각각 〈표 6-6〉과 같이 해당 점수 이상인 경우 합격한 것으로 보되, 필기시험 성적 산정에는 반영하지 않는다. 또한 아래의 표에서 정한 시험은 해당 채용시험의 최종시험 시행예정일부터 거꾸로 계산하여 5년이 되는 해의 1월 1일 이후에 실시된 시험으로서 해당 채용시험의 필기시험 시행예정일 전날까지 점수(등급)가 발표된 시험으로 한정하며, 점수가 확인된 시험만 인정한다.

〈표 6-6〉 영어 과목을 대체하는 영어능력검정시험의 종류 및 기준 점수

시험의 종류		기준 점수		
		경정	경위(경찰간부후보생)	순경
토플 (TOEFL)	미국 교육평가위원회(ETS: Educational Testing Service)에서 시행하는 시험(Test of English as a Foreign Language)으로서 그 실시 방식에 따라 PBT(Paper Based Test) 및 IBT (Internet Based Test)로 구분한다.	PBT 530점 이상	PBT 490점 이상	PBT 470점 이상
		IBT 71점 이상	IBT 58점 이상	IBT 52점 이상
토익 (TOEIC)	미국 교육평가위원회에서 시행하는 시험(Test of English for International Communication)을 말한다.	700점 이상	625점 이상	550점 이상
텝스 (TEPS)	서울대학교 영어능력검정시험(Test of English Proficiency developed by Seoul National University)을 말한다.	340점 이상	280점 이상	241점 이상
지텔프 (G-TELP)	국제테스트연구원(International Testing Services Center)에서 주관하는 시험(General Test of English Language Proficiency)을 말한다.	Level 2의 65점 이상	Level 2의 50점 이상	Level 2의 43점 이상
플렉스 (FLEX)	한국외국어대학교 어학능력검정시험(Foreign Language Examination)을 말한다.	625점 이상	520점 이상	457점 이상
토셀 (TOSEL)	국제토셀위원회에서 주관하는 시험(Test of the Skills in the English Language)을 말한다.	Advanced 690점 이상	Advanced 550점 이상	Advanced 510점 이상

Chapter 3 해양경찰학과 등 졸업후 진출 분야

해양경찰 전공과목 및 자격증을 취득한 경우 진출 분야는 엄청나게 광범위하다. 세부 분야로 나눈다면, 해양수산 공직기관, 해양수산 공공기관, 해양수산 연구분야, 승선, 어업·양식 분야 등으로 구분할 수 있다. 이 장에서는 진출 분야의 간략한 소개 및 주요 업무 등을 서술하였다. 여기에는 한국수산업경영인중앙연합회, 해양수산부 등에서 발간한 수산인력 커리어패스(2022)의 내용이 참고되었다.

제1절 해양수산 공직기관

해양수산 공직기관은 크게 해양수산부와 해양경찰청을 기준으로 해양수산부 산하연구소, 조직 등으로 아래와 같이 구성된다. 해양수산 공직기관의 주요 소개는 아래와 같으며, 주요 업무는 〈표 6-7〉과 같다.

1. 해양경찰청

해양경찰청(海洋警察廳, Korea Coast Guard)은 해양에서의 경찰과 오염방제에 관한 사무를 관장하는 해양수산부 소속의 중앙행정기관으로 해상경비, 해난구조, 해상교통안전관리, 해상범죄의 예방 및 단속, 해양오염에 대한 감시 및 방제, 해상밀입국의 단속 등의 사무를 담당한다.

2. 해양수산부 공무원

공무원은 정부 부서, 시청, 구청, 주민센터 등 국가와 공공기관에서 국가와 국민을 위해서 일하는 직업이다. 해양수산부 공무원이란 해양수산부 및 해양 관련 지방자치단체 등에서 일하며 해양수산과 관련된 일을 하는 공무원을 말한다. 해양수산부 공무원은 일반 행정직 외에 일반수산, 일반선박, 선박항해, 선박기관, 선박관제, 수로, 어로, 항로표지시설 담당으로 나뉘고 수산물 검사, 어업지도, 선박검사 및 해양 사고 조사, 항로표지시설 설치 및 관리, 해상교통관제, 해양측량 및 관측 등의 일을 한다.

3. 해상교통 관제사

해상교통 관제사는 해상교통의 안전 및 효율성을 증진하고 해양환경과 해양시설을 보호하기 위하여 선박의 위치를 탐지하고 선박과 통신할 수 있는 설비를 설치 운영함으로써 선박의 동정을 관찰하고 선박에 대하여 안전에 관한 정보를 제공한다.

4. 국립수산과학원

국립수산과학원은 수산에 관한 조사 시험 연구, 수산생물 방역, 수산식품 품종관리 및 수산기술지도 보급 지원을 위해서 1921년 5월 수산시험장으로 설립된 기관이다. 국립수산과학원은 우리나라 해양수산분야를 연구하는 유일한 국

립연구기관으로 해외 및 연근해 및 원양 수산자원관리, 양식기술개발, 어장환경 조사, 수산공학기술 개발, 수산생물방역 등의 업무를 담당하고 있다. 최근에는 자유무역협정(FTA-Free Trade Agreement) 등 시장개방 확대, 기후변화 및 수산자원변동 등에 대비하기 위하여 수출전략품목 육성 지원, 수산물의 안전성 확보 등 수산정책과 연계되는 사업을 적극적으로 수행하는 공기관이다. 소속기관으로는 동해·서해·남해·남동해·제주수산연구소가 있으며, 갯벌연구센터, 중앙내수면연구소, 수산종자육종연구소, 어류육종연구센터, 수산식물품종관리센터, 사료연구센터, 첨단양식실증센터, 수산자원연구센터, 고래연구센터가 있다

5. 국립해양조사원

국립해양조사원은 1949년 해군본부 작전국 수로과로 출범한 이후 우리 바다의 효율적 이용과 개발을 위해 바다의 도로 즉 선박이 항해하는 길인 수로를 조사관리하는 업무 이외에도 해양영토(배타적 경제수역 EEZ-Exclusive Economic Zone, 대륙붕 등)를 확정하고 해양자원 개발, 국가해양기본조사, 해양재해로부터 국민의 생명과 재산을 보호하고, 기후변화 속에서 지속가능한 발전을 도모, 해양영토 수호를 위해 군작전 정보를 제공, 우리 바다의 효율적 이용 개발과 보전을 위해 해양정책 지원, 국민의 해양레저 활동을 지원하고 있는 공기관이다.

6. 국가어업관리단

어업관리단은 우리나라 영해의 수산자원 보호 및 어업 질서를 위해 약 4만여 척에 달하는 연근해어선의 안전조업을 지도한다. 또 배타적 경제수역에서의 중국어선 불법조업을 감시하는 등 한중어업협정에 따른 업무를 수행하며 시 도 간의 지역 내 어업분쟁을 조정하는 업무도 맡고 있다. 운영지원과, 어업지도과, 안전 정보과, 어업지도선 등으로 구성되어 있다.

배타적경제수역(EEZ - exclusive economic zone)은 자국 연안으로부터 200 해리까지의 수역에 대해 천연자원의 탐사·개발 및 보존, 해양환경의 보존과 과

학적 조사활동 등 모든 주권적 권리를 인정하는 유엔해양법상의 개념이다. 1982년 12월 채택되어 1994년 12월 발효된 유엔해양법 협약은 ① 어업자원 및 해저 광물자원 ② 해수 풍수를 이용한 에너지 생산권 ③ 에너지 탐사권 ④ 해양과학 조사 및 관할권 ⑤ 해양환경 보호에 관한 관할권 등에 대해 연안국의 배타적 권리를 인정하고 있다.

우리나라는 일본, 중국과 배타적 경제 수역이 겹치기 때문에 어업 협정을 체결하여 겹치는 수역을 공동으로 관리하고 있다. 어업지도선을 통한 수산자원 관리, 국내외 어업 질서 유지를 위하여 불법 어구의 사용, 지정된 조역구역 이탈, 어획 대상이 아닌 생물의 포획 등 불법 어업 행위를 지도 단속하고 나포(拿捕) 및 해난사고 방지와 어로 활동 보호를 목적으로 활동한다. 동해·남해·서해 3개의 어업관리단으로 구성되어 있으며, 동해어업관리단 내에는 원양어선의 불법어업을 방지하기 위한 조업감시센터(FMC)가 있다.

7. 관세청

관세청(Korea Customs Service)은 관세의 부과 감면 징수와 수출입물품의 통관 및 밀수출입단속에 관한 사무를 관장하는 대한민국의 중앙행정기관이다. 주요 업무는 급증하는 수출입 물량과 여행자에 대한 통관 관리, 수입 물품에 대한 관세 및 내국세 부과로 재정 수입 확보, 밀수 단속을 통한 국내산업 보호, 사회안전과 국민건강 보호를 위한 마약 총기류 및 유해 식품의 불법 반입 단속, 환경보호를 위한 유해 화학물질 및 희귀 동식물의 불법 반입 단속, 공정한 경쟁을 위한 원산지 허위 표시 및 지적재산권 침해 물품의 단속, 불법 외환거래 및 자금세탁 방지를 위한 새로운 대외거래 종합단속 등으로 관세청 소속 국가공무원은 밀수 부분에 대한 사법경찰권을 가진다. 소속기관으로 세관이 있는데 세관은 본부세관(서울세관 부산세관 인천세관 인천공항세관 대구세관 광주세관)과 직할세관(평택세관)이 있으며, 각 세관은 소속 세관선을 운항하고 있다.

8. 기타 등

대한민국 해군(R.O.K Navy), 해양환경감시원, 국립해양측위정보원, 국립수산물품질관리원, 기상청, 해양안전심판원, 지방자치단체 공무원 등도 해양수산 공직기관에 포함된다.

〈표 6-7〉 해양수산 공직기관 주요 업무

진출분야	주요 업무
해양경찰청	• 대한민국의 해양 영토 경비 및 수호, 해양오염 방지 및 오염방제 활동 • 해상 구조와 구난, 해상 수사 및 독도 경비, 어로자원 보호 및 해적행위 차단 • 외국어선 불법어로행위 단속, 해상교통수단의 안전확보와 해양스포츠 안전관리
해상교통관제사	• 해상 및 항만에서 선박 운항안전과 효율적인 해상교통을 관리하며 레이더나 폐쇄회로 모니터, 원격무전시스템 및 기타 통신장비를 이용하여 선박의 이동을 지휘하고 감시한다. • 선박의 위치, 항로, 속도 및 추정도착시간과 통행지역을 통과하는 선박의 진행과정을 감시한다. • 선박의 출항인가, 선박교통량, 기후조건에 대해 조언하며 선박교통 관제소에 대한 정보를 전해준다. • 관계자에게 사고, 조난 신호, 항해 위험 및 기타 비상사태에 대하여 보고한다. • 인근 해양관제구역과 관할권내의 선박들과 무전 및 전화연결을 유지한다. • 선박이동, 크기 및 구조에 대한 항해일지를 유지한다. • 교통의 흐름이 원활하도록 돕고, 사고를 예방하며 사고가 발생했을 시 사고지역으로 다른 선박들이 접근하지 않도록 통제한다
해양수산부 공무원	• 해양수산부는 조직별로 주요 업무가 다양하다. 먼저, 1차관 3실(기획조정실, 해양정책실, 수산정책실)이며, 3국(해운물류국, 해사안전국, 항만국) 및 국립수산물품관리원, 국립해양조사원, 어업관리단, 해양안전심판원, 국립해사고등학교 등으로 조직으로 분류할 수 있다. • 국립수산물품질관리원(14개): 주요업무는 수산물 수·출입 검역 및 검사, 수산물 원산지 표시 단속 • 국립해양조사원(4개): 주요업무는 해양조사를 통해 해도 발간, 항행경보, 해양정보를 제공하며 본원, 남해, 동해, 서해 4곳 운영 • 어업관리단(3개): 어업질서 확립 지도, 배타적 경제수역(EEZ) 내 외국인 어업관리를 하며 동해, 서해, 남해 3곳에 운영 • 국립해사고등학교(2개): 해양마이스터고를 통한 고급해기사 양성을 목표로 부산해사고, 인천해사고 2개 학교 운영

	• 해양수산인재개발원: 공무원의 직무능력 향상 및 수산해양인재 개발과 육성 • 국립해양측위정보원: 위성항법정보시스템 설치 운영, 해상무선표지소의 관리 및 운영 • 각 지방해양수산청(11개): 부산, 인천, 여수, 마산, 울산, 동해, 군산, 목포, 포항, 평택, 대산에 운영 • 중앙해양안전심판원 및 지방해양안전심판원(4개): 각종 해양 사고 조사 및 재판을 위해 중앙 및 부산, 인천, 동해, 목포에 운영 • 국립수산과학원(5개): 수산에 관한 조사 시험 연구 및 수산생물 품종관리 및 기술보급을 위해서 동해, 서해, 남해, 남동부, 제주에 운영
국립수산과학원	• 수산자원 관리 및 수산공학기술 개발 • 수산 증식 양식 및 생명공학 기술개발 • 수산물 위생안전 및 이용에 관한 연구 • 수산생물 질병 연구 및 방역 • 해양환경 조사 및 보존기술 연구 • 수산식품에 관한 품질심사 및 관리 • 수산기술 지도 및 보급사업 지원 • 해양수산분야 기후변화 대응 연구
국립해양조사원	• 바다의 도로 즉 선박이 항해하는 길인 수로를 조사 관리하는 업무 • 해도제작(종이해도 및 전자해도)과 항해정보제공, 암초 등 해저지형 관리, 항행통보 경보서비스 • 해양영토(EEZ, 대륙붕 등)를 획정하고 해양자원 개발 • 국가해양기본조사, 동해 3차원 해저지형도, 독도와 이어도 해역관리, 동해표기 확산과 홍보 및 태양양의 우리식 해저지명 등재 • 해양재해로부터 국민의 생명과 재산을 보호하고, 기후변화 속에서 지속가능한 발전을 도모 • 국가 해양관측망, 해수면 상승률 분석, 수온 등 기후변화 감시, KOGA프로젝트 • 해양영토 수호를 위해 군작전 정보를 제공 • 작전 해역 지형조사, 작전지역 실시간 해양관측, 조류예측 정보시스템, 해상작전 시기 결정, 작전용 융합시스템 개발 • 우리바다의 효율적 이용 개발과 보전을 위해 해양정책을 지원 • 해안선 조사관리, 항공라이다측량, 어장정보조사, 해양 생태, 환경조사 • 국민의 해양레저 활동을 지원 • 물때 예보, 해수욕장 이안류 예·경보, 실시간 연안정보 제공, 바다 갈라짐 예보, 낚시용 물때표 제작, 요트 해수욕장도 제작 • 해양조사자료를 이용 분석하여 고도화된 해양 정보를 생산 • 조류에너지 자원도, 동해 해류 순환연구, 위상자료 분석, 해저지형 변화 모델링, 이상현상분석 및 예측

국가어업관리단	• 우리나라 관할수역 내 어업질서 확립 및 수산자원 관리 • 배타적 경제수역 내 외국인 어업 규제 및 한일, 한중 어업 협정사항 수행 • 원양어선의 불법어업 방지를 위한 조업감시센터 운영 • 우리어선의 안전조업 지도 및 조업 활동 지원(조난 구조, 의료 지원, 수산정보 제공) 등의 업무 수행
관세청	• 물품의 수출입통관과정에서 밀수행위, 마약 총기류 및 산업폐기물 등의 불법 반입행위를 차단함으로써 국민건강과 사회 안전을 확보하고 환경을 보호하는 역할을 수행 • 수출입물품의 원산지표시가 적정한지 여부와 지적재산권 침해여부를 확인 단속하여 잘못된 수출입물품으로부터 소비자를 보호하며, 불법외환거래를 단속하여 국부유출을 방지하는 역할 수행

출처: 수산인력 커리어패스(Career Path), (사)한국수산업경영인중앙연합회, 해양수산부 등, 2022.

제2절 해양수산 공공기관

해양수산 공공기관은 공단 또는 공사가 포함되며, 현재 해양수산 학과에서 학사 학위 이상을 수여하고 진출하고 있는 기관만을 포함하였다. 해양수산 공공기관의 소개는 아래와 같고, 주요 업무는 표 6-8과 같다.

1. 한국어촌어항공단

한국어촌어항공단(Korea Fisheries Infrastructure Public Agency, FIPA)은 어촌 어항법에 의거 어촌(漁村) 및 어항(漁港 , 어선이 정박하고 출어 준비와 어획물의 양륙을 하는 항구로 어획물의 양륙 판매 수송에 관한 설비나 어획물을 가공 저장할 수 있는 시설을 갖추고 있는 항구) 관련 조사 연구 및 어항시설물 안전점검, 어항 및 연안수역의 정화 정비사업, 어촌관광의 활성화 사업 등을 목적으로 설립된 해양수산부 산하 공공기관이다. 1987년 6월 사단법인 한국어항협회로 설립됐고 1994년 3월 특수법인 한국어항협회로 전환됐다가(어항법 제38조), 2005년 12월에 다시 특수법인 한국어촌어항협회로 명칭을 변경했다.(어촌어항법 제57조) 2007년 4월 공공기관으로 지정됐으며, 2018년 11월 18일 한국어촌

어항공단으로 출범하였다.

2. 한국수산자원공단

한국수산자원공단(韓國水産資源公團)은 「수산자원관리법」[법률 제11567호, 2012.12.18] 제55조의2에 의거, 수산 자원을 보호·육성하고 어장 관리 및 기술을 연구·개발·보급하는 등 수산 자원 관리 사업을 원활히 수행하기 위하여 최초 한국수산자원관리공단이라는 명칭으로 설립되었다.

3. 한국해양교통안전공단

한국해양교통안전공단은 선박의 항해와 관련한 안전을 확보하고 선박 또는 선박시설에 관한 기술을 연구 개발 및 보급함으로써 국민의 생명과 재산을 보호하는 역할을 담당하기 위하여 2019년 7월 1일 기존의 선박안전기술공단 명칭을 개칭하여 설립되었다. 1979년 1월 어선법에 근거하여 어선의 검사기관으로서 한국어선협회가 설립되었으나, 1998년 7월 1일 선박안전법을 개정하여 한국선박안전기술원으로 확대 개편되었다가 1999년 10월 16일 선박검사기술협회로 변경 후 2007년 4월 4일 선박안전기술공단으로 조직이 개편되었다. 2014년 세월호 사고 이후 연안여객선 안전관리를 담당하는 운항관리자 조직이 공단으로 이관되면서 조직과 기능이 확대되었고, 2019년 7월 이후 해양분야의 교통안전관리를 총괄하는 특수법인으로서 대한민국 해양수산부 산하 위탁집행형 준정부기관으로 지정되어 있다.

4. 해양환경공단

해양환경공단(KOEM)은 해양환경관리법 제 96조에 따라 해양환경의 보전 관리 개선 및 해양오염방제 등을 효율적으로 추진함으로써 깨끗하고 풍요로운 해양환경을 조성하여 미래녹색실현에 기여함을 목적으로 한다. 해양쓰레기 수거처리, 해양생태계 복원, 해양보호구역지정 관리, 해양오염방제, 국가해양환경교

육센터 운영 등 다양한 업무를 수행하고 있으며 국내 유일의 해양환경 전문기관이다.

5. 한국농어촌공사

환경친화적으로 농어촌정비사업과 농지은행사업을 시행하고 농업기반시설을 종합관리하며 농업인의 영농규모적정화를 촉진함으로써 농업생산성의 증대 및 농어촌의 경제·사회적 발전에 이바지하기 위해 설립된 농림축산식품부 산하 위탁집행형 준정부기관으로, 2000년 1월 1일 농어촌정비사업 시행과 농업기반시설을 종합적으로 관리하기 위해 1999년 2월 제정된 '농업기반공사 및 농지관리기금법'에 따라 농지개량조합연합회, 농어촌진흥공사와 함께 농업기반공사로 통폐합되었다. 농업기반공사는 2005년 12월 29일 한국농촌공사로, 2008년 12월 29일 한국농어촌공사로 개칭되었다

〈표 6-8〉 해양수산 공공기관 주요 업무

진출분야	주요 업무
한국어촌어항공단	• 어촌 및 어항에 관한 조사 연구 및 정보화 • 어촌 및 어항 건설 • 어항 관리의 연구 개발 및 보급 • 어촌 및 어항관계자에 대한 교육 훈련 • 어촌 및 어항개발사업 수반 조사 설계 및 기술용역 • 어촌의 관광 활성화를 위하여 필요한 사업 • 어항 청소선 관리운영 및 어항 시설물 안전점검에 관한 수탁업무 • 연안수역 및 연근해 어장 등의 해양폐기물 정화사업 등 • 어업인 교육 공공성 강화와 공익직불제 교육 및 어업 안전교육 등 실시
한국수산자원공단	• 바다숲·바다목장 조성과 수산종자 방류, 인공어초 등 수산자원조성사업 • 자원조성기술개발·적지조사·생태환경조사·사후관리 및 효과분석 등 기초연구 사업 • 수산자원관리를 위한 총허용어획량 조사사업 및 기후온난화 관련 현장지원 사업 • 수산자원관리 촉진을 위해 국가·지자체가 위탁·대행하게 하는 사업 • 수산자원의 생태체험 및 이용사업 • 내수면·소하성 수산자원조성 및 회복사업 • 수산자원 브랜드의 가치제고 및 관련 시설 운영사업 • 수산자원관리 사업에 필요한 외국과의 교류·협력 사업

해우리

	• 수산자원 정보화 사업 • 어촌특화발전지원특별법에 따른 어촌특화지원센터 운영 • 원양산업발전법에 따른 국제수산협력, 해외수산자원조사 및 연구를 위한 사업 • 수산종자산업육성법 제14조에 따른 수산종자산업진흥센터 운영 • 수산자원의 관리를 위한 총허용어획량(TAC) 조사사업 및 기후 온난화 관련 현장지원 사업
한국해양교통안전공단	• 해양교통안전에 관한 교육 계몽 방송 및 홍보 • 해양교통안전에 관한 기술의 개발 보급 지원 및 외국 기술의 도입 • 해양교통안전에 관한 자료의 수집, 조사 연구 및 국제협력 • 선박검사업무 등 법령 등에 따라 국가 또는 지방자치단체가 대행하게 하거나 위탁하는 업무 • 해양교통안전에 관한 연구 용역의 수탁 • 해양교통 안전진단 및 해양교통체계 개선에 관한 사업 • 선박의 감항성 확보와 해상에서의 인명의 안전 확보를 위한 조사 시험 연구 및 이와 관련한 기술의 개발과 보급 • 선박안전에 관한 국제협약에 따른 기술기준 및 선박 검사 제도의 연구 • 선박 및 선박용 물건의 성능인증 및 친환경 선박 등 신기술의 개발에 관한 사업 • 선박에 의한 온실가스 및 대기오염물질 배출 관리에 관한 업무 • 선박의 설계 건조감리 등 용역의 수탁업무 • 해운법 에 따른 여객선 안전운항 관리 • 해양교통 및 선박 정보시스템 운영과 정보 제공에 관한 사업 • 공단 보유 자산에 대한 임대사업 • 선박 및 화물의 안전에 관한 보험검사 업무
해양환경공단	• 국가해양생태계 종합조사 • 해양생태계 복원 • 해양환경 모니터링 • 해양보호구역(MPA-Marine Protected Area) 관리 • 해양기후변화 대응 • 해양환경정보 포털 운영 • 항만 부유물 및 폐유 수거 • 해양폐기물 정화 사업 • 오염 퇴적물 정화 복원 사업 • 해양쓰레기대응센터 • 방제대응태세 구축 • 해양오염사고 방제역량 강화 및 예방활동 • 침몰선박 관리 • 해양환경분야 국제 교류 및 협력, 연구개발 및 신사업 개발 • 항만예선사업 및 전용예선사업

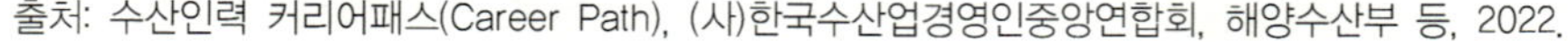

출처: 수산인력 커리어패스(Career Path), (사)한국수산업경영인중앙연합회, 해양수산부 등, 2022.

해누리

제3절 승선 분야

승선은 해양수산부 지정교육기관에서 지정한 전공 과목을 이수하여야 항해사 면허를 발급받을 수 있으며, 그에 따라 적절한 승선을 할 수 있다. 승선 분야는 최종 직업이 될 수도 있으며, 승선 경력을 통한 경력직공무원 채용 또는 경력진 인사 채용등에 지원 할 수 있는 자격요건으로도 사용될 수 있다. 승선 분야의 소개는 아래와 같고, 주요 업무는 표 6-9와 같다.

1. 선장 및 항해사

선장 항해사는 국내 외 기준에 따라 선박의 안전운항을 위하여 어로작업, 여객의 승·하선, 화물의 적·양하, 항해, 선박통신, 교육훈련, 안전관리 및 갑판관리 등의 업무를 수행하는 사람을 말하며, 항해사(선장)가 되려면 해양수산부 장관의 해기사 면허를 받아야 한다. 항해사의 등급별 면허는 1급, 2급, 3급, 4급, 5급, 6급 항해사로 구분한다. 어선 해기사 지정교육기관 졸업자는 어선 한정면허를 받게 되고, 이후 교류 교육을 통해서 일반면허로 전환이 가능하다.

2. 기관장 및 기관사

기관사(기관장)는 국내 외 기준에 따라 선박의 안전운항과 해양환경보호를 목적으로 기관실 내부 시스템의 정상유지를 위해 기관실 업무관리, 기관실 기기의 운용 및 주기적인 점검, 기기고장 시 대응 등의 업무를 수행하는 사람을 말한다. 기관사(기관장)가 되려면 해양수산부 장관의 해기사 면허를 받아야 한다. 기관사의 등급별 면허는 1급, 2급, 3급, 4급, 5급, 6급 기관사로 구분한다.

3. 소형선박 조종사

소형선박 조종사는 총톤수 5톤 이상 25톤 미만의 소형선박을 운항하기 위하

여 필요한 면허로 소형선박(어선, 도선, 낚시어선, 유람선)에 적용된다. 동력수상레저기구조종면허(모터보트, 수상오토바이, 고무보트 등)를 소지한 자는 소형선박 조종사 면허를 발급받기 위한 승무경력이 인정되기에 면허를 취득하기에 유리하다.

국내 기준에 따라 안전한 선박운항을 위하여 여객의 승·하선, 화물의 적·양하, 항해, 선박통신, 갑판관리 및 기관의 운전 등의 업무를 수행하는 사람을 말하며, 소형선박 조종사가 되려면 해양수산부 장관의 해기사 면허를 받아야 한다

〈표 6-9〉 해양수산 승선 분야 주요 업무

진출분야	주요 업무
선장 및 항해사	• 항해사는 갑판부에서 항해당직 및 어로작업을 수행한다. 선장을 보좌하며, 기본적인 선박의(어선)의 운항 및 당직뿐만아니라, 어로 작업의 지휘 및 참여, 어구와 어로장비의 관리, 어획물 처리, 입출항 보조를 수행한다. 항해 및 정박당직, 해도(전자해도) 및 항해 관련 도서 관리, 의약품 관리, 소화 및 구명설비 관리 등의 업무를 수행한다. 통신장이 승선하지 않는 선박의 경우 항해사는 통신장비를 운용 및 관리하며 각종 선박의 검사를 수검한다. • 선장은 해원(海員)을 지휘 감독하며 선박의 운항관리에 관하여 책임을 지는 선원을 말하며 선박소유자의 대리인으로서 안전하고 경제적인 항해를 수행를 수행하고, 효율적인 어장 선택과 어획으로 수익(수양고)을 책임진다.
기관장 및 기관사	• 기관사(3등 기관사 → 2등 기관사 → 1등 기관사 → 기관장 順의 직급 체계로 구성)는 기관부에서 기관당직을 수행하며 선박의 주기관(Main Engine, 선박을 움직이는 추진 동력장치) 및 보조기계(발전기, 보일러, 각종 펌프, 조수기, 냉동기 등)를 포함하여 모든 기관장치가 최적의 상태를 유지토록 기관실 기기를 정비하고 관리하는 일을 한다. 정박 중에는 연료, 비품, 소모품 등을 보충하는 일을 하며 규모가 큰 수리는 육상의 전문정비업체에 위탁하기도 한다. 각종 선박의 검사를 수검한다. • 기관장은 선박의 기계적 추진, 기계와 전기설비의 운전 및 보수관리에 대하여 책임을 지며 선장을 보좌하고 기관부원을 통솔한다.
소형선박 조종사	• 소형선박 조종사는 소형선박(총톤수 25톤 미만의 선박)에서 선박의 항해당직, 기관당직, 화물 적·양하, 선체점검, 갑판 • 장비 운용 및 점검, 항해장비 운용 및 점검, 소화 및 구명설비 관리 및 각종 검사 수검 등의 업무를 수행한다

출처: 수산인력 커리어패스(Career Path), (사)한국수산업경영인중앙연합회, 해양수산부 등, 2022.

해누리

제4절 해양수산 교육 연구 분야

해양수산 교육 연구 분야는 해양수산 관련 대학에서 전공 교과를 이수하여야 하며, 학사 학위 또는 그 이상의 학위(석사 또는 박사)의 자격을 통해 해양수산 교육 연구 분야로 진출하는 분야를 의미한다. 해양수산 교육 연구 분야의 소개는 아래와 같고, 주요 업무는 표 6-10과 같다.

1. 해양 수산계 고등학교 교사

해양(해사) 수산계 고등학교 교사는 학생들에게 전공 교과목을 가르치고 생활지도를 하며 지식, 기술, 인성을 지도할 뿐만 아니라 인생에서 가장 중요한 시기인 청소년기를 보내는 학생들이 올바른 가치관을 형성할 수 있도록 한다. 교사는 가르치는 과목에 대한 수업계획을 세우고 교과서와 시청각 자료 등을 활용하여 학생들을 가르치며 더불어 시험 문제의 출제와 평가를 한다. 또한 학생들의 현재 고민과 미래의 꿈이 무엇인지 그리고 그 꿈을 달성하기 위한 준비에 대한 관심을 가지고 상담해 주는 역할을 한다. 해양(해사) 수산계 고등학교는 해운계 2개교, 수산계 10개 학교로 이루어져 있다.

2. 해양 수산계 대학교 교수

해양 수산계 대학교 교수는 해양 수산계 대학교에서 학생들에게 전공 교과목을 가르치고 이와 관련된 연구 활동을 한다. 대학교수는 교육, 연구, 학생지도, 사회봉사의 업무를 수행한다. 학생들을 가르치기 위한 교육 과정을 계획하고 조정하며 교재를 만들며, 시험문제를 출제 및 평가하거나 학생들의 졸업 논문 및 석사, 박사 과정의 학위 논문을 지도하는 일을 한다. 아울러 자신의 해당 전공분야에 대한 지속적인 연구를 통하여 그 연구 결과를 국내외의 학술지에 싣거나 관련 학회 세미나를 통해 발표하기도 한다

3. 한국해양수산연수원

한국해양수산연수원(KIMFT)은 선원을 포함한 해양수산 산업 종사자들에 대한 교육훈련을 시행하고, 교육 훈련 및 선박운항, 해양환경 등에 대한 연구 개발을 통하여 우수한 해양수산인력을 양성하고 있다. 또한 IMO 회의 참석, 해양수산부 정책 연구, 해기사 국가자격 시험의 공정한 집행, 초급해기사 양성, 국내외 해양플랜트 종사자 교육 등에 관한 업무를 수행함으로써 해양수산 분야의 발전에 기여한다. 한국해양수산연수원에서 근무하는 교수·교관·선박직 직원은 해양수산인력과 해양플랜트인력의 교육 훈련, 안전교육 개발 및 운영, 승선교육을 위한 실습선의 운항 및 관리를 담당하는 사람을 말하며, 한국해양수산연수원의 교수 교관 선박직 직원이 되려면 승무경력 등 한국해양수산연수원에서 요구하는 실무 경력과 지식이 필요하다.

4. 한국해양과학기술원 및 선박해양플랜트연구소

한국해양과학기술원(KIOST - Korea Institute of Ocean Science & Technology) 및 부설 연구소는 해양 전문 과학기술 연구 교육기관으로서 해양에 대한 새로운 과학 지식을 탐구하는 일을 한다. 바다에서 고급 생물자원, 광물자원, 에너지 자원을 지속적으로 획득하며, 항만과 해안 경관을 포함하는 항도 인프라를 미래 지향적으로 구축하고 이를 안전하게 유지하기 위한 첨단 과학기술 지식을 창출하고 있다. 1973년 10월 한국과학기술연구소 부설 해양개발연구소로 창립되어 1990년 6월 한국해양연구소로 독립 발전하였고, 2012년 7월 한국해양과학기술원으로 출범, 2017년 12월에는 부산광역시 영도구로 이전하였다. 국가 해양정책에 관한 연구를 비롯해 해양과학기초연구를 통해 첨단해양과학기술을 개발하며 국내외 연구 거점을 중심으로 다양한 국제 공동연구 참여 및 해양 전문인력 양성 훈련 등을 수행한다.

부설 선박해양플랜트연구소(Korea Research Institute of Ships and Ocean Engineering; KRISO)와 부설 극지연구소 외, 국내거점으로는 남해연구소(거제),

동해연구소(울진), 제주연구소(제주), 울릉도 독도 해양연구기지(울릉도), 통영 해양생물자원기지(통영)가 있으며, 해외거점으로는 한 중 해양과학공동연구센터, 태평양해양과학기지, 한 인도네시아 해양과학공동연구센터, 한 페루 해양과학공동연구센터, KIOST-PML Science Lab, KIOST-NOAA Lab이 있다. 보유 조사선으로는 국내 최대 해양종합연구선인 이사부호를 비롯해, 온누리호, 이어도호, 장목1호, 장목2호가 있다. 특히 1992년에 건조한 350t급 잠수정 모선 이어도호와 1,400t급 종합해양조사선인 온누리호의 취항으로 본격적인 광물탐사 남극해탐사 등을 수행하였다.

5. 한국해양수산개발원

한국해양수산개발원(KMI)은 해양 수산 및 해운항만산업의 발전과 이와 관련된 제부문의 과제를 종합적 체계적으로 조사 연구하고, 해양 수산 및 해운항만 관련 각종 동향과 정보를 신속히 수집 분석 보급함으로써 해양 수산 및 해운항만 관련 국가정책의 수립과 국민경제 발전에 이바지 하고자 설립된 정부출연 연구기관이다.

〈표 6-10〉 **해양수산 승선 분야 주요 업무**

진출분야	주요 업무
해양 수산계 고등학교 교사	• 해당 전공과목(항해 기관)의 교과목을 학생들에게 가르치는 일 • 이를 위하여 교과서 및 영상, 현장방문을 통하여 효율적인 학습효과 증대 • 청소년기의 학생들이 올바를 가치관 및 미래관을 형성할 수 있도록 돕는 역할 • 올바른 생활규범을 배우고 익히도록 솔선수범 • 미래에 대한 준비를 위해 취업요건 파악 및 대학진학 준비 • 시험문제 출제 및 평가 • 국내 해양 수산계 특성화고 및 마이스터고 교사로 근무
해양 수산계 대학교 교수	• 해당 전공과목의 교과목을 대학교 학부생 및 대학원생을 가르치는 일 • 대학 교재 집필 및 영상, 현장방문을 통하여 효율적인 학습효과 증대 • 학생들의 수업 이해도 평가를 위한 시험문제 출제 및 평가와 지도 • 다양한 연구 활동을 통한 연구결과물을 국내외 학술지 혹은 세미나 발표 • 학부생 및 대학원 석 박사 과정 강의 및 이해도 평가 • 학부생의 졸업 논문 및 석 박사 학위 논문 지도

해우리

	• 산학연 연구 프로젝트 진행 및 발표 • 외부연구용역의 수행 • 해당 학부 조교, 실습선 교관은 대학원 재학 혹은 석사 학위 취득자
한국해양수산연수원	• 해양수산관련 사업종사자의 교육 훈련 시행 및 지원 • 선원정책, 해양수산 정책 등의 연구 및 수행을 위한 정부지원 업무 • 해양수산 기술교육에 관한 국제교류증진을 위한 사업 • 선박운항, 해양환경, 항만, 해운 및 어업기술의 연구 개발 • 산학연 연구 프로젝트 진행 및 발표 • 해양수산 기술교육에 관한 국제교류증진을 위한 사업 • 해기사 국가시험 문제 출제 및 면접 • 오션폴리텍 과정을 통한 초급해기사의 교육과 양성 • 실습선 교육 훈련 시행 및 지원 • 실습선 운항 및 갑판의 보수 관리 • 실습선 기관 운용 및 기관실 기기의 보수 관리
한국해양과학기술원 및 선박해양플랜트연구소	1) 한국해양과학기술원 해양과학기술 및 해양산업 발전에 필요한 원천 연구, 응용 및 실용화 연구 • 해양 및 극지과학기술 정책, 제도 연구 • 해양분야 우수 전문인력 양성 및 대국민 서비스 • 해양관련 기기 장비기술개발과 검 교정 • 해양과학기지 등 해양인프라 구축 및 운영 • 국내외 대학, 연구기관, 산업체 등과 수탁 위탁 공동연구 및 기술제휴 2) 선박해양플랜트 연구소 • 극지연구소(쇄빙연구선 아라온호, 남극세종과학기지, 남극장보고과학기지, 북극다산과학기지) • 남해연구소, 동해연구소, 제주연구소, 울릉도 독도해양연구기지, 통영해양생물자원기지, 국제해양과학연구 지원센터 • 해양연구선(이사부호, 온누리호, 이어도호, 장목1 2호) • 기타 해외기지(한·중 해양과학공동연구센터, 한·페루 해양과학기술공동연구센터, KIOST-NOAA Lab., KIOSTbPML Lab., 태평양해양과학기지, 한·인니 해양과학공동 연구센터)
한국해양수산개발원	• 해양 수산 및 해운항만 정책에 관한 조사 연구 및 컨설팅 • 국내외 해양 수산 및 해운항만 관련 정책의 비교연구 • 해운 항만 관련 국제물류 및 복합운송에 관한 연구조사 • 개발원의 목적에 부응한 수탁연구 및 국내외 관련 연구기관과의 공동연구 • 물류산업의 동향과 정보의 수집 및 분석과 보급 • 국내외 해양 수산 및 해운항만자료의 데이터베이스화 • 각종 세미나, 토론회 등을 통한 해양산업관련 업계 학회 연구기관 및 정부와의 정보교환 및 의견 수렴

출처: 수산인력 커리어패스(Career Path), (사)한국수산업경영인중앙연합회, 해양수산부 등, 2022.

참고문헌

Reference

[단행본]

김석균(2022), 「신해양경찰학개론」, 박영사

김종선(2020), 「해양경찰학Ⅱ」, 문운당

노호래(2022), 「해양경찰학개론」, 박영사

노명선 · 이완규(2013), 「형사소송법(제3판)」, 성균관대학교 출판부

박찬호 외 4인, 「유엔해양법협약」 해설서1

배종대 · 홍영기(2022), 「형사소송법(제3판)」, 홍문사

변종필 · 나기업(2024), 「형사소송법」, 박영사

(사)한국수산업경영인중앙연합회, 해양수산부(2022), 「수산인력 커리어패스(Career Path)」

손동권 · 신이철(2022), 「새로운 형사소송법(제15판)」, 세창출판사

신동운(2022), 「간추린 신형사소송법(제14판)」, 법문사

신양균 · 조기영(2022), 「형사소송법(제2판)」, 박영사

신현옥 · 이대재 · 이유원 · 이종호 · 김상환(2015), 「항해기초」, 피알앤북스

신형일 · 김진건 · 이대재(1997), 「항해학개론」, 유일문화사

안영화 · 박병수 · 강일권 · 이상민 · 정순범 · 신형호(2007), 「선박의 구조 설비」, 제주대학교출판부

이은모 · 김정환(2021), 「형사소송법(제8판)」, 박영사

이재상 · 조균석 · 이창온(2022), 「형사소송법(제14판)」, 박영사

이주원(2022), 「형사소송법(제5판)」, 박영사

이창위 외 4인(2010), 「유엔해양법협약 해설서 I」, 지인북스

이창현(2022), 「형사소송법(제8판)」, 정독

임동규(2022), 「형사소송법(제16판)」, 법문사

전국 9개 대학 해양경찰학과 교수, 해양경비안전교육원(2016), 「해양경찰학개론」, 문두사

차용석 · 최용성(2013), 「형사소송법(제4판)」, 21세기사

해양경찰 60년사 편찬위원회(2013), 「해양경찰 60년사」, 해양경찰청

해양경찰청(2022년), 「주요 통계 분석자료」

[홈페이지]

국사편찬위원회 홈페이지(2024.7. 조회): https://www.historyexam.go.kr

법제처 홈페이지(2024.7. 조회): https://www.law.go.kr

한국해기사협회 홈페이지(2024.7. 조회): https://www.mariners.or.kr

해양경찰청 홈페이지(2024.7. 조회): https://www.kcg.go.kr

찾아보기

Index

ㄱ

ㄴ

ㄷ

해누리

ㅈ

ㅊ

ㅋ

ㅌ

해누리

▶ 저자 약력 ◀

고 명 석

국립부경대학교 : 해양생산시스템관리학부 교수

- 학력 : 인하대학교 행정학 박사
- 경력 : 제38회 행정고시 합격, 전 해양경찰교육원장
- 저서 : 「해양경찰학개론」, 「바다, 저자와의 대화 I」 등

박 득 진

국립부경대학교 해양생산시스템관리학부 교수

- 학력 : 목포해양대학교 항법시스템공학 공학 박사
- 경력 : 외항상선 항해사
- 저서 : 「항해계기」, 「항해기초」, 「OIL&CHEMICAL TANKER 운용실무」 등

이 유 원

국립부경대학교 해양생산시스템관리학부 교수

- 학력 : 홋카이도대학교 수산학 박사
- 경력 : 전 실습선 백경호 선장
- 저서 : 「선박안전관리학」, 「전파항해공학」, 「기초항해」 등

임 석 원

국립부경대학교 해양생산시스템관리학부 교수

- 학력 : 성균관대학교 법학 박사
- 경력 : IIT Chicago-Kent College of Law Visiting Scholar, 한국해양경찰학회장
- 저서 : 「결과적 가중범의 쟁점」, 「과실범의 현대적 과제」 등

해양경찰의 이해

초 판 1쇄 인쇄 —— 2024년 8월 25일
초 판 1쇄 발행 —— 2024년 8월 30일
지은이 —— 고명석 · 박득진 · 이유원 · 임석원
펴낸이 —— 전 두 표
펴낸곳 —— 도서출판 두남
서울시 강동구 성내로 6길 34-16 두남빌딩
신 고 : 제25100-1988-9호
TEL : 02) 478-2066, 2077
FAX : 02) 478-2068
E-mail : dnbooks@dunam.co.kr
http://www.dunam.co.kr

정가 28,000원

ISBN 978-89-6414-161-8 93320